全国教育科学"十一五"规划教育部重点课题
"面向生活的有效教学策略研究"（DHA080093）成果

提高课堂教学效率的
策略与方法

主　编　和学新

天津教育出版社

图书在版编目（CIP）数据

提高课堂教学效率的策略与方法/和学新主编. —天津：
天津教育出版社，2009.2
ISBN 978 - 7 - 5309 - 5536 - 9

Ⅰ. 提…　Ⅱ. 和…　Ⅲ. 课堂教学—教学研究　Ⅳ. G424.21

中国版本图书馆 CIP 数据核字（2009）第 013449 号

提高课堂教学效率的策略与方法

出 版 人	肖占鹏	
主　　编	和学新	
责任编辑	李勃洋	
出版发行	天津教育出版社	
	天津市和平区西康路 35 号	
	邮政编码 300051	
经　　销	全国新华书店	
印　　刷	北京龙展印刷有限公司	
版　　次	2009 年 3 月第 1 版	
印　　次	2015 年 8 月第 4 次印刷	
规　　格	16 开（787×1092 毫米）	
字　　数	289 千字	
印　　张	15.5	

定　　价　26.00 元

目　录

导　　论

　　人们从事任何一种活动，都会自觉不自觉地意识到活动的效率问题，而且都会努力尽可能高效率地完成活动。课堂教学活动是一种有目的、有计划的"人为"和"为人"的育人活动，追求效率，多快好省，更是它的目标之一。在一定意义上，新课程的实施和推进就是一种追求育人效率的教育改革实践。但在现实的课堂教学活动中，效率不高或达不到预期效果也是普遍存在的客观事实。明确课堂教学活动追求效率的意义，深入研究和探讨课堂教学存在的问题，找出提高课堂教学效率的策略和方法就成了迫切需要解决的问题。

一、教学效率：课堂教学的价值追求

　　效率是指单位时间里完成的工作量。在现代社会，追求效率已经成为各行各业的目标。人们都希望利用最少的时间、最小的投入获得最大的收益。教育作为培养人的社会实践活动，同样离不开对效率的追求。可以说自学校产生以来，追求效率就成为了它的重要目标之一。近代教育学的创始人夸美纽斯在其名作《大教学论》一书的扉页上就指出，写作此书的主要目的在于"寻求并找出一种教学的方法，使教员可以因此少教，但是学生可以多学"。现代班级授课制及其教学理论的产生本质上就是提高教学效率的结果，它是学校教育适应大工业生产需要大量熟练劳动力的产物。

　　现代学校教育教学活动从根本上就是不断追求教学效率的活动。20世纪中期以来，世界各国风起云涌的教育改革浪潮以及伴随而生的各家教学流派充分说明了这一点。1957年苏联人造地球卫星上天，给美国带来强烈震撼，在全国性的反思、检讨中，美国意识到自己军事科技落后的根源在于教育，在于美国的教育制度未能造就出一流的科技人才。要素主义者警告说，美国的教育已接近荒废的边缘，中小学和学院里学生大量的时间实际上被浪费了。鉴于此，1959年美国召开了中学教育课程改革会议，以布鲁纳为代表的专家、学者提出了应该用学科基本结构理论来指导美国的教育改革，试图以此提高教育教学的效率，提高美国的教育质量和发展学生的智力。布鲁纳认为，通过向学生传授学科基本知识、基本原理、基本结构，倡导发现法教学，可以促进学生的迁移，促进学生智力发展，早出人才，快出人才。同时代的苏联教学论专家赞可夫提出了发展性教学理论。发展性教学理论的根本指导思想是"以最好的效果，促进学生的一般发展"，即"系统地、有目的地在学生的发展上下功夫"。① 赞可夫认为，面对知识爆炸的时代背景，学校不可避免地要回答如下的问题：学校教学如何才能最大限度地发展儿童的认识可能性，如何为儿童自觉而牢固地掌握教学大纲规定的整套知识创造条件。他认为发展性教学可以解决这些问题。他提出了高速度教学原则。高速度教学原则要求教学引导学生不断地向前运动，不断地以各方面的内容丰富学生的智慧，能为学生越来越深入地理解所学的知识创造有利条件，把这些知识纳入到一个广泛展开的体系中。另一位苏联教学论专家巴班斯基提出了教学过程最优化理论。按照巴班斯基的说法，"最优的"这一术语是指"从一定标准来看是最好的"。这里的标准有两个：一是教学效果，即每个学生按照所提出的任务，于该时期内在教养、教育和发展三个方面，获得最可能的水平；二是时间消耗，即学生和教师应遵守学校卫生学和相应指示所规定的课堂教学和家庭作业的时间定额。所谓最优化的教学就是在教养、教育和学生发展方面保证达到当时条件下尽可能大的成效，而师生用于课堂教学和课外作业的时间又不超过学校卫生学所规定的标准。教学效果和时间消耗是衡量教学过程是否"最优"的标准，也是教学过程组织的基本原则。围绕教学过程的时间效率标准，巴班斯基建立了一套完整的教学理论和方法论体系。② 在当今教学实践中有着重要影响的建构主义则从创新性人才培养的高度来阐述提高教学效率的策略和方法。建构主义认为，人作为认识的主体不是对现实进行"复制"，而是在认识过程中根据已有经验，以自己独特的方式对现实进行选择、修正，并赋予现实特有的意义。认识不是来源于现实本身，而是来源于主客体之间的相互作用。因此，建构主义强调教学要充分发挥学生的主体能动性，要在教学过程中培养学生分析问题、解决问题的能力，进而培养他们的创造精神。教育教学培养人才的核心在于学生的创造性，培养出创造性人才的教学是最有效的教学。可见，追求教学效率是各国教育教学改革的根本目标，也是各种教学流派不断探索和倡导的理念和策略。可以说，追求教学效率是课堂教学活动的根本价值。

二、新课程背景下提高课堂教学效率的迫切性分析

我国从 2001 年开始了新一轮的基础教育课程改革，目的就是全面贯彻党的教育方针，全面推进素质教育，培养符合 21 世纪需要的人才。课堂教学作为课程改革的主阵地和落脚点，就是要不断追求效率，努力实现课程改革的目标。通过几年的推进，新课程的理念逐步被接受和认同，在教学实践的不同层面都得到

---

① 顾明远等. 国际教育新理念 [M]. 海口：海南出版社，2002：178.
② 顾明远等. 国际教育新理念 [M]. 海口：海南出版社，2002：303.

了一定的体现和落实。但当我们深入课堂教学一线，进行细致深入的观察与研究时，就会发现，现实的课堂教学与科学发展观的要求还有一定的距离，师生的教学活动还不够灵活、开放，与课程改革的目标要求还有较大的差距，现实迫切要求提高课堂教学的效率。

（一）是实施素质教育，提高教育质量的需要

教育质量是指在教育教学过程中，学生身心发展水平或状态所达到的教育标准或规格的程度。教育质量是一切教育活动的生命线，世界各国持续不断的教育改革根本目的就是为了提高教育质量，就是要让学生的发展达到时代发展所要求的水准。全面推进素质教育是我国现时代教育发展的大政方针。实施素质教育，以提高国民素质为根本宗旨。实施素质教育，就是全面贯彻党的教育方针，以培养学生的创新精神和实践能力为重点，造就"有理想、有道德、有文化、有纪律"的、德智体美等全面发展的社会主义事业建设者和接班人。实施素质教育，就是要面向全体学生，为学生的全面发展创造相应条件，尊重学生身心发展特点和教育规律，使学生生动活泼、积极主动地得到发展。衡量我国教育质量的标准就是看学生的素质是否得到了全面发展和提高，是否生动活泼地主动发展，有无创新精神和实践能力，发展得如何。实施素质教育，根本上还是要顺应时代发展的要求，不断提高教育质量。

学校是实施素质教育的主要场所，教学是实现教育目的的基本途径。学校能否有效实施素质教育，教育质量能否得到切实提高，课堂教学是关键。课堂教学活动是有领导的学习过程，它的根本目的在于促进学生尽可能高速地发展。[①] 所谓让学生尽可能高速地发展，要求课堂教学必须采取学生学起来容易，适合学生能力的方式来学习。提高教育质量，不但要让学生素质得到全面发展，还要让学生的素质得到快速高效地发展。教学追求效率就是要努力使师生以尽可能少的时间、精力、努力等投入或教学所耗而获得尽可能多的教学所得。提高课堂教学的效率，要求课堂教学中，引导学生学习的方式即教学方式要根据学生特点和学习内容，灵活多样。现实的课堂教学效率不高的主要原因在于教学方式刻板划一，教学目标导向狭隘，教学内容单一片面等。因此，实施素质教育，必须从基本的课堂教学改革入手，通过不断提高课堂教学的效率，整体提高教育质量。

（二）是减轻师生负担，促进学生健康成长的需要

师生教学负担过重是当前教学中普遍而又非常突出的一个问题。"教师教得

① 刘克兰. 现代教学论［M］. 重庆：西南师范大学出版社，1993：45.

苦,学生学得累"是普遍的反映。

据有关调查,新课程推进过程中,教师负担普遍加重。目前,教师的工作量主要由以下几部分构成:(1)课前准备。(2)上课,包括研究课、观摩课等。(3)处理作业等。(4)教师培训与教研活动。(5)填写材料、撰写论文等。(6)班级管理,部分学校涉及寄宿生管理。(7)教师自我提高的学习、进修活动(如专升本)等。以北京市教师工作量的平均数计算:每天,教师平均要上3节课,加上课前稍加准备、课后10分钟休息,上课平均要用3小时;教师平均备课时间为2.26小时;教师日均批改作业时间为2.22小时。这样,仅从工作量的前3项看,教师日均就花费了7.48小时。[①] 教师们普遍反映,新课程加重了他们的工作负担。另外,为"生存"所困、为"绩效"所忧、为"名声"所累,教师普遍因工作时间长、工作难度大、劳动强度高、心理负荷重、经济压力大而不堪重负。引发教师负担过重的原因,除了外在的因素外,还与很多教师自身的思维定势和工作惯性、低效的时间管理、粗劣的学习品质有很大关系。减轻教师工作负担,除了教师对新课程理念及其教材、教法的不断熟悉等外在环境因素进一步改善外,改变教师思维方式和工作惯性,向课堂教学要质量,提高课堂教学效率就成为迫切需要解决的问题。

就学生而言,新课程改革的本意是减轻学生的课业负担,但实际上学生的负担非但没减反而更重,甚至还有民谣说现在的学生是"起得比鸡早,睡得比狗晚,干得比牛多"。学生学习负担过重,不但降低了学习的效率,还造成了学生严重的厌学问题,进一步影响了学生的身心健康成长。学习负担过重,还导致学生心理问题的产生。比如导致学生过度焦虑、忧郁,严重的还会造成学习心理失衡,引发恶性事件,带来一系列社会问题。学生长期处于紧张、压抑的心理状态,不利于他们的健康成长。扈中平教授对我国中小学生的学习负担状况进行了深入研究。[②] 他认为,中小学生学习负担过重的主要表现是学习时间长、上课时数过多、作业量多和简单机械的重复性训练过频。他认为,中小学生课业负担过重主要由学生学习主要局限于接受现成的知识、学生的学在很大程度上被老师的教所替代、学生的学习方式基本模式化等诸多因素造成。大量研究表明,学生课业负担屡减不轻的主要原因:一是在应试教育指挥棒的引导下,题海战术、加班加点所致;二是由于教师在课堂上照本宣科、搞"填鸭式"教学。因此,在深化课程改革、调整优化教学内容、改革考试方式的同时,必须进一步提高教师素

---

① 杜文平.关于新课程改革中教师工作量的调查与分析 [J].中小学管理,2006(3).
② 扈中平.对我国中小学生学习负担的辩证分析 [J].课程教材教法,2004(5).

质，改善教师教学方式，进而提高教学效率就成为一个现实而紧迫的问题。

（三）是教师转变概念，正确处理课堂教学中若干关系的需要

按照新课程推进的政策，对教师，要求"先培训，后上岗，不培训，不上岗"。应该说，随着新课程的推进，教师普遍接受了新理念、新教材、新教法的培训，基本上掌握了有关的理念和方法。但为什么在现实的课堂教学中依然存在效率不高或达不到要求的现象？在我们看来，除了教师进一步理解和把握新课程改革的有关理念和政策外，重要的是要处理好以下几个方面的关系。在大量的实际教学过程中，由于不能正确处理这些关系，造成了教学效率的低下。

1. 学生主体与教师主导的关系

以学生为主体，是这次课程改革的一个核心理念。以学生为主体，就是要把学生看成学习的主人，教师的教就是要为学生的学服务。这在教师的教学思想和实际教学中已基本得到了体现。但教学是由教和学两个方面共同组成的，是一个过程的两个方面。两者是密不可分的。所谓教学是指教的人指导学的人进行学习的活动，① 就是这个意思。教师的教仍然是主导的方面，这是教学社会性的体现。所谓主导，就是在教学的目标、方向、内容、进程等方面给以把握。有学者称之为教学认识的领导，② 这是对教学规律的科学描述。在实际的教学中，由于对学生主体理念的接受，教学活动往往放得很开，课堂气氛表现得很活跃，但同时却出现了"教师不敢管，不知道怎么管"的问题，比如，课堂节奏把握不住；对学生提出的一些问题不知如何应答；让学生自主学习演变成了放任自流；合作学习成了"合并"学习，随意、低效；课堂上，教师常常跟着学生走，学生想干啥就干啥；等等。这些问题或现象的出现，从实质上是教师对"学生主体和教师主导关系"把握和处理不够有效的反映，割裂了学生主体与教师主导的关系。似乎学生"主体"了，教师就不能主导了。似乎教师一"主导"，就可能造成学生"主体"地位的消失。这些问题的存在，反映了在实际的教学中，很多教师还不能有效处理教与学之间的关系，或者说还不能辩证地认识和处理教师教和学生学的关系。这一深层原因的存在极大地制约了教学的效率。

2. 讲授教学与探究教学的关系

讲授是长期以来教师善于运用的教学方法和手段，也是课堂教学系统传授知识的有效方法和手段。探究教学是新课程倡导的重要理念和方法，意在培养学生

---

① 李秉德．教学论［M］．北京：人民教育出版社，1991：2.

② 王策三．教学认识论（修订版）［M］．北京：北京师范大学出版社，2002：113.

的创新精神、动手能力，丰富学生的直接经验，让学生学得有趣，让学生学得自主。这两种方法在课堂教学中应该是并行不悖的，各有侧重点，各有优长，各有适用的对象和内容。学术界把它们看成是教学认识的两种基本形态，认为正是由这两种基本的认识形态有机结合而形成合理的教学认识活动。① 但在实际的教学中，却存在割裂二者关系的现象。由于新课程的倡导，教师们重视了探究教学的应用，但在运用过程中却出现了探究教学的"泛化"现象。比如，不适合的教学内容也让学生去探究，浪费学生的有效学习时间；无需探究的问题也让学生去探究，导致探究的浅层化和庸俗化。对于以听讲、记忆、模仿、练习等为特征的陈述性知识，学生根本不需要学生花时间去探究，完全可以通过讲授教学来进行，它可以使学生在尽可能短的时间内获得尽可能多的知识和技能，从而提高课堂效率。因此，新课程强调探究教学并不意味着全盘否定讲授教学，探究教学和讲授教学在课堂中不能截然分开，应该交替应用，在讲授中有探究，在探究中有讲授，两者应彼此取长补短，不可偏废。

3. 自主学习与合作学习的关系

自主学习与合作学习都是新课程强调的学习方式，意在克服长期以来"满堂灌"的教学方式的不良弊端，让学生成为真正的学习主人。自主学习重在学生良好学习品质的培养，目的在于让学生学会学习、主动学习，成为学习的主人。合作学习重在学生学习组织形式的变革，目的在于让学生在遇到有难度而个人又无法独立完成的学习内容时，学会合作，把学习当成一个交往和审美的过程，培养学生的交往能力和社会责任感。自主学习与合作学习也是各有侧重点，各有优长。在实际的教学中，需要结合起来运用，才能发挥出他们各自的特点，促进学生的发展。但在现实的教学中，由于合作学习在形式上与以往教学方式差别较大，对合作学习的运用和探讨较多，对两者关系的处理却不够恰当。比如，把没有难度的学习内容也让学生以合作学习的方式来进行学习，使合作学习成了小组讨论或小组中的个体独白，合作学习流于形式。又如，把"自主"变成"自流"。有的教师上课便叫学生自己看书，没有指导，没有提示，没有具体要求，没有检查，没有反馈，学生满堂看，有人称之为傻读；有的教师甚至一味强调学习内容由学生自己提（喜欢哪一段就读哪一段），学习方式由学生自己选（喜欢怎么读就怎么读），学习伙伴自己挑（想和谁交流就和谁交流），这是典型的"自流式"而非真正的自主。② 这里也根本没有合作。如果每节课都这样下去，

---

① 王策三. 教学认识论（修订版）[M]. 北京：北京师范大学出版社，2002：158.
② 余文森. 国家级课程改革实验区教学改革调研报告 [J]. 教育研究，2003（11）.

教学的效率也就无从谈起，课程改革的目标也无从实现。

4. 知识、技能授受与创新精神、实践能力培养的关系

知识、技能授受是课堂教学的基本任务，这也是我国基础教育教学做得比较好的一个方面。培养学生的创新精神和实践能力是实施素质教育的重点，也是课程改革要努力实现的目标之一。这两者在课堂教学中是应该得到很好处理的。知识、技能授受与学生创新精神与实践能力的培养之间不是矛盾的关系，而是相统一的关系，处理好了就是倍加的教学效率。在新课程推进的现实课堂教学中，存在着有意或无意放松基础知识与基本技能的要求，知识、技能授受是学生创新精神与实践能力培养的基础，没有一定的知识积累，学生的创新就是无基之塔。大量事实表明，具有创新成果的人才无不具有扎实、宽厚的知识基础。有人通过对诺贝尔奖获得者的素质构成进行分析，得出知识广博、文化知识基础宽厚、创新素质、心理素质和道德品质素质是高科技创新人才的素质构成。① 课程改革绝不是削弱或不要基础知识，更不是反对知识与基本技能的教学，教师在教学中一定要牢牢把握住底线，这个底线就是课程标准中确定的知识与技能目标。创新精神和实践能力的培养必须建立在扎实的基础知识与基本技能之上，基础知识不扎实，基本技能有缺陷，必定会影响人的创新精神和实践能力的发展。忽视基础，或基础目标尚未实现，那么"更上一层楼"的理想就会化为不切实际的"泡沫"。

5. 课堂气氛活跃与严格要求的关系

正如《基础教育课程改革纲要》所指出的那样，以往的课程实施（教学）过于强调接受学习、死记硬背、机械训练。这样的教学策略和方法，就会造成课堂气氛比较沉闷，师生关系比较紧张，学生学习感觉苦和累，教学效果不佳。所以，新课程强调要变革这样的教学过程，倡导学生主动参与、乐于探究、勤于动手，让学生处于积极、活跃、生动的课堂教学氛围中。但在实施过程中，课堂气氛活跃了，却对教学过程中一些基本规范又不知如何遵守，甚至不敢提规范性的要求。比如，为了活跃课堂教学气氛，教师创设了一定的教学情境，使原来枯燥的、抽象的知识变得生动形象、饶有趣味，便于学生理解和接受，但由于教学时间的约束和班级教学的特点，教学任务需要完成，基本知识和技能需要学生掌握，行为规范、学习态度需要训练，有的老师只顾营造气氛，而忘却了基本任务的完成和学习态度与行为规范的训练。在班级集体教学中，由于课堂气氛的活

---

① 郑婧，安建增. 从诺贝尔奖获得者看高层次科技创新人才素质的构成［J］. 高层次人才培养技术与创新管理，2005（4）.

跃，有的学生可能一时兴起，违犯教学纪律，做一些不适当的小动作，扰乱他人正常学习，有的老师怕被说成是对学生积极性主动性的压制，而不敢对课堂教学纪律提出要求。实际上，教学气氛活跃与课堂教学纪律之间是相辅相成的，总的目的是要促进学生的成长和社会化。即便学生的学习存在一定的自由，学习纪律也是对学生学习活动的基本要求，也是为了促进他们的学习而设立的，如"认真听讲"、"发言和提问时先举手"、"做实验时要认真观察"，等等。如果没有严肃严格的纪律、规范、任务等要求，再活跃的课堂教学气氛也会失去本来的教育意义。所以，既要诚心诚意把学生看成学习的主人，认真为他们的学习做好教学服务，善于营造生动活泼的教学气氛，同时也要严肃严格地提出要求，在纪律、规范、态度、教学结果等方面丝毫不能放松要求。否则，积极的教学气氛就会变成放任、随意乃至消极教学的变相借口。

6. 集体教学与个别辅导的关系

班级教学已经成为制度化的教学，在面向群体学生时，它的优点不言自明，这种高效率也正是它顽强生存的基础。但学生之间毕竟是存在着差异的，对自主学习、合作学习、探究教学等策略和方法的倡导也无不是针对学生差异而进行的。问题的关键不是对班级集体教学和个别辅导的认识，也不在于对自主学习、合作学习、探究教学等策略和方法的认识，而在于如何在每节课的教学中有效处理好它们之间的关系，如何有效地运用它们。素质教育强调面向全体学生，面向全体学生的全面发展，促进学生个性健康发展。所以，在教学中，应区别对待、区别指导，应在以班级集体教学为基本教学方式的基础上，综合运用各种教学方法和策略。在每一种方法和策略中都存在着个别辅导问题。教师要在充分认识和了解每一种教学方法和策略以及学生差异的基础上，结合教学内容，科学把握和处理好班级集体教学与个别辅导的关系。个别辅导也不仅仅指一个教师针对一个学生的辅导，它还可以是学生对学生的辅导，教师对个别小组的辅导，个别小组之间的相互交流，等等，对个别辅导也要做多样化的理解。

三、新课程背景下提高课堂教学效率的出发点和思路

课堂教学是在一定的教学环境下通过教师教、学生学而掌握教学内容、完成教学任务的过程，因此，在宽泛的意义上，教师、学生、教学环境、教学内容、教学方式、教学评价等众多因素都在不同程度地左右着教学过程，影响着课堂教学的效率和效果。在这些因素里，教师是起着决定性的因素。教学活动的发动、运行、效果反馈等都是以教师为主导的。提高课堂教学的效率必须从教师入手。在新课程推进的背景下，教师的教学理念、教学方式乃至其自身专业素养的提高

都直接影响着教学效率的提高。所以，提高课堂教学效率的出发点和思路在教师，在教师自身主体能动性的充分提高和发挥。教师自身主体能动性的提高和发挥主要表现在不断地学习和把握新课程的有关教育理念、教育方法和策略、提高自身的教育教学素养等几个方面。

（一）持续不断地学习和把握新课程的相关理念、方法和策略

新课程是在大的社会转型背景下教育领域的一场巨大变革，它要在课程功能、课程结构、课程内容、课程管理、课程实施、课程评价等方面实现转型，努力建立起新型的基础教育课程体系。在这样的课程改革目标背景下，观念的转变成为首当其冲的事情。有学者概述了几个特别值得关注的方面[①]：学校是教育改革的中心、科学探究的中心；课程是经验；教材是范例；教师是实验室；教学是对话、交流和知识建构的活动；教师即研究者；学生是知识的建构者；家长是教育伙伴。这些观念与教师已有的教育教学观相比具有很大的不同，它们给教师的确带来了极大的冲击。尽管在新课程推进伊始，有关方面就十分重视教师的培训。但教师对新的课程理念的接受、认同和把握，客观上需要一个过程，教师从接受到转变为自己的教育教学行为又需要一个过程。同时，新课程的有关理念和方法在课程改革实践中还有一个不断接受检验的过程。所有这些方面的因素，都决定了教师对新课程的把握需要一个相当长的过程，也决定了教师的学习是一个相当长的过程，而且是一个持续不断的过程。教师要在不断的学习中，逐渐提高对新课程的领悟能力，进而不断提高课堂教学效率。

（二）结合自身的教学个性不断优化教育教学策略

任何一个教师都不是白板一块进入新课程的，在其或多或少或长或短的教学经历中都有一定的教学个性。在新课程的背景下，教师不是放弃自己已有的教学个性，而是要根据新课程的要求，在正确认识各种教育教学方法和策略的基础上，结合自己的教学个性，对它们进行重新组合，以达到不断优化的目的。任何一种教学方法和策略都有特定的适用对象和内容，有应用的时空限制。教师已经习惯的教学方法和策略并不是一无是处，新的教学策略和方法也并不都是灵丹妙药。每一种教学方法和策略也不是对每一个教师都适用。教师是教学方法和策略的主宰。各种教学方法和策略能否发挥有效的作用，关键还在教师的应用和把握。因此，提高课堂教学效率，需要每一个教师结合自身的教学个性，不断对各

---

① 靳玉乐．中国基础教育新课程的创新与教育观念转变［J］西南师范大学学报（人文社会科学版），2002（1）．

种教学方法和策略进行优化组合，形成新的有生命力的教学方式。

（三）在不断的教学实践反思中促进课堂教学效率的提高

课堂教学效率的提高是永恒的课题，永无止境。每一个教师的教学都有改善、提高的空间。对一个普通的教师来说，在日常的教学实践中，要想不断改进教学，提高效率，就需要对自己的教学进行经常性的反思。为什么这节课有效果，好在什么地方，原因在哪里；为什么这节课效果不好，不好在什么地方，原因是什么；是理念问题，还是方法问题；是设计问题，还是实施问题；是学生问题，还是自身的问题；是教材问题，还是时间问题；等等。通过反思，就能找出自己教学中的优点和不足，从而在以后的教学中发扬或克服。教学是一种实践活动，只有紧密结合教学实践进行反思，才能切实改进教学，提高效率。教师自身的成长就是不断进行教学反思的过程，教师成长的过程也是教学效率不断提高的过程。

第一章

提高课堂教学讲授效率的策略与方法

讲授在教学活动中占居重要地位，它一直是教学活动中的最基本方法。但是，如果教师运用不当，就会造成"注入式"、"满堂灌"，影响乃至挫伤学生学习的积极性。这也是它招致人们质疑和批判的主要原因。人类社会进入 21 世纪以来，教学手段、教学方法日趋多样化，许多现代化的教学手段被引入教学领域，出现了演示法、实验法等，但这些方法手段都必须和讲授相结合才能发挥作用。因此，在新课程改革背景下，仍应把讲授作为基本的教学策略，应该采取扬弃的态度，发扬其优点，改善其不足，努力提高课堂教学讲授的效率。

第一节　讲授是基本的教学策略和方法

一、讲授：一种基本的课堂教学策略和方法

在课堂教学中，教师运用口头语言系统地向学生传授知识和技能，即为讲授。课堂教学离不开教师的讲授，讲授是一种基本的课堂教学策略和方法。讲授有两种类型：一种是"消极讲授"，一种是"积极讲授"。所谓"消极讲授"就是那种机械注入式的讲授。与之相反的就是"积极讲授"，在这种讲授下，教师注重激发学生学习的内在动机，学生的思维始终处于活跃状态，学生积极、主动地进行学习，感受着学习的独特乐趣，体验着学习方法，并能逐渐地自己提出问题、分析问题、解决问题、回答问题等。显然，我们应该提倡积极讲授，摒弃消极讲授。需要注意的是，在课堂教学中，教师通常是讲的主体，学生主要是通过领会教师的讲授来开展学习，但是，在现代教学理念的影响下，教师与学生结成一个学习共同体，二者是互相学习、相互促进的关系，因此，在某种程度上，学生也可能成为讲授的主体，教师反而成为一个学习者、倾听者。

二、讲授是历史上流传下来的最主要的一种教学方法

作为一种主要以语言传递信息的教学方法，讲授在教学中占居重要地位，它

一直是教学史上最主要的教学方法。早在文字出现前，人类把生产、生活经验传授给下一代用的就是这种方法。作为一种主要的教育方式，讲授教学对人类文明的传承和发展可以说是功不可没。产生于近代资本主义兴起时代的班级授课制更是凸显了讲授教学作为一种教学法的高效和经济。人类社会进入 21 世纪以来，教学手段、教学方法日趋多样化，许多现代化的教学手段被引入教学领域，出现了演示法、实验法等，但这些方法手段都不能不和讲授相结合，并由讲授起主导作用。美国学者肯尼斯·汉森指出："尽管它受到当代教育家们的许多批评，但仍幸存了这么多年，这足以证明讲授教学具有某些独特的长处。"因此，无论过去、现在还是在将来的很长一段时间里，讲授都应是学校教学中既经济又可靠，而且又最为常用的一种有效方法。

三、讲授有多种表现形式

在实际的教学过程中，讲授有多重表现形式：讲述、讲解、讲读、讲演等。讲述一般用于向学生叙述事实材料或描绘所讲的对象；讲解是教师向学生说明、解释或论证原理、概念、公式时经常采取的方式；讲读主要用于语文教学中朗读和默读的训练，它的主要特点是讲与读交叉进行，有时还加入联系活动，既有教师的讲与读，也有学生的讲、读和练，是讲、读、练结合的活动；讲演主要是在教师深入分析和论证事实做出科学结论时采用的，它要求有分析、有概括，有理论、有实际，有理有据，它与讲述、讲解的不同之处是它所涉及的问题比较深广，所需的时间比较长。

四、讲授的优点与不足

讲授的优点在于学生在短时间内就能获得大量系统的科学知识。教师合乎逻辑的分析、论证，生动形象的描绘以及善于设疑、解疑都有利于发展学生的智力，有利于教师系统地对学生进行思想教育。运用讲授教学，还具有教育成本低的优点，这不但体现在教师讲课能够较快较多地传授相关知识，而且对教育设备和设施的要求也较低，西方称为"talk and chalk"（谈话和粉笔），非常经济简便。它的不足是没有充分的机会让学生对所学的内容及时做出反馈，学生学习的主动性、积极性不易发挥。另外，如果教师运用不当，容易造成"注入式"、"满堂灌"，会影响乃至挫伤学生学习的积极性。

五、讲授对教师的语言有特殊的要求

1. 语言要清晰、准确，既有严密的科学性、逻辑性，又要通俗明白

教师要发音准确、吐字清晰、措词精当、条理清楚、言之有物、全面周密，具有逻辑性。在叙述、分析教材时，要把精力放在突出重点、讲清难点上。语音

的高低、强弱，语速的快慢、节奏和语句的间隔等，都要与学生相适应。

2. 语言要生动、形象并富有感染力

教师要善于用比喻、肢体语言，要充满感情和激情，语言要有形、有美、有声、有色，充分调动学生的生活经验，使课文中的事物在学生的想象中活起来，配合必要的直观教具的演示，以加强语言刺激的新鲜感，从而引起学生积极的学习情绪。

3. 语言要简明、具体

教师要通过运用语言，把深奥的东西简单化，抽象的东西具体化，理性的东西情感化。

4. 语言要具有启发性

教师的语言要能够启发学生思维，引发学生的想象、兴趣和思考，激励学生主动去探求未知领域。

六、影响讲授效果的因素

讲授的效果受到一系列因素的制约和影响，包括其本身固有的局限性、教学内容的性质、教师的专业化程度、教学对象的特点等。

1. 讲授自身的局限性

任何一种教学方法都有它特定的功能和局限性，讲授也不例外。讲授容易导致教师主导讲、学生被动学的两个极端。主导性讲授很容易造成知识的单向传递，陷入"注入式"教学的怪圈，抑制学生学习的主动性和积极性，忽视学生的个别差异，不能有效地实现因材施教的互动效果。被动性学习使得学生一味追寻教师讲授的思路，耳听手记，造成在整个课堂教学过程中记忆参与较多，智力活动参与较少，缺乏独立思考的过程，不利于学生自我发现问题、解决问题能力的培养。

2. 教学内容的性质

并不是所有知识都适宜用讲授教学。讲授适宜于讲授与事实相关的知识，也适宜抽象程度高、学科内容复杂的课程。在实际教学过程中，有的教师往往不考虑教学内容的性质，直接选用讲授，使讲授有滥用之嫌，而且有时还事倍功半。例如，在科学技术日新月异的今天，计算机辅助教学（CAI）的出现，使教学方法变得更加直观、形象、生动，有些问题通过直观就豁然明了，而这些问题如果过多地运用讲授，不仅会使简单的问题复杂化，而且不易于学生接受理解。

3. 教师的专业化程度

高效的讲授对教师的专业水平提出了较高的要求，要求教师在钻研教材能

力、研究学生能力、讲授技巧、方法等方面具备较高的素质。特别是因为语言是教师讲授知识信息的重要载体，因此教师自身的语言素质和驾驭讲授语言的能力与课堂教学效果有着直接的关系。

4. 教学对象的特点

讲授效果还受到教学对象特点的制约。讲授特别适应适合听觉型学习者，而对视觉型学习者和动觉型学习者来说，讲授的效果就会大打折扣。如果根据加德纳的多元智能理论来说，对于肢体动作智能发展突出的学生来说，讲授的效果就会比较差，而对于语言文字智能、数学逻辑智能等发展突出的学生来说，其效果就比较好。从教学环境看，讲授更适合规模较大的班级。

第二节　讲授存在的问题与成因

一、讲授存在的主要问题

新一轮基础教育课程改革对课堂教学提出了新的要求，指出要改变课堂教学过于强调接受学习、死记硬背、机械训练的现状，倡导学生主动参与、乐于探究、勤于动手，培养学生搜集和处理信息的能力、获取新知识的能力、分析和解决问题的能力以及交流与合作的能力。教师在教学过程中应与学生积极互动、共同发展，要处理好传授知识与培养能力的关系，注重培养学生的独立性和自主性，引导学生质疑、调查、探究，在实践中学习，促进学生在教师指导下主动地、富有个性地学习。教师应尊重学生的人格，关注个体差异，满足不同学生的学习需要，创设能引导学生主动参与的教育环境，激发学生的学习积极性，培养学生掌握和运用知识的态度和能力，使每个学生都能得到充分的发展。简而言之，新课程改革倡导学生在自主、合作、探究中积极主动地学习知识，提高能力，这就对教师的讲授教学提出了更高的要求，这也使教师在讲授中业已存在的各种观念和行为上的问题更加凸显出来。

1. 教师视讲授为"禁区"

新课标下的教学如何正确地讲授，这成了一个大难题，讲什么、讲多少、如何讲等问题困扰着教师。新课标提出"把课堂还给学生"，有的学校更是对一节课中教师讲授的时间做出硬性规定，若教师讲授超过15分钟即为不合格的课。于是乎不少教师便把讲授妖魔化，谈"讲"色变，把"少讲"、"不讲"作为教学的基本原则。课堂上放手让学生展示，让学生讲，视讲授为禁区，不敢越雷池半步。一段时间以来，公开课的浮华表演之风日盛，学校的教学评价似乎不太在意教师的讲解如何，而是关注一节课中学生活动时间的长短，因而有些教师在公开课上一会儿多媒体演示，一会儿表演，一会儿组织学生讨论，五花八门，应有尽有。教学情境的过于晃动影响学生对学习内容作深层次的挖掘，影响教师对学生的学习做必要的价值引领，导致课堂华而不实。这种做法严重地背离了新课程的基本精神和指导思想，使教师的教学质量难以得到切实提高。

2. 教师讲授失当，导致"满堂灌"

"灌输式"教学又称注入式教学、"填鸭式"教学，《学记》将之概括为"记问之学"，形象地指出这种教学方式的特点是："今之教者，呻其占毕，多其讯言，及于数进而不顾其安。使人不由其诚，教人不尽其材。其施人也悖，其求之也佛。"——教师照本宣科，令学生呆读死记，满堂灌，急于赶速度。注入式教学的危害有目共睹，用《学记》的话说，由于教师"不顾其安"、"不由其诚"、"不尽其材"，导致学生"隐其学"、"疾其师"、"苦其难"、"虽终其业，其去之必速。"新课程背景下的教学讲授要在继承的前提下转变和创新，并不意味着完全放弃传统的讲授教学。因此，讲授作为一种基本的教学策略和方法，在教学中是必不可少的。但是，如果教师不能对讲授教学做到合理而有效地把握，必会导致"满堂灌"式教学的发生。课堂教学中讲授教学的过分滥用，极易与学生已有的认知结构、知识准备相脱节，造成学生主体性缺失，使教学成为"满堂灌"。很多教师在教学中把主要精力放在讲授教材上，较少考虑学生的认知结构和学习意向，仅仅把学生当作一个接受知识的容器，将所有需要教的东西全部塞进去，而不顾讲授的内容能否被学生接受并内化，不顾在讲授中启发学生的思考、唤起学生的想象，不顾提高学生的学习能力，造成学生学习的被动和消极，往往是一些思维敏捷、基础好的学生早已听懂而无事可干，而有些思维反映较慢、基础差的学生却还没听懂。

3. 教师讲不到位，讲授效果差

任何一种教学方法都有它基本的规定和要求，讲授也不例外，如果不能科学地把握教学对讲授基本要求，其效果肯定是不好的。正如美国当代著名教育心理学家奥苏伯尔（D. P. Ausubel）关于讲授教学所说的："讲授教学本身并不一定导致机械学习，只是某些教师对讲授教学的误用才导致了机械学习。"对讲授教学的误用主要表现为几个方面：首先是没有进行教学目标的介绍，在进行教学的时候，首先要对教学内容的背景进行介绍，让学生了解上课内容的起源、用途、人物、原因等等因素。让学生建立新旧知识的联系，或者唤起对学习内容的兴趣。其次是没有考虑学生对信息的需要程度。学生是学习的主体，在教师进行教学的时候，往往注重的是自己对这些内容重要性的理解，课堂上滔滔不绝，没有考虑学生对这些内容的需要程度，导致学生注意力无法集中，教学过程变成脱离学生的单向度的讲授。所以教师要了解学生对这些内容需要的程度，通过一些对话和交流让学生明白这些信息靠自己自学是不易获得的。第三是教师教学结束以后没有及时进行总结。很多教师在运用讲授教学的时候，往往把教学内容讲完就结束了整节课的教学，没有让学生明确教学内容的重点、难点，形成一个有组织的知识结构，这对学生有效学习是很不利的。最后是讲授时间连续而且过长，没有让学生消化吸收的等待时间。如果教师不能很好地掌握讲授的技巧和方法，没有把握好讲授的条件，那么必然在效果上会有所逊色。

二、讲授存在的主要问题的主要成因

讲授作为一种基本的教学策略和方法，自有其存在的合理性。在教学方法日益多样、教育改革全面推进的今天，讲授教学遭到了很多的质疑，有人说它是"陈旧过时的，制约着教学质量的提高，阻碍着学生个性的发展"。之所以存在大量的对于讲授教学片面、错误的形容和认识，从根本上说，主要不是讲授本身的问题，而是教师在运用讲授中出现了问题。简而言之，教师对讲授的一些错误认识是导致讲授教学产生问题的根本原因。

1. 把讲授绝对化

讲授一方面有其悠久的历史，它也是当前在我国学校教育教学中用得最普遍、最广泛的一种教学方法；另一方面，任何教学方法的使用都不是孤立的，一种教学方法也不可能很好地完成教学任务，通常需要发挥教学方法体系的整体功能。讲授也一样，它只是多种教学方法中的一种，不是万能药，它并不排斥其他方法的运用，而是需要和其他方法结合才能发挥讲授的效率。许多教师只图省时省力，不管是什么课程、什么内容，学生的能力与水平如何，都采用讲授来教学。讲授虽然具有较高的效率，可以在短时间内传授大量的知识，可以让学生知道解决问题的办法，但是它并不能满足各类各科的教学要求，不能完全满足学生发展的需要。许多时候教师们只是过于简单、并非合理有效地运用了讲授教学，以至于成了"填鸭式"教学，成了"满堂灌"。如果我们不加限制地在任何场合都使用讲授教学，没有把讲授和其他教学方法有效地结合起来，那么就会使课堂教学方法过于单一，不能将讲授教学的优势完全体现出来，从而造成低效课堂教学的出现。

2. 把讲授肤浅化

讲授是老师在讲，但并不像某些人所说，是忽视学生的主体性的发挥，是不尊重学生的主体地位，因为有没有尊重学生的主体地位并不在于采取什么形式，而在于态度。尊重是一种态度，讲授是一种行为，就算整堂课都由教师一人讲授，如果在教师的内心深处学生是学习的主体的话，那么，在他讲授的每一个动作中都会表现出他对学生的尊重。他会用说的形式为学生提供先行组织者，便于学生的主动建构；他会在言语上和蔼、可亲，让学生心理放松，给学生建构知识提供一个良好的氛围；他会有意识地激励学生，让学生保持主动建构的积极性，等等。在讲授的过程中完全可以体现对儿童的主体地位的尊重。民主、平等、友好、尊重，是内在态度，讲授是外显的行为，二者并没有直接的必然的冲突。相反，若启发式把握不好，则会使学生陷入被满堂追问的窘迫境地，有固定答案的满堂问，是谈不上学生主体性的发挥的，更谈不上对学生的尊重，比满堂灌输好不到哪里去。①

3. 把讲授歪曲化

有的教师没有深谙讲授的真谛，一味盲目地认为讲授就是违背新课程改革的精神的，强调讲授就是把教学引入注入式的泥潭。这是一种错误的认识。注入式教学是一种教学模式，作为一种教学思想或教学流派，它已完成了自己的历史使命，被启发式教学所替代；讲授是一种具体的教学方法，教师运用时比较容易控制所要传递的知识内容，可以根据自己的认识和需要，确定多讲什么，少讲什么，重点精讲什么，有效的讲授要以启发性思想为指导，能够充分发挥其在课堂教学中的积极作用。把讲授教学和注入式、"满堂灌"相提并论极易造成对讲授教学的歪曲理解。

第三节　提高讲授教学效率的策略与方法

一、讲授教学之合理性分析

我国已故教育学学者施良方指出，"多少年来，人们往往把接受学习和讲授教学作为批评的对象，甚至作为'旧教育传统的残余'，但在学校的教学实践中，它们仍然是传授科学文化知识的一个主要手段，这就值得我们追究其中的缘由了"。正视现实、尊重科学的人不能不承认，在学校教学特定条件下，讲授方法的主要地位是不会改变的，它与探究发现、互动合作并非绝对对立的。具体而言，讲授教学的合理性体现在如下几个方面。

---

① 吕星宇. 讲授教学怎么了？ ——讲授教学辩护之辩证逻辑进路 [J]. 当代教育科学. 2007 (10).

1. 教学的基本任务和本质特点决定了教师讲授、学生以接受方式学习是学校向学生传授文化科学基础知识的一个主要的手段

教学的基本任务是引导学生掌握系统的文化科学基础知识和基本技能。基础知识，是指构成一门学科的基本要素、概念、原理、定义、公式及其结构。基本技能是指读、写、算、实验、操作的基本能力。实践证明：只有系统的规律性的知识才是发展儿童各方面能力的真正营养和基础。教师的讲授教学正可以最经济最有效地面向全体学生传授系统的知识。教学过程是一种特殊的认识过程，它是学生个体的认识，是教育的认识，具有不同于人类总体认识的显著特点。教师进行系统讲授，学生以接受方式学习可以使学生的认识有明确的指向性和受控性，使学生在较短的时间内获得较多的知识，并保持知识的系统连贯性，正符合教学过程基本任务和本质特点的要求。

2. 知识分类理论为讲授教学的运用提供了科学依据

20 世纪 80 年代以来，一些现代认知心理学家根据对人的学习的信息加工过程的实验研究的结果，按照知识获得的心理加工过程的性质与特点提出了将学生学习的书本知识分为陈述性知识和程序性知识两大类。陈述性知识是指关于事实"是什么"的知识，如"伦敦是英国的首都"，什么叫光合作用等。程序性知识是指关于进行某项操作练习活动的知识，即关于"怎么办"的知识。这两类知识获得的心理过程，它们在个体头脑中的表征，它们保持与激活的特点有显著的不同。学生掌握陈述性知识时，教师只要能够根据学生的学习动机，原有的知识状况等学生自身方面的条件以及教学内容等，找准新旧知识之间的联结点，就可以采用教师以定论的方式直接把事实、现象、过程性的知识告诉学生、学生系统接受为主的教学形式，即教师可以充分利用讲授教学法，没有必要也无须采用其他比较费时的方法，如布鲁纳所倡导的"发现法"去教学，那样做，就会无谓地浪费时间，造成教学低效。程序性知识学习的第一阶段是陈述性的，也就是说，程序性知识的前身是陈述性知识，即使程序性知识的获得需要采用其他方法，也离不开与讲授教学法相结合，即教师首先要精讲，然后多练。因此，无论从陈述性知识本身出发，还是就程序性知识获得来说，我们都不应该轻视甚至否定言语讲授教学法的运用，而应该根据两类知识的获得过程和规律，在进行教学设计时，合理地选择和运用不同的教学形式或方法。

3. 奥苏贝尔的有意义言语学习理论为我们重新评价言语讲授教学提供了一个有用的模式

奥苏贝尔认为意义学习有两个条件：（1）学生表现出一种意义学习的心向，即表现出一种在新学的内容与自己已有的知识之间建立联系的倾向。（2）学习内容对学生具有潜在意义，即能够与学生已有的知识结构建立一种非任意性的或实质性的联系，而不是一种牵强附会的或逐字逐句的联系。因此，奥苏贝尔反复强调，认为接受学习必然是机械的，发现学习必然是有意义的，这是毫无根据的。而且奥苏贝尔认为，学校应主要采用意义接受学习，尤其是意义言语接受学习，因为首先接受学习费时不多，宜作为获取大量信息的主要手段；其次，在一些学习情境里，学生必须用言语来处理各种复杂的、抽象的命题。诚然，纯粹言语形式的学习会使学生在理解方面带来一些问题，但只要在讲授教学中提供各种具体的经验，就可以弥补这方面的不足。[①]

4. 讲授教学是体现师生交往互动的一个重要方式

即使到了信息技术高度发达的时候，学术知识已可以转化为电脑语言，讲授即教师讲、学生听的方法，其具体形式、应用范围、作用重点可能有所变化，但不可能消失或被完全取代。就信息传输这个层面而言，学习化的社会环境将提供最优越的条件，计算机的确可能比教师讲授做得还要好。但讲授中师生相互作用不只是知识信息传输的两端，不是单纯信宿和信源的关系，而是蕴涵着社会交往、人格示范、情感感染、价值影响……无比丰富的内容；就连知识传输本身，教师讲授也还有信息技术、包括最好的"专家系统"所不及的优势，教师的解释、讲解、演讲，是个性化的，情境化的，具有针对性、灵活性和整体性。

二、提高讲授效率的策略与方法

1. 遵循正确的讲授原则

①师生双向参与原则。通过提问、回答、讨论、讲解等途径，教师以主导者身份、学生以认识主体的身份直接参与课堂讲授活动。课堂上不能"我讲我的，听不听由你"。教师要善于设问，让学生带着问题去学习、思考；要根据学生的情绪和学习接受情况及时调整自己的讲授方法，激发起他们强烈的学习愿望；对特别重要和复杂的问题，教师要通过直接、精练的讲述来解决。

②综合运用归纳演绎原则。教师应从个别的具体现象出发，归纳出一般的抽象概念和原理，然后通过演绎，运用概念和原理揭示具体事物的本质和发展趋势，从而使课堂讲授过程成为学生积极思维的学习过程。思维的一般程序是从个别到一般，这称为归纳；再从一般到个别，这称为演绎。归纳提供一般性结论。结论较前提扩大了认识范围，但结论有偶然性；演绎则提供个别性结论，结论较前提没有扩大知识范围，但结论有必然性。归纳和演绎又相互联系、渗透和补充。演绎只有依

---

① 宋中英. 论讲授教学法之合理内核 ［J］. 教育理论与实践. 2003（10）.

靠归纳才有可靠的出发点和前提，而它又为归纳提供了论证工具和方向。课堂讲授要遵循思维运动规律，从归纳入手，综合运用归纳法和演绎法。

2. 科学把握讲授诸要素

①讲授内容的准确性。教材内容是讲授内容的核心和基础，教材的每章每节内容都有一定内在联系，教师要吃透教材，充分挖掘章与章、节与节之间的内在联系，通过分析、比较、综合，从而找出共性、差异性和规律性的东西。只有吃透了教材，讲授时才能准确把握重点、难点和关键问题，才能层层深入、精讲多练。

讲授内容准确无误，这是确保教学质量的首要条件，也是上好一堂课的重要前提。讲授内容的准确性主要表现为教师对基本知识阐释的准确性、教师所授知识的系统性、教师对教学中重点与难点确定的恰当性。总之，教师传授的必须是准确无误的，是能真实反映教材实际和学生实际的。这就要求教师对事实、材料的引用必须可靠，对概念、定理等的表述必须准确，对问题的推理、论证必须严密。

讲授内容必须重点突出。教师在照应教材内容的全面性、系统性的同时，要善于选择精当的内容，抓住重点、难点和关键。围绕重点，组织讲授内容分析难点，研究如何解说，不要面面俱到"胡子眉毛一把抓"，讲授内容要坚持少而精。

②讲授过程的启发性。讲授能否取得预期效果，在很大程度上取决于教师能否启发学生积极思维，充分调动他们学习的积极性。著名教育家叶圣陶说"老师讲，目的是要达到不用讲，好比帮孩子学走路，先牵着他走，扶着他走；进一步让他自己走，在旁边护着他；最后完全可以放心了，就让他自己走，护也不用护了。上课也一样，不能光灌输，要多启发，多引导。"这说明，教师讲授的目的就是通过自己的启发诱导使学生掌握学习的"钥匙"，让他们自己去思考，去探索，以便更好地掌握所学的知识和技能，达到举一反三的效果。这样，教师自然就达到"不用讲"的目的了。

③讲授语言的艺术性。语言是教师进行讲授的重要手段，是"传道、授业、解惑"的重要工具。实践证明，教学成功的重要因素是教师的教学艺术。教学艺术包括教师对教学内容的驾驭、对教学方法的掌握、对教学过程的安排等。但当这些因素体现在课堂或现场教学时，都要通过教学语言这一中介来发挥作用。由此可见，要上好一堂课，教师的语言显得多么重要。在课堂教学中，教师运用语言应注意在基本把握用语准确的基础上，突出语言的艺术性，体现教师个人语言的独特风格。

④讲授组织的和谐性。有人把一堂课比作一场出色的演出，教师是高明的指挥，学生是演奏的能手，二者和谐统一，协调一致。讲授中只有掌握了这种组织教学的艺术，教师才能在有限的时间里使自己的讲授取得最佳效果。为此，要加

强教学过程的计划性。一堂课什么时候讲，什么时候练，什么时候演示，什么时候板书，都要有周密的安排。各个环节相互联系，相互补充，使整个教学过程井然有序，有条不紊，逐层推进。这样，学生就可随着教师的讲解逐步过渡到知识的"彼岸"。

⑤讲授方式的适恰性。要把握好讲与不讲的时机和界限。在下列情况下教师可以讲：学习新知时必需的、学生又缺乏了解的背景知识；学生自己解决不了的知识难点；尽管难度不大，但却易被学生忽视或混淆的基本历史概念；知识单元、教学环节之间的过渡、衔接；时间不容许让学生进行充分的讨论、探索的内容；学生自学未形成系统而全面的知识体系，教师需要在这一基础上加以适当的点拨、归纳、总结、概括。在下列情况下教师不应当讲或应少讲：教材已经阐明、学生可以看得懂的知识点；教材虽然未阐明，但学生完全可以通过思考而领悟的知识点；与教学目的、教学的重点难点无关的事实材料的叙述；学生已经掌握了的知识点。

要创新讲授的方式，提高"讲"的有效性。

第一，谈话式讲授。师生利用问答对话的方式进行讲授。它的特点是不仅教师讲，学生也讲，师生处在平等对话的地位。运用这种方式的基本要求是，教师谈话前要精心准备；谈话中要抓住重点和关键，因势利导，多给学生以发言的机会；谈话结束后要有总结，让学生明确孰是孰非。当然，这种方式也不必拘泥于一问一答，学生的质疑也可作为教师的现场讲授内容，师生互动可达到最优化的讲授效果。

第二，情境式讲授。它通过课堂教学语言和教学媒体的运用，创设教学情境，向学生直接讲授知识。它包括讲述和讲解两个方面。讲述，是教师向学生叙述教材内容、叙述事实材料或描述所讲对象。讲解，则是向学生解释概念和论证原理、公式和定理等。直述式的基本要求，一是要有系统性，条理清楚，重点突出；二是语言要清晰、简练、准确、生动，要有启发性；三是说写并重，恰当地运用板书。如果教师充分考虑学生的认知特点和教学内容的具体性，在情境中把新知识与学生认知结构中原有的观念建立起实质性联系，并且有效地激发学生的学习积极性，那么，这样的讲授就不是灌输、填鸭，而可能成为学生有意义接受式学习的重要组成部分。

第三，讨论式讲授。是指在教师指导下，学生就教材中的某些主要问题，在独立钻研的基础上共同进行讨论。其优点在于能活跃学生的思想，让学生充分发表意见，加深学生对问题的理解。在具体操作过程中，教师绝不是一位旁观者，在讨论前要有明确的目的，要拟定讨论题目；讨论时要随时了解情况，善于启发引导；讨论结束时要及时总结，使讨论的题目有所归宿，不能放任自流。这样，教师讲授少而精，学生动脑又动口。

教师的讲授是课堂教学的有效方式，关键是讲授要掌握好火候。

案例

讲在关键处

案例：河北省保定市向阳小学的王庆丰老师执教《赵州桥》一课时，当学生在整体感知课文、初读了第一段之后：

师：这座桥世界闻名，全世界很多人都知道。这座桥为什么这么闻名呢？因为它在设计上有独特的地方，课文第二段就写了赵州桥在设计上的特点。下面请同学们默读第二段，一边看课文，一边看书上的插图，弄清赵州桥在设计上有什么特点，也就是它和别的桥比，有什么独特的地方？

经教师这一讲，学生既明白了本段主要内容，又能带着具体的学习任务展开对课文重点内容的阅读。"知识与能力"的发展在教学中是显性的，知识经教师一讲，学生很快就能了解。因此，在这样的关键处，教师更应该充分发挥讲授的作用。

讲在精彩处

案例：西安李瑞鸾老师在执教《我的伯父鲁迅先生》时，可以让我们体验到教师讲在精彩处的绝妙效果。

当学生在读了"我摸摸自己的鼻尖，冷得像冰，脚和手也有些麻木了"时，李老师让学生闭上眼睛想象一下，然后用低沉的声音讲道："那是旧社会一个日近黄昏的冬天，刺骨的北风，呼呼地怒吼着；天阴沉沉的，像是随时会掉下来；面黄肌瘦的人们，来去匆匆。街上的店铺关了门，几条饿得精瘦的狗正在觅着食。黄包车夫为了糊口，光着脚板，在寒风中拉着客人。这是一幅多么凄惨的画面啊！请同学们睁开眼睛，大家谈谈你从中体会到了什么。"

李老师这一讲，对引导学生身临其境地了解作者的心境、体会作品的意境和深刻地理解课文都有着举足轻重的作用。在语文教学中，教师的讲，既可以激发学生的情感认知，又可以唤起学生的情感共鸣。特别是在教学精彩处时，更应该发挥好教师讲的作用。

讲在疑难处

案例：《第一场雪》一文对课题的理解是一个难点，为什么用"第一场雪"而不用"一场雪"呢？济南纬九路小学马晓玲老师教学本文时，适时为学生介绍了本文的写作背景：三年自然灾害期间，粮棉歉收，经济极度困难，人们盼望好收成。这样，学生很快就理解了，有效提高了教学效率。"学贵有疑，小疑则小进，大疑则大进"。学生有了疑问而又一时无法解决时，教师是不是应该讲授呢？

讲在分歧处

案例：鲁迅先生的《社戏》，文中有一个令"我"难以忘怀的情节"偷豆"。对这一事件的理解，学生出现了分歧，有人认为他们这不是真正的偷，有人却认为他们品行不正，大家争论非常激烈。这时，我们简要介绍了当地的风俗：一家的客人即大家的客人，可以不经主人同意而用他的东西来招待客人。讲后，再要求学生到文中去找"证据"，于是学生通过六一公公的话找到了答案，分歧得以解决。课堂教学中，当学生的理解出现分歧与偏差时，教师适时的讲能起到导引方向、指点迷津的作用，而且事半功倍。①

3. 全面掌握学生情况

根据学生的具体情况来选择讲授方法，是讲授取得成功的必备条件。首先，教师要了解学生的学习状况，包括学习成绩、学习兴趣、课堂纪律、参与习惯、阅读范围，了解这些情况，有助于掌握学生的实际学习水平；其次，要了解学生对课程的了解程度，这样可以帮助教师提高讲授的针对性和吸引力；再次，要了解学生的期望值，适当地满足学生的期望，让学生始终保持积极、健康的心理状态；第四，要了解学生对教师的评价，包括教师的人格品质、理论水平、工作态度、讲授方法、教学特点等，通过学生的评价了解自己课堂教学的真实水平，这是提高教学效率、实现教学艺术化的有效手段；第五，要了解学生乐于接受的讲授方式的倾向性，这对于教师根据学生的差异而实施不同的讲授非常重要。

4. 综合运用多种教学方式、手段

要提高讲授的教学效果，除了对讲授本身进行改进创新外，还必须依赖于其他各种教学方式和方法的综合使用，如发现法、案例教学法、讨论法等。此外，一些教学手段的合理使用，也会使讲授增色不少。比如可以以提问的手段，使师生在问答活动过程中实现教师的有效讲授。苏格拉底的讲授法尽管充满争议，然而他不直接告诉学生答案，而是以提问的方式激发学生的思维，同时很有耐心地倾听学生，关注学生的想法和感受，从学生的回答中进一步追问，以澄清学生的思考，就是一个以提问促讲授的很好的例证。

---

① 赵尧军，毛学梅. 有效讲授五要诀 [J]. 四川教育. 2007（6）.

第二章

提高课堂教学提问效率的策略与方法

　　课堂教学中的提问是一种有效的教学策略。这一策略适合任何教材，任何学段的学生，也是教师必须掌握的常用教学技能。1912 年，美国的史蒂文斯第一次对教师提问进行了系统性的研究。他发现，教师在讲课过程中，每分钟约问 2~4 个问题，提问被视为"有效教学的核心"。[①] 20 世纪初期，教育界曾流行的一句话是"知道如何提问就等于知道了如何教学"。可见，提问在课堂教学中的重要地位和作用。因此新课程背景下，提高课堂教学效率就必须抓好教师课堂提问的效率。

第一节　课堂提问是教学中常用的教学策略

一、课堂提问的目的

　　教师提问的目的，是影响提问有效性的前提和条件，反映了教师提问行为的自觉性、有意性和方向性水平。归纳起来，提问的目的主要有以下几个方面。

1. 促进学生认知发展

　　提问的关键目的是设法使学生置身于一定的问题情境之中，产生适度的心理紧张，出现认知上的不协调，在此基础上激发其智力活动，促进其认知发展。提问为学生提供了思考问题的机会，使学生通过抽象、概括、分析、综合等思维活动过程，发展其思维能力。教师通过提出一些对学生的思维有挑战性的问题，引起学生的主动探究活动，使学生通过解决问题，产生顿悟和发现，在这个过程中也促进了学生独立思考能力和批判性思维的发展，同时也发展了学生解决问题的元认知能力。

2. 对教学进行调控和反馈

　　提问最直接的目的是对教学过程进行调控并诊断教学目标达到与否。在教学

---

① 金传宝. 美国关于教师提问的技巧研究 [J]. 信息技术教育，2003 (3).

过程中，提问可引起学生注意教学目标，提示学生回忆原有的知识，加深新旧知识的联系和系统化，加强学生对所学内容的巩固和理解，检查学生对所学知识的掌握。提问能引起学习者主动加工信息，通过进行比较和对比，促进学生在不同概念和原理之间作出区别和关联。教师的提问还能帮助学生加深其对规则的理解，学生根据规则和原理对那些新的学习情境作出预测，并促进其知识的迁移。在此过程中，教师能够对自己的教学效果和学生的学习状况作出及时反馈和调节。

3. 促进学生情感和社会性的发展

教师的提问是课堂中师生心灵沟通的桥梁。通过师生间的互动和沟通，可以促进学生情感和社会性的发展，激发学生的认知内驱力、自我提高的内驱力以及满足其获得教师赞许的需要，从根本上激发学生的好奇心和求知欲，激发学生内在的学习动机。由于提问能直接引发学生的学习动机和兴趣，在课堂教学中，教师时常以提问来集中学生的注意力，维持课堂秩序。

二、课堂提问的功能与作用

课堂提问的功能和作用主要表现在两个方面。

对教师来说，提问可以引导教学，突出学习的重点；检查教学，检查不同层次的学生已经掌握和未掌握的内容，技能的程度，检查学生的能力、态度和倾向，揭示学生的心理过程；补救教学，帮助教师作为改进教学的参考，改变教学的内容、方式、进度等；诊断教学，诊断妨碍学生学习的特殊困难；管理教学，管理学生学习及教室秩序，形成合适的学习环境；评价教学，了解教学效果，为后续的教学提供指导。

对学生来说，提问可以唤起学习兴趣，吸引注意力，引起学习动机，激发好奇心；回忆已有的知识，评价、纠正和加强当前的学习观点；关注教学进程的变化，促进理解知识技能，促进记忆；更积极主动地加入到课堂互动之中，如：表达意见、讨论等，加强师生的交流；促进思考。[①]

三、课堂提问的基本原则

合理的课堂提问除了应遵循教学的基本原则外，还要遵循以下原则：

（1）整体性原则。教师备课时，在吃透教材、掌握学生学习情况的前提下，根据教学目的、重点和难点的需要，联系教法，拟定中心问题并围绕中心问题精心设问。问题的安排要环环相扣，步步为营，层层递进，不断深入。这种整体性

---

① 陈羚. 国内外有关教师课堂提问的研究综述［J］. 基础教育研究，2006（9）.

的提问，回答有序，问题间紧密相联，分析推理逻辑性强，有利于达到预期的教学目的。缺乏整体性的提问，带有一定的盲目性，有的甚至是无用的提问，对教学不能发挥整体性的综合效应。

（2）目的性原则。问题应有明确的目的，不能信手拈来，随意发挥。教学中教师要从教学内容、教学目的、要求和学生实际出发，有目的、有计划地合理安排课堂提问，应计划好对哪些知识点进行提问，提什么问题，采取什么方式提问，预期得到什么结果，怎样达到期望目的等。因此，课堂提问应主要针对教学的重点和难点，有计划、有步骤地提出问题，以求达到教学目标。

（3）针对性原则。课堂提问不仅要强调针对教学的重点和难点，而且要针对教学的实际，主要表现为因人而问和因课施问。因人而问，即针对每个学生的学习态度、兴趣和个性特点，分别设计和提出不同的问题。对优生宜提难度较大的问题以激励进取；对差生宜提能基本答对的问题，以帮助其树立信心；对学习态度差的学生可适当提问，以唤醒他们注意听讲。因课施问，即针对不同的课型，采用不同的提问方式。复习提问宜就与新课教学内容相关的问题设问，温故而知新，使其发挥承前启后、衔接新旧知识的"链接"作用。上新课时，可以提出新问题，造成新的悬念，激发学生对新知识的渴望，在学生情绪高涨时引出新课题。有时也可针对易误解或易混淆的概念提问，以分清是非，明确彼此的联系与区别，加深理解。

（4）适应性原则。课堂提问必须针对学生的已有知识水平，让学生找到问题的切入点。心理学上，把人的认知水平划分为三个层次："已知区"、"最近发展区"、"未知区"，并认为人们对问题的认识过程就是这三个层次间的逐步转化过程。课堂提问不宜停留在"已知区"或"未知区"，即不能太易或太难。问题太易则提不起学生的兴趣，浪费有限的课堂时间；问题太难则会使学生失去信心，无法保持经久不息的探索心理，从而使提问失去价值。教师应在"已知区"、与"最近发展区"的结合部，即知识的"增长点"上设问，这样有助于原有认知结构对新知识的同化，使认知结构得到补充完善，并最终使学生认知结构中的"最近发展区"上升为"已知区"。

（5）启发性原则。启发性是各种不同教学方法共同遵循的基本原则，在教学中能否贯彻启发性原则是教学成败的关键，可以说启发性是现代教学方法的重要标志。教师要用有一定深度的问题启迪学生的思维，引发学生的思考。

（6）梯度性原则。课堂提问要符合学生的认知规律，由浅入深、由简到繁、由易到难、循序渐进、层层深入地引导学生探讨知识的来龙去脉。提问不可过于简单，要有一定的梯度，这个梯度使学生接受的信息是未知的，从而造成一定的信息差，使学生渴求这种信息，才会积极思考，才能吸引学生注意力。但是梯度不可过大，要让学生想一想就能回答。小疑直接问，大疑分步问，由小问题到大问题，以小问题铺垫大问题，注意设计提问要做到低坡度、密台阶。

（7）趣味性原则。儿童的心理特点是好奇、好强、好玩、自尊心强。因此，教师对提问的设计要做到富有情趣和吸引力，使学生感到问题的新、奇、趣，营造一个气氛愉悦、妙趣横生的课堂氛围。教师不要用突然发问来惩罚他们的错误，不要故意用偏、难、怪题使他们感到难堪，以至于挫伤了他们的积极性和自尊心，这对以后学习是极为不利的。

（8）明确性原则。问题的语言表达精确，问题不能似是而非。教师所提的问题要具体，语言要准确、完整，要让学生明确回答问题的方向，否则学生不知从何答起。在教学中，同一问题往往这样问学生难于开口，那样问就立即跃跃欲答，原因就在于问题的语言是否明确。

（9）全体性原则。提问对象的面要力求广，教师心中要装着大多数学生，不能只局限于提问几个自己喜欢的学生，而置多数学生于不顾。

（10）交互性原则。课堂教学中，不仅有教师的提问，还要有学生的反问和学生之间的对问，提问和应答应当是立体的、多维的。教师提问就是教师在教学过程中提出问题，学生回答。学生提问就是在教学过程中学生提出问题，教师或学生回答。

四、课堂提问的基本类型

根据提问水平加以划分，归纳起来主要有以下几种：知识（回忆）水平的提问；理解水平的提问；应用水平的提问；分析水平的提问；综合水平的提问；评价水平的提问。

根据教学提问的作用分类有：分析或概括性提问；强调性提问；点明知识规律性的提问；肯定或否定性的提问；引起学生兴趣和求知欲的提问；引起学生注意的提问；启发引导学生提问的提问。

根据教学提问的材料的性质可将其依次划分为：知识性问题；说明性问题；评价性问题。

根据教学提问的信息交流形式可将其分为五类：特指式提问；泛指式提问；重复式提问；反诘式提问；自答式提问。

以教学提问的心理学基本原理为依据可将其分为：扩展的提问；扩展的和上升的提问；漏斗形的提问；发散和收敛的提问；逐渐上升的提问；逐渐下降的提问；急降的提问；随机的提问。

根据教学提问的内部结构可将其分为：总分式提问；台阶式提问；连环式提问；插入式提问。①

五、课堂提问的基本阶段

佐藤·学认为课堂提问的一般对话建构是教师提问——学生回答——教师评价（即 RIE 结构），整个课堂提问是由一系列循环的 RIE 结构构成。因此，从教师的最初提问，引出学生最初的反应、回答，再通过相应的对话，得出事先希望得到的回答，并对学生的回答给予分析和评价。这个过程称为提问的过程。它一般可分以下几个阶段。

1. 引入阶段

教师用不同的语言方式来表示即将提问，使学生做好心理上的准备。因此，提问前要有一个明显的界限标志，表示由语言讲解或讨论等转入提问。例如："下面让我们共同考虑这样一个问题……""上节课我们学习了……等重要概念，现在我们回忆一下……"等。

2. 陈述阶段

用适当的语速，清晰地陈述所提问题，并作必要的说明，引导学生弄清主题，或使学生能承上启下地把新旧知识联系起来。

3. 介入阶段

在学生不能作答或回答不完全时，才引入此阶段，教师以不同的方式鼓励或启发学生回答问题。如核对查问学生是否明白题意；提示问题的重点或答案的结构等。

4. 评价阶段

当学生对问题做出回答后，教师以不同方式处理学生的回答。如重述学生的答案；根据学生回答中的不足，追问其要点；对学生的回答进行评价，纠正错误，明确答案；根据学生的答案，引导学生思考另一个新的或更深入的问题；就学生的答案，加入新的材料或见解，扩大学习成果；检查其他学生是否理解答案等。②

六、有效课堂提问的基本特点

日本教育界在 20 世纪 80 年代初曾用两年时间专门开展了"什么是好的提问"的讨论。结果认为，好的提问应该具备以下特点：（1）表现了教师对教材

① 沈小培. 课堂教学提问类型的概括研究［J］. 江西教育科研. 1996（1）.
② 刘凤云. 课堂提问艺术初探［J］. 江苏商业干部管理学院学报, 1998（3）.

的深入研究；（2）与学生智力和知识水平相适应；（3）能激发学生学习的欲望；（4）能有助于实现教学过程中的各项具体目标；（5）富有启发性，并能使学生自省。从心理学的角度看，好的提问应该使学生处于以下几种合理状态：（1）有解决问题的思路和方法，但没有答案；（2）有一部分答案，但不完整；（3）虽然一时不能回答，但有回答的自信心。[①]

教师有效课堂教学提问应该是能够发挥其多种功能，促进学生全面素质和创新精神与能力获得进步或发展的。它具体应有以下 3 个特点。[②]

1. 有效课堂教学提问是师生交流的重要形式

现代教学论研究指出，教学过程是师生交往、积极互动、共同发展的过程。强调师生间、学生间动态的信息交流，通过信息交流实现师生互动、相互沟通，相互影响，相互补充。可以说，教学活动是通过交流而实现的。提问是构成课堂语言相互作用的必要的组成部分，有效的课堂提问就是师生在一种平等、理解、双向的人与人的关系的环境下所进行的交流。

2. 有效的课堂教学提问是实现教学目标整合的重要手段

教学目标是学生通过教学活动后要达到的预期学习结果。教学目标有不同的层次，这里所指的是上位的教学目标，即课程教学目标。传统的教学十分注重基础知识的掌握，这固然没有错。但是，过分强调知识目标，则忽视了智力、能力、情感、态度等其他方面的目标，从根本上失去了对学生作为一个完整的人的存在及其发展的关怀；过于注重基础知识，往往让学生死记硬背、机械训练，学生不仅负担很重，而且得不到应有的发展。所以，新课程在教学目标上，强调要真正体现知识与技能、过程与方法以及情感与态度三个方面的整合。为了落实这个目标，课堂提问是一个有效的手段。

3. 有效的课堂教学提问是服务于学生的学习过程的

现代学习科学研究关于有效学习的观念发生了变化，教学的重心已从勤奋操练和练习转向学生的理解和对知识的运用上，提出"为深刻理解而开展学习"、"为深层学习而教"。由此可见，学生的学习过程不是学生被动地吸收课本上的现成结论，而是一个学生亲自参与丰富、生动的思维活动，经历一个实践和创新的过程。教师的教要为这样的学习服务。教学提问主要通过两种方式服务于学生的学习过程：（1）通过提问实现教学与课程的整合；（2）通过提问帮助学生形成原有知识经验的灵活迁移。

---

① 张晓琦. 课堂提问的方式和类型简析［J］. 中小学教材教学，2004（25）.

② 赵敏霞. 对教师有效课堂教学提问的思考［J］. 现代教育论丛，2003（3）.

第二节　课堂提问中存在的问题与成因

通过课堂观察以及文献研究，我们不难发现，目前中小学教师的课堂教学提问现状并不如人意。因此，对教师课堂教学提问中存在的问题及其成因进行研究，对新课程的实施，素质教育的推进，是十分必要和有意义的。

一、课堂提问中存在的主要问题

1. 提问主体偏颇

在课堂提问中，教师提问多，学生提问少，提问主体集中为教师，忽视学生这一提问主体。什么是提问？提问，广义讲就是提出问题来问。具体讲就是在课堂教学活动中，围绕教学内容，师生之间以设疑形式呈现，以交流方式进行，以引起师生双方反应互动的活动。可见，课堂提问包括教师提问和学生提问两个方面。然而，我们的许多教师过于注重教学过程的"预设"，忽视学生的主体地位，不注重学生问题意识的培养，甚至无视学生的提问权。一说到提问，就是教师问，学生答。

2. 提问次数偏多

提问频率过高，是当前课堂提问中普遍存在的问题。在许多课堂上呈现出教师"满堂问"的现象，教师提的问题少则几十个，多则上百个，面对如此之多的问题学生怎么能有足够的思维时间和空间？实际上，在这众多的问题之中也鲜有具较大思考价值的问题。因此，这种教师的"满堂问"缺乏对学生思维的实质性激发，后果必然是降低学生的思维品质，限制其主动性发展。

3. 提问对象"窄化"

不少教师在提问时，往往指定回答者，基本上集中在较好层次的学生的范围之内，中下层学生鲜有回答的机会。这样一来，就挫伤了大部分学生的积极性，使他们既懒于思考，又积攒了敌对情绪，这不利于素质教育的实施。而且教师提问学生回答问题时总是有一定的倾向性。例如，数学教师趋向于多点男生而少点女生，特别是在高年级，而语文教师则趋向于多点女生而少点男生。研究表明，教师的偏见会使学生的成绩存在显著差异。[①] 因此，教师应避免在提问过程中表现出歧视而导致部分学生学习动机的降低，尽量要做到"面面俱到"，注重学生参与的广泛性，激发课堂活力，提高教学实效。

[①] 陈秋红. 教师的课堂提问行为反思［J］. 教学与管理，2004（28）.

4. 提问目的异化

当前许多课堂提问的目的却发生了异化，这种异化主要表现为三个方面：

（1）完成教材规定内容。在许多教师的眼里，教材就是圣经，一切的教学行为都不能离开教材，提问的内容必须围绕教材，提问的方式也必须为完成教材内容服务，提问和回答都只是教材知识内在逻辑性的需要。（2）执行教案预设程序。在许多课堂（尤其是公开课）上，教师的一切行为都只服从一个目的——完成教案。提问什么，怎么提问，提问谁都是教案事先设计好的。在这里，学生的回答只是作为一种配合教师完成教案预设的手段而出现，是为了使课看起来更"热闹"，更好看，更"艺术"。（3）服从课堂管理需要。对于有些教师来说，提问是一种管理课堂的手段。谁违反了课堂纪律，教师就向他提一个他回答不上来的问题，叫他当众出丑，以此作为惩罚；谁注意力分散了，教师就向他提个难题让他"集中集中"。①

5. 提问语言模糊

问题在表达方式上，应做到清楚明白和逻辑有序。所谓清楚明白，即避免模棱两可、让人不知所云的发问。因此，教师提出的问题必须具有明确的"导向性"，为学生的思维行进设置"路标"，开辟"捷径"。特别是语言要简明易懂，具体而不笼统，浅显而不晦涩，使学生易回忆，易归纳，易口头表达。②

6. 提问形式单一

现在许多课堂提问的形式单一，主要以教师问学生答的形式进行，缺少学生问教师答（质疑）、学生问学生答（讨论）、自己问自己答（反思）的形式。而质疑、讨论、反思恰恰是学生进行创造性学习的三种重要形式。调查发现，教师的课堂提问所采用的形式主要是单句直问。直问是指教师在教学中向学生直截了当地提出问题，问题直线指向需获得的答案结果，学生对此类提问可以直接作出回答。单句直问目标指向清晰，节奏简明，能较快完成教学任务的切换，但往往由于没有铺垫，没有变式，没有思路启发与太过刚性而缺乏情趣味。也容易造成氛围上不必要的紧张，因而在增进师生互动交流，激发学生兴趣与启智性等方面存在明显不足。③

7. 问题设计不当

针对传统"教师讲、学生听"的沉闷课堂，很多教师已经意识到要把课堂

---

① 王九红. 当前课堂提问存在的问题及其对策［J］. 天津市教科院学报，2003（1）.
② 邱家军. 课堂提问的类型与技巧［J］. 山东教育科研，2002（6）.
③ 李永元，顾文元，陈凤英. 中小学课堂提问的现状［J］. 教师博览，2003（3）.

"还"给学生，让课堂充满生命的活力。然而，在教学实践中，许多教师对"还"的理解仅仅停留在表面上，在课堂提问的问题设置上不是很恰当。主要表现为：第一，设计的问题偏离教学主题；第二，问题难度不适宜，要不过易要不过难。质量高的问题应该既使学生感到有困难的压力，又使学生感到有解决的信心，问题的难易正好介于学生的最近发展区内，所谓使学生对问题解决的努力有"跳一跳，摘桃子"的效应。当学生被难题"卡壳"时，教师应当及时在已知和未知之间架设桥梁，使学生顺利到达目的地。提问要"适度"，就是教师正确估计学生的学习潜力，使问题接近学生智力的"最近发展区"，而不是高不可攀或是繁琐浅显的提问。

8. 提问处理简单

教师处理学生提问的方法简单。面对学生的提问，教师的处理方法往往有三种：一种是拒绝回答。对这一点许多教师都加以否认，认为自己绝不会犯如此低级的错误，但事实是，在身体疲惫或心情不好时，这种行为是常有的。再一种是重复敷衍。有些教师对学生的回答只是把问题简单地重复一遍，对于那些正迫切等待某个"标准答案"的教师来说，这种情况尤其常见。另一种是直接告诉答案。这些简单粗暴的处理方法严重损伤了学生提问的积极性，阻碍了学生自主学习活动的深入进行。[①]

二、课堂提问中存在以上问题的原因分析

课堂教学中教师提问行为的种种误区，除了受教师课堂提问技巧和方法所影响外，更深层的原因是由于教师提问行为背后所隐藏的不良课堂教学观和课堂提问观。

1. 教师不良的课堂教学观[②]

（1）重知识传授而忽视学生的自主探究的教学方式观。批判教学理论认为，教学是一种反思性实践。对学生而言，所有的知识只有通过反思才能作用于学生的生活，才对人生具有建构意义。教师频繁地提问一些知识性问题，以为记住知识就是掌握了一切，完成了教学任务，他们控制问题的答案，认为自己就是知识的权威等做法实质上是"灌输式"教学方式的典型表现。这种教学方式观强调知识的传授和灌输，而忽视学生的自主探究。批判教学论以整体哲学观为基础，提出教学过程不是要求学生对教材内容完全地进行接受式的学习，而是要求学生

---

① 王九红. 当前课堂提问存在的问题及其对策 [J]. 天津市教科院学报, 2003 (1).
② 陈秋红. 教师的课堂提问行为反思 [J]. 教学与管理, 2004 (28).

通过反思、批判的方式进行自我意义的生成与建构。在意义的重建过程中，探究是最基本的活动方式，学生只有在自主探究的过程中才能更深刻地领会知识，获得体验与感悟。

（2）重教师权威而忽视学生主体的师生关系观。在传统教学观下，师生之间的关系的本质就是知识传授关系。学生总是习惯于将书本知识当作"圣旨"，教师扮演着宣读"圣旨"的"钦差大臣"的角色，学生则是领受"圣旨"的顺民。随着教学观和知识观的转变，这种师生观也跟着改变。现代教学论认为，教学是师生互动的活动。教师只是平等中的"首席"。在教学中，教师与学生总是处于一定的交往关系中。没有交往，教育关系就不能成立。教育活动便不可能产生，真正意义上的交往不仅仅是指表面的交往，而是内在的精神交流，它强调平等与对话。可令人遗憾的是，在中小学由于某些不合理的、制度化的生活限制了师生间的交往。教师被赋予了至高无上的地位，教师成了教学中的权威。学生自由说话、表达思想的机会和权利被剥夺了，哪来真正意义上的交往？哪来学生的主动性？

（3）重表面而轻实质的教学质量观。课堂提问的目的不仅仅是帮助学生产生短暂的学习兴趣，接受知识，建构知识，启发思维和反馈教学，而且还是为了呈现问题情境，让学生发现问题、探索问题，从而培养学生良好的学科素养，促进身心发展，培养他们终身学习的愿望以及创新精神和实践能力。

课堂提问有助于活跃课堂气氛、提高教学质量，但是课堂表面的气氛并不等于教学质量的提高，评判教学质量的重点在于学生的身心发展。教师为什么提如此多的问题呢？其实最重要的原因是，教师没有意识到问题的数量不等于教学的质量，课堂表面上的热闹气氛并不代表学生真正理解教学内容，得到了全面发展，教师完成了教学目的和要求。于是教师在潜意识中误认为课堂提问越多，学生参与程度就越高，学生的学习就越努力，学会的东西也就越多，教学质量也就越高。教师没有意识到提问只是教师鼓励学生积极参与学习的一种方式、而不是唯一的方式。其次，就是教师在提问前没有认真地进行思考和设计，否则课堂上也就不会出现那么多"问答式提问"。

2. 教师不良的课堂提问观[①]

（1）认为只有部分学生具备学习潜能。当问及教师所教班级中有多少学生能完成教学目标时，大部分教师回答介于30%～60%之间。（有些教师甚至认为只有约20%）。这种回答反映了教师的学生学习潜能观，即教师认为只有部分学

① 范丽恒. 教师不良的课堂提问观及其改善策略［J］. 教育科学研究，2005（8）.

生具备学习潜能。教师无意识地对学生进行能达标与不能达标、学习好与学习差的划分时，他们对学生的这些期望往往会在学生身上变为现实。教师认为某些学生有学习潜能时，就会给这些学生的回答以更多的支持与表扬，给予更多的关注与耐心。

（2）只提问自愿回答问题的学生。教师认为课堂提问时应提问那些有所准备、希望回答问题的学生。因为当学生有所准备时，他不仅会积极配合教师的教学，还能通过回答满足表现的"愿望"，这样既能使课堂教学顺利进行，还能促进学生的发展；而当学生没有准备、不希望回答问题时，对其提问会使学生产生紧张、焦虑的不良情绪，影响其思维，损伤其自尊，并且浪费宝贵的课堂教学时间。

（3）学生正确回答问题等于掌握了该内容。很多教师认为学生能正确回答问题说明他已经掌握该问题涉及的内容。课堂上，当学生回答出正确答案后，教师就开始按照自己认为的答案获得过程进行讲解，有时甚至不再对该问题进行讲解。这样，学生获得答案的过程被忽略。其实在很多情况下，正确回答问题并不等于掌握该问题。学生有时可能只是靠猜测获得了答案；有时可能答案正确，但过程错误；而有时，尤其是集体回答的情况下，一些学生可能根本就不知道正确答案，但是碍于班级环境的压力（如果不随声附和，教师和其他学生会小看他）对他人得出的答案加以附和，而其本身并未理解该问题。

（4）学生不会回答时应给予提示。在具体教学中，当学生不会回答某问题时，教师常常按照自己的思路给予学生提示，引导学生最终得出答案。对教师的访谈发现，教师普遍认为这是合理的。因为学生不会回答时给予一定的提示，不仅可以使学生更好地回忆出所学的相关内容，而且可以保护学生的面子、节省教学时间。这一观点似乎很正确，可是根据心理学中的"省力原则"，即人们总是倾向于采用能够节省个人资源的方式来行动。你会发现，当学生已经习惯于教师的提示时，就不再会自己主动进行思维去寻找答案。也就是说，因为没有任何回答不出而造成的压力。在学习这一需要付出努力的事情上，回答不出明显是一个更省力的方式。

（5）鼓励学生猜测。很多教师特别是理科教师，总喜欢教给学生一些解题的窍门，如猜测。教师认为猜测不仅可以锻炼学生的直觉思维，而且还可以让学生学会一种做题技巧。这种想法是错误的。首先，直觉思维是指根据对事物现象及其变化的直接感触而作的判断，它往往是在逻辑推理思维的多次运用和熟练后压缩、简化思维过程，略去许多中间环节，转化而成的。其结果是需要通过逻辑思维或实践活动来加以验证的，这与没有根据的盲目猜测截然不同。其次，对于处在基础教育阶段的学生而言，他们对事物的计划性、组织性和逻辑性都较差，教师鼓励学生猜测无疑进一步强化了学生的无计划性、无组织性和无逻辑性的倾向，阻碍了学生抽象逻辑思维的发展。

（6）"我不知道"等于不理解。在课堂提问中，总会出现学生回答"我不知道"的现象，而教师对此也往往很无奈。很多教师虽然清楚有些学生可能只是不想回答该问题而不是不会，可又担心继续追问会挫伤学生的自尊心，只好到此为止，或停止提问或转向其他学生。显然这类提问是在浪费时间，没有效果。两种心理学原则提供了部分的解释，一是社会心理学上"直接受益"原则，即人们总是做那些暂时获利超过其潜在成本的行为；二是"从众"效应，即人们倾向于按照周围大部分人的反应来行动。当学生认为回答"我不知道"要比潜在的回答错误有更大的好处（比如避免了同伴的嘲笑和教师的讥讽），而且该课堂已经形成说"我不知道"的氛围时（即学生大都会在该课堂教师提问时回答"我不知道"）学生就会更倾向于说"我不知道"。

第三节　提高课堂提问效率的策略与方法

一、树立平等的提问教学观

新课程改革的核心之一是平等，教学过程是师生的互动交往，教师不再是高高在上的训导者，而要转变角色，要成为学生学习的合作者，教师与学生之间应该是平等的。在课堂提问中，既要发挥教师的主导作用，又要发挥学生的主体作用。教师在讲授之前，应认真备课，充分研析教材与学生，紧紧围绕教学目标，精心设计一些问题，考虑将会出现什么问题以及如何应对，这既是有效提高课堂效率的途径之一，也是对学生和事业的一种尊重。教师课堂提问时应该鼓励多数学生参与，特别要鼓励中下层学生大胆发言，给予他们足够的关注，给他们"出头露脸"的机会，让他们也能够体验成功、收获自信，这样才能激起他们学习的积极性。而且在教学过程中，教师要积极鼓励学生提问。（1）教师要转变观念，不要害怕会因此而打乱了课堂秩序。（2）教师要创设积极的课堂氛围，并留出足够的时间让学生大胆质疑。（3）不管学生所提的问题是肤浅还是深刻，教师都要认真对待，多一些循循善诱，少一些横加指责。（4）教师要注意提升学生提问的层次，避免在同一层次上低水平重复。[①]

---

① 朱郁华. 课堂提问：调查与诊断 [J]. 中小学管理，2005（3）.

二、建立安全、宽松的提问氛围

课堂中我们不难看到这样一个规律。随着年级的升高，主动回答和提出问题的学生人数迅速减少。究其原因，一是随着年龄的增长，自我意识的增强，学生越来越在意外在标准对其的评价；二是自己和他人在课堂上遭遇提问尴尬的次数随着年级升高而增多。这两点都是与个体对周围环境的评价分不开的。心理学研究发现，在心理上感觉安全、宽松的环境氛围下，个体更倾向真实地表现自己的想法。因为在这种情境下，成员们相互信任、支持，每位成员不需要担心说出个人看法后会带来潜在的不良后果，如丢面子（受到嘲笑与批评等），所以更勇于、乐于表达自己的观点。因此，要想真正有效地提高课堂教学质量，提高课堂提问的效果，学校管理者和教师应首先统一思想，对学生少评价、多支持，少对人、多对事，真诚地关心每一位学生的学习、生活，给学生创造一个宽松、和谐、安全的学校、班级心理氛围，以增强学生的情绪安全感，提高其参与意识。[①]

教育心理学研究表明，教师的面部表情、语言语调、举手投足以及师生间的距离，对学生的思维活动开展都有一定的影响。有些教师提问时过分呆板严肃，导致学生上课如临大敌，心情紧张；对不满意的回答，动辄训斥、刁难、讽刺、挖苦，使学生惧怕、回避，甚至产生厌学的情绪。相反，有的老师上课时面带微笑，用期盼与鼓励的目光与学生沟通，学生增强了信心，思路清晰，回答准确，从而更加喜爱老师及该门学科。所以，教师要用满面春风的神态、充满睿智幽默的话语、饱含激情的语调、精心设计的问题，来为学生的回答制造轻松、和谐的环境氛围。对于学生的回答，教师更要科学地运用"无错原则"来评价学生的每一次发言，肯定其闪光的地方，委婉地指出不足，避免评价时出现一棍子打死，或因人而异的现象，要努力保护学生回答问题的积极性，以此收到最佳的教学效果。[②]

三、掌握课堂提问的技能

1. 设计有效的问题

有效的问题是成功的一半。课堂提问中问题本身的有效性是确保教师课堂提问有效性的前提。因此，对教师课堂提问中有效问题的内涵、结构与特征的探索可以进一步提升教师的有效提问的技能。

（1）有效问题的内涵。什么是问题？塔巴（Taba，1964）认为："问题是新形

---

① 范丽恒. 教师不良的课堂提问观及其改善策略［J］. 教育科学研究. 2005（8）.
② 朱毓祥. 改善不良提问现状 提高课堂教学效率［J］. 中华活页文选（教师版），2008（7）.

成的认知系统的承载者。"① 在生动活泼的课堂环境中，"问题"并不是界限分明的。正如布朗和雷格（1993）所指出的那样，在课堂的对话环境中，学生往往不容易辨别出某些类型的问题，甚至不知道是否算问题。有效的问题是指那些学生能够积极组织回答并因此而积极参与学习过程的问题（Chuska，1995；Wilen，1991）。②

（2）有效问题的基本结构。课堂提问中有效问题具有良好的结构。有效的问题，特别是有效的初始问题由三个要素构成：①引导性词干，如：当你……、……怎么样、你怎样……、什么导致……、什么可能……、什么也许……、可以怎样……、应该怎样……。②特定的认知操作。在数据采集水平上，可以选择这样的词，如：回忆、定义、描述、鉴别、命名、列举。在加工水平上，可以选择这样的词，如：比较、对照、推断、分析、排序、综合、总结。在推测、详细描述和应用概念的水平上，可以选择这样的词，如：预测、评价、推测、想象、预想、假设。③内外情境。对于内部情境可以问：反应、感情、思想、情绪；对于外部情境可以问：方案、其他同学、小组、事件、目标、功课。因此，把这三个要素放在一起，教师就可以建构出有效的初始问题。如："当你把这个方案与你以前做过的其他方案相比较时……""你如何用这种方法来对这些事情排序以致……"③

（3）有效问题的基本特征。有效问题的基本特征，在一定意义上回答了"什么样的问题值得提问"这一命题。提问的问题至少应包括如下的特征：为儿童所理解；符合一定的教学目的；能引起学生的思考；避免对课本上的问题直接发问。④

2. 选择合适的问题

事先应该想好你为什么问这个问题，明白问题所要求行为复杂性的程度。我们应该明白的是，问题是支持教授过程和学习过程的工具。在使用问题时，你要做的第一个决定应该是你到底教的是事实、规则、动作序列，还是概念、模式、抽象理论。如果你的目标是前者，那么你问的应该是识记、理解和应用层次的封闭性问题；如果你的目标是后者，那么你应该提出分析、综合和评价层次的开放

---

① Marylou Dantonio Paul C. Beisenherz，宋玲译．课堂提问的艺术——发展教师的有效提问技能［M］．北京：中国轻工业出版社，2006：209.

② ［美］加里·D．鲍里奇著，易东平译．有效教学方法（第四版）［M］．江苏教育出版社，2006：209.

③ ［美］Arthur L．Costa，Bena Kallick 主编，李添等译．思维习惯［M］，北京：中国轻工业出版社，2006：121.

④ 汪明帅，徐筱英．从教学法视角透视什么问题值得提问——由一堂课的课堂提问片断说开去［J］．中小学教师培训，2008（1）.

性问题。这一决定策略归纳如图 2 - 1 所示。

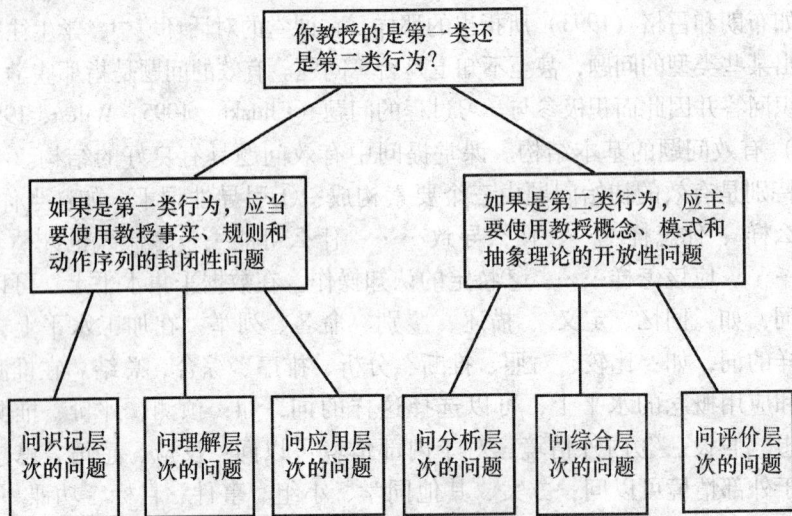

图 2 - 1　决定你的问题类型的树形图

如果你不能决定该问题在图中的位置，那么很有可能你提问的问题类型是错误的，而且你的问题可能缺乏逻辑的顺序。它们可能从封闭性问题跳到了开放性问题，或者在知识的简单回忆和概念及模式的习得之间徘徊。你的学生会觉得你的问题让他们不适应，因为你的思维看来不是由一根主线串联起来的（至少，不是由一根他们所能理解的主线串联起来的）。而且，你会让人觉得模棱两可，或是缺乏那种用有意义的方式把内容串联起来的能力。因此，事先决定你的问题策略是什么以及你的问题目标是什么，进而选择合适的问题，这是至关重要的。不过，你问题的目标可能是第一类或第二类行为，但这并不意味着你不可以在图中所列出的各种水平的问题策略之间变化。问题应该在同一类学习类型内有所变化（如从识记到应用，或从分析到综合），也应该在不同类型之间有所变化（如从应用到分析）。最重要的是，记住你课堂的终极目标是什么，然后选择最佳的问题组合来达到你的目标。①

3. 掌握提问的技巧②

（1）发问。发问是教学提问实施的首要环节。如何发问，体现了教师提问的艺术水平。

---

① 王朝福．新教师课堂提问应该注意的问题［J］．物理教学探讨，2007（4）．

② 林宜照．课堂教学提问策略新探［J］．基础教育研究，2007（11）．

①发问的时机。孔子在两千多年前就主张"不愤不启，不悱不发"、要在学生"心求通而未得，口欲言而未能"之时提问，才是最佳发问的时机。最佳发问时机要求教师敏于捕捉，准于把握，巧于引发，善于创设。

②发问的对象。课堂提问要面向全体学生，照顾大多数，注意到提问的面，正确处理好、中、差三类学生。根据教学目的和问题的难易程度，有目的地选择提问对象。教师发问时应心中有数，用不同的方式提出不同类型、不同层次的问题，使每一个学生都能学有所获，步步提高。

③发问的顺序。教师发问在内容上，应由浅入深，由易到难，循序渐进；在形式上，切忌按座次顺序点名提问，而应打破次序，有目的地提问，让全体学生都处于积极思考问题的状态。

④发问的方式。教师发问应注意灵活多变，丰富多样，具体方式有以下几种：第一，面向全班发问，个别回答。这种发问的优点是能使全体学生思考，不足的是回答人数有限。第二，并行发问，即向不同部分的学生提出不同的问题让其分别准备，其优点是增加了回答问题的人数，但不易组织。第三，面向全班发问，学生轮流回答，其不足是可能学生回答时间占用多，影响教学任务完成。

⑤发问的语态。教师发问时的语言和态度十分重要，教师的语气温和，态度谦诚，能让学生得到激励和鼓舞，缓解心理压力，能增强学生对回答问题的自信心。

⑥发问的节奏。教师的发问频率对学生有重要的积极作用，因此教师应控制好问题的节奏。如果提问的速度太快，学生就没有时间展开思考，得出的是无思维、无创造性的答案。假如给他们更多的时间，学生经过深思熟虑，所得出的答案才会有较高的质量。

⑦发问的角度。教师的教学提问要注意变换角度，使其具有新鲜感，以引起学生深思与多思的兴趣。例如，有的教师很善于设计"假设性"问题，将学生置于愤悱状态的问题情境中，激发学生的思维。实践证明，同一问题，由于提出的角度不同，效果大不一样。

⑧发问的难度。教师必须在问题难易度上下功夫，根据学生的实际水平来设定问题，不要只提容易的，满足于学生都能回答，也不要认为难度越大越好，以难倒学生为快。问题的提出要难易适中，深浅适度，广狭适宜，布疑得法，让学生"跳一跳摘到桃子"，才能调动学生学习的积极性。

（2）待答。美国教育学者认为，在课堂提问过程中教师应该有两个最重要的停顿时间，一是教师发问后候答时间，即"第一等待时间"，二是学生回答后候答时间，即"第二等待时间"。教师在"第一等待时间"要等待足够的时间，不能马上重复问题或指定别的学生来回答问题。据研究表明，"第一等待时间"

在 3 秒以上时，教学效果会明显提高，因为会给学生提供更多的思考机会。"第二等待时间"教师也要等待足够的一段时间，才能评价学生的答案或者再提出另一个问题。当教师把"第二等待时间"也提高到 3 秒以上时，师生之间的回答性质就会由"质问式"变成"对话式"，因为学生可能要做详细说明，斟酌补充或改变回答，使回答有利于思维发展的创新。

（3）导答。教师提出问题后让学生回答，需要教师导答，即要启发诱导学生回答。善于导答，学生就会排除障碍，提问便会成功，否则就会归于失败。导答成功与否，取决于教师本身的业务素质和教学应变能力。导答的技艺有：①激将鼓励法；②定向点拨法；③举一反三法；④分解整体法；⑤直观示意法；⑥迁移搭桥法。

（4）理答。在有效的学习中，教师如何处理学生的回答也许和问题本身一样重要。提问不能只重视问而忽视答，应将问与答有机地统一起来，及时地对学生的回答进行合理与恰当的处理，根据学生答问的不同，教师处理学生回答的方式有以下几种：

①回答成功。对于回答正确的同学要给予充分的肯定，并进行表扬。如果是有多种解法的题目，还应进一步启发、鼓励他。但是要注意，如果表扬太频繁，就会失去其价值，因此要适当地进行，用在需要的地方。

②回答失败。教师切忌急躁行事、求全责备，不要立即让别人代替回答，要树立学生的信心，肯定学生勇于发表自己见解的可贵精神，教师可以采用下列办法加以解决：方法一：用层次提问的方式化整为零。方法二：用比喻或类比来引导学生寻找解题的突破口。方法三：用变换问题的角度。方法四：用启发点拨。

③拒绝回答。对于"不回答"的学生要分析他们的障碍，及时给予疏导，要慎重调查研究，给他们以鼓励，使其建立自信心。

④回答不全。教师不要急于纠正和补充，匆忙包办代替，可通过补充提问或反问，让学生从囿于局部到考虑整体，获得正确或完整的理解，经过思考再作答问，必要时也可以由其他学生进行补充。

⑤回答太多。学生答问语句冗长，表达啰嗦时，教师不应该讽刺或嫌弃，而应帮助学生锤炼语言，并训练其表达、概括和归纳能力，使之逐渐做到语言简练，抓住重点，回答准确。

⑥回答"卡壳"。学生答问"卡壳"时，可能是由于问题过大、过难或思维定势等原因，有时即便问题难易适度，学生的思路仍会出现"卡壳"。教师此时应顺着所提问题在思考方向和学习方法上加以指点，接通学生的思路，或者换一个角度，换一种提法进行疏通和开导。

第三章

提高课堂教学组织讨论效率的策略与方法

组织讨论是教学的一种有效方式，是教学中比较常用的教学策略之一。由于讨论教学所具有的优点及其在发展与培养学生的认识能力、逻辑思维能力等方面的优势，更由于讨论教学改变了讲授法教学中教师讲学生听的被动学习模式，有利于提高学生的学习兴趣，活跃学术思想的交流，在新课程改革的背景下，讨论教学在我国越来越受到广大师生的重视与喜爱。但它并不是一付"灵丹妙药"，也并非到处可用，它有自己适用的地点、时间和空间，形式主义的讨论只会浪费时间，甚至还会带来许多问题，影响教学质量等。在运用的过程中，要分清主次，防止片面夸大其作用，并要与其他教学方法和方式一起使用，尽量避免其不利因素。这样，才能充分发挥它的作用，提高教学的效率。

第一节　组织讨论是教学中常用的教学策略

一、组织讨论是教学的一种有效方式

1. 讨论教学的含义

讨论，即就某一问题交换意见或进行辩论。讨论法是根据教师所提出的问题，在教师的指导点拨下，由学生就教学中的重点、难点、疑点、热点等问题各抒己见，开展讨论，通过分析、综合、判断、比较得出正确的结论，以完成某一教学任务、实现某种教学目的的方法。所谓讨论法教学，是指在教师的指导下学生围绕一个中心问题发表意见，展开讨论，其目的在于加深和运用所学理论知识，发展与培养学生的认识能力、逻辑思维能力、口头表达能力的一种教学方法。①

2. 讨论教学的优点

现代课堂教学提倡的基本理念是教会学生获得知识的方法，讨论法作为课堂教学的常用方法，它既是一种教法，也是一种学法。

---

① 木壮志，金明华. 讨论法教学初探［J］. 黑龙江教育学院学报. 1999（5）.

①讨论教学可以营造一种良好的学习气氛。良好的学习气氛的营造是有效提高课堂教学效率的必不可少的途径之一，它能使学生直接有机会参与学习。讨论是以自己的活动为中心，参加活动的每一个学生都有自由表达自己见解的机会。因而讨论的气氛往往非常活跃，会有意想不到的效果。魏书生是营造良好学习气氛以辅助教学的能手。有人曾问他为什么上课很顺手，效果那么突出？他答道："就是和学生商量，商量商量就顺手了。"这简单的回答，却道出了深刻的道理。即平等的师生关系，民主的教学行为，不仅营造出了轻松自然、亲切和谐、愉悦自由的课堂氛围，也使学生的想象力和创造力得到了充分的开掘与展示。在这样的教学氛围中，学生最真实地感到自己也是教学的主要角色，是课堂的主人，是会思考、有见解的主动学习者。进而使学生深深地体味到了，其担负着自己学习成败的重任，自己要对自己负责，从而有利于培养学生强烈的责任感和自立精神，遇事不推诿，不找借口。

②讨论教学可以激发学习者的主动性和表达欲望，培养他们的逻辑思维能力和语言表达能力。讨论是师生之间、学生之间的广泛、平等的对话，每个学生都有讨论、发言的权利和机会，在讨论过程中，教师通过设疑搭桥，诱导学生积极思考讨论，并将自己的想法适时地用语言表达出来，在不同意见的辩论中，增强自己的逻辑思维能力和语言表达能力。因而，采用讨论法进行教学，能够激发学习者的主动思考和表达欲望，培养他们的逻辑思维能力和语言表达能力。

③讨论教学，实现了课堂范围内的真正平等对话，有助于实现教学相长。我们理想的课堂教学，是师生基于特定的教育目的，在平等、民主、和谐的基础上，通过交往和对话，彼此交流知识和信息，进行情感和心理的沟通，有效地建构知识、创生意义、培养能力、情感、态度、价值观等的教、学、育相统一的生活经历和生命体验的活动过程。在教学中运用讨论，有利于平等、民主、和谐的师生关系的建立，使学生成为课堂的主人，生生交流、师生交流，需要教师在必要时给予关键的点拨和引导，迫使教师不得不由教书匠向学者型教师转变。教师的转变，又激发了学生学习的兴趣，循环往复，实现了教学相长。

④讨论教学是锻炼学生思维的良好手段。教学不仅仅是要教给学生知识，更重要的是要教会他们思维。苏霍姆林斯基认为，教学中教师往往"动了很多脑筋，力求把自己讲解的一切内容都变得明白易懂，毫无困难，使学生往往用不着再进行思考"，"把学生的脑力劳动减轻到极限"，这种做法是很愚蠢、极不可取的。成功的教师，往往能"有计划、有目的地激起学生思想上的波澜，把矛盾带进课堂，把焦点带进课堂，促使他们积极探索，积极思维"。讨论式教学法用于课堂，往往能起到一石激起千层浪的效果，促使学生努力求知，积极思维，热烈

讨论，激烈争论，并在交流、争论中学会发现，学会思考，学会创造，培养学生良好的思维品质和创造精神。

⑤讨论是帮助学生认识、理解、把握教材的好帮手。讨论往往是在教师的指导和点拨下，由学生就教学中的重点、难点、疑点、热点等问题各抒己见，开展讨论，通过分析、综合、判断、比较得出正确的结论，当学生们有机会参与讨论或把自己所学到的知识教给别人的时候，他们就会更加深入地理解课程内容，有助于学生深入地认识、理解和把握教材。

⑥讨论有助于培养学生良好的品质和能力。在讨论过程中，每个学生都要听取他人的发言，都要准备个人的发言，整个讨论过程学生都处于主动地位，教师则是起到引导作用，能够充分培养学生的主体性和主动性；讨论可以帮助学生清楚表达自己的观点，修改自己的观点，培养学生较好的语言表达能力；还有利于培养学生如何听取别人的不同意见，从不同的角度看问题，能够宽容和理解他人；最后，在讨论的过程中，当学生学会了为自己的观点辩护的时候，就会增强其自信心。

3. 组织讨论是教学的一种有效方式

合理组织讨论，让全体学生都能相互启发，有利于帮助学生养成尝试表达的习惯，便于教师把握不同层次的学生的认知水平，从而调整教学策略，灵活施教，达到优化课堂教学质量的最终目的。

组织讨论是教学的一种有效方式，是教学中比较常用的教学策略之一。它是一种多向信息交流活动。这种信息交流，既不同于讲授法的单向信息交流，也不同于谈话法的双向信息交流，而是讨论者之间的多向信息交流。学生通过各抒己见、激烈的争论，使各自在自学阶段的认识得到纠正、巩固和深化，并在此基础上作出新的知识组合。在充分讨论中往往会因同学之间不同知识结构及认知水平的交流、碰撞，产生许多有价值的认识，提高学生的认知、思维水平。

在新课程改革中，课堂上组织学生讨论，是绝大多数教师常用的方法，也是充分暴露学生的思维、训练学生表达能力的重要形式，同时，它为师生之间、生生之间提供了一个彼此沟通与交流的机会。

二、组织讨论的主要方式及类型

课堂讨论的方式是灵活多样的，但归纳起来不外乎两种方式，即小组讨论和集体讨论。小组讨论即划分小组进行的讨论，集体讨论即以班级为集体进行的讨论。在集体讨论这种形式中，全班讨论一个问题，教师主要是作为一个调节者。要注意的问题是，要尽量使每个学生都参与进来；另一种形式是小组讨论，在这种形式里，全班被分成许多小组讨论一个主题，一般 3～6 个人一组为宜，老师在各组之间走动，帮助他们讨论。

在课堂教学中，讨论主要有质疑问难型、发挥型、评论型等①。质疑问难型讨论，目的在于抛出疑点，让学生顺着疑窦探究根源，得出结果，于水到渠成中把握教学重点，处理教学疑难点。以《琵琶行》为例，少谙世事的学生不易理解白居易左迁江州失落压抑的情感，读诗时对作者为何详写琵琶女的娴熟技艺与悲惨遭遇更是大惑不解，教学时不妨就着疑点抛给他们一问展开讨论：为什么听完曲子后江州司马泣下最多？从而从他们的共同的不幸境遇、共同的无奈与不平中找到"同是天涯沦落人"、"似诉平生不得志"的点旨之笔，较为准确地把握诗歌的思想内涵，领悟诗歌"控诉摧残人才的现实"的社会意义。

发挥型讨论是避免孤学寡闻、见识浅短的最佳手段。《礼记》云"独学而无友，则孤陋而寡闻"，学生们在讨论中尽情发挥，发表自己的见解，这样可以集思广益，加深理解，相互启发，取长补短，提高认识。同一个问题，有时是"横看成岭侧成峰"，互相交流，往往能使人视听广开，对问题理解得更为全面深透，收益不少。

评论型讨论就是教师引导学生对教材中的思想内容、写作方法进行评论，它有助于提高学生的评判能力。在教学《为了忘却的记念》一文时，有的老师设计了这样的讨论题：戊戌变法失败后，谭嗣同认为变法不流血则国不能昌，毅然决然选择了死。而鲁迅在"左联"青年入狱后警方搜捕他时却因还有"生之留恋"而"逃走"，你如何看待这两种做法？这样的讨论题，能让学生以联系的眼光去探掘两位伟人所处时代的特点，他们作出如此选择的背景，他们各自精神的可贵，并进一步加深对谭嗣同"去留肝胆两昆仑"的伟大人格和鲁迅的斗争艺术的认识。当学生讨论后由衷地下结论"生的伟大，死的光荣"时，你已知道，学生的思路被打开了，认识深刻了，看问题也更加客观、辩证和科学了。这样的教学，无疑可不断增加学生的思想深度。

第二节　组织讨论教学中常见的问题与成因

由于讨论教学所具有的优点及其在发展与培养学生的认识能力、逻辑思维能力等方面的优势，更由于讨论教学改变了讲授法教学中教师讲学生听的被动学习模式，有利于提高学生的学习兴趣，活跃学术思想的交流，因而，讨论教学在我

---

① 万娟. 略谈讨论法在教学中的运用 [J]. 文献资料. 2003 (6).

国越来越受到广大师生的重视与喜爱。然而，在使用讨论法教学的过程中，人们发现它并不是一付"灵丹妙药"，更不是尽善尽美的，它有自身的局限性及成因。

一、缺乏系统性

讨论教学不像讲授教学，它在使学生由浅入深、循序渐进、系统地掌握所学知识方面有着明显的不足。因为讨论法教学往往是围绕一些主要问题进行，与问题关系不密切的相应知识往往被忽视，而且讨论是项结构较差的活动，加上每个学生的理解、思维、概括能力不同，时间又有限，所以，多数学生不能通过讨论将所学知识系统化、准确化。因此，它不能取代讲授法，不能成为课堂教学的唯一方式。讨论教学最好是在学生掌握了一定的基本知识、基础理论的基础上进行。

二、缺乏直观性

讨论教学也不象实验教学，它不能使科学的现象再现，使学生非常直观地看到过程结果、获得准确的知识、相应的操作技能。众所周知，理论是在实验基础上建立的，而且，理论的正确与否也往往用实验加以论证。有时讨论无法辩明的问题，科学实验可以让人们心服口服。讨论更多的需要逻辑思维能力，是在辩中、在论中弄清事情的来龙去脉的。

三、在培养学生的心智技能和动作技能方面亦存在明显不足

讨论主要是"动口"，当然也要动脑，但它不是动手操作，更不是反复操作。因此，它与练习法不同，它不能使学生将所学知识运用于实际操作，也不能通过反复操作和操练把所学知识转化为技能技巧，从而准确高效率地完成某项工作，因此讨论教学在培养学生的心智技能和动作技能方面存在着明显的不足。

四、分组存在机械化

长期以来，我们一直遵照传统的格局安排教室的空间，课桌一律按照"秧田式"进行排放。当需要讨论时，往往同桌或前后桌为一组，按部就班，整齐划一。虽然节约了时间、保持了课堂秩序的稳定，却显得机械而死板。多数学生处于十分被动的状态，甚至做出样子应付老师的巡视，没有体现出组内个体之间学习品质的差异，没有创设出让学生畅所欲言的氛围，使得学习品质高的小组或组内成员讨论时滔滔不绝，其他成员成了忠实的记录员或听众，这样不利于所有的学生的参与和发展，背离了课堂讨论的初衷。

五、讨论问题均衡划一

课堂讨论的目的，是让全体学生都从不同层面上接受知识，通过不同内容的讨论，最后达到归纳要点、透彻理解、深化主题的目标。但是在课堂教学中，往

往会"一视同仁"地提出共同的问题让大家讨论。对于某些小组和学生来说，马上就会解决问题，而对于某些小组和学生来说，会感到吃力和厌烦，当问题解决不充分时，部分学生感到压抑，不能满足归属和自尊的需要。

六、讨论容易散乱

由于要求不明确，分工不到位，或出现声音过大，影响了其他小组的讨论，或某些成员发言时间过长，其他成员发言机会少，达不到真正意义上的沟通；或出现光有说话而没有记录，汇报时观点不明确，分析不透彻，讨论看似激烈，却收效甚微，没有达到所想要的目标。

七、设计讨论重复化

在当前的新课程改革中，为了创造氛围，活跃气氛，而多次盲目、呆板地组织课堂讨论。特别是对一些简单明了、小而具体的问题，学生稍作思考便能回答且能答对的问题，也要通过小组去讨论和解决，大有画蛇添足的感觉。这样，学生会将讨论当作一种负担，而失去对课堂的兴趣。

八、讨论并不适合所有的问题和年级

并非所有的问题都需要讨论，也并非所有的年级都适合这种教学方式。在组织讨论时，一定要注意，那些简单、答案唯一的问题不要采取讨论方式，因为这样的问题只会耗时、收效甚微且容易招致学生的厌烦。在考虑讨论教学的采用时，低年级最好不要用，因为更多的时候，低年级的学生基础知识、基本能力不适宜采用这种教学方式。比如幼儿讨论教学，幼儿的讨论与成人不同，由于孩子们的生活经历及社会阅历，对不同的话题孩子们的反应也往往不一样。在进行讨论时，有的小朋友就会不管别人听不听，自己就张嘴哗啦啦地自顾自讲；有的则是想到哪里就说到哪里，根本不按讨论的主题和要求去说；有的孩子不愿在大家面前发表意见，但又因别人的话而想到什么时，就自言自语；有的孩子在别人讲话时总爱东张西望，看看这儿，望望那儿；有的孩子觉得这时真热闹，就趁此机会与其他同伴聊起了天。总之，在教学中采用讨论，一定要考虑所讨论的问题是否值得讨论，这个年级的孩子有没有一定的讨论的基础，是否适合这种教学方式，采用讨论对教学效果会怎么样等，这些问题都需要慎重考虑。

第三节　提高组织讨论教学效率的策略与方法

一、讨论教学所应注意的问题

为了使讨论教学达到最好的效果，因此在运用讨论进行教学时，应注意以下几个问题。

1. 讨论前的准备要充分

为了使学生在讨论中"有话可说"和有兴趣交流，教师必须在思想上、知识上和材料上都有所准备，并且要对讨论中可能出现的问题做到心中有数，以备不时之需，为此，教师可将适宜讨论的教学内容概括出相应的讨论问题，提前告知给学生，以使学生在讨论之前可进行充分的准备，比如，对讨论的问题很明确，在讨论时能够有的放矢，不至于抓瞎；对自己感兴趣的地方可以早些查阅资料，准备佐证材料，以备讨论时使用；这些都有益于学生的参与讨论和学习。

2. 论题的选择要精准

讨论要有针对性，并非每一篇课文、每一堂课、每一个问题都要来个大讨论，更不能随便拿一个问题就漫无目的地讨论。讨论题目是否恰当，直接影响讨论的效果。从某种意义上说，出好讨论题，是讨论教学成功的一半。能够用作学生讨论的问题必须由授课教师精心选择，这些问题一般应符合以下几个特征：第一，必须是那种有多种可能理解的并且通过学生的思维想象就可发表意见的，而不是那种深奥难懂的句段。第二，通过教师的讲解很难达到学生领会的目的，通过教师引导讨论，学生会逐渐明朗。第三，讨论题要尽量避免选结论唯一且十分明确的，这种讨论题，将使学生没有发挥余地，也不易引起学生讨论的兴趣。第四，必须是教学中的重点、难点、疑点、热点和辩点。一是重点。其目的在于将有限的讨论时间用在刀刃上。二是难点。韩愈在《师说》中说："古之学者必有师。师者，所以传道、授业、解惑也，人非生而知之者，孰能无惑？惑而不从师，其为惑也，终不解矣。"韩愈说的"传道、授业、解惑"六个字概括了学校教学的基本任务。如果说课堂讲授教学的任务侧重于"传道、授业"的话，讨论教学则侧重于解惑。也就是学生经过课堂教学后还没有弄明白的内容，或学生经过苦思苦想解决不了的，心里想表达而又表达不出来的知识。就像人们摘鲜桃，要跳一跳才能摘到。讨论的题目要有一定的难度，但这难度要与量力性相结合，这个"力"就是学生实际水平和思维能力。超出了学生的实际思维能力的高难题目，达不到讨论的目的，而低于学生思维能力与知识水平的题目，也达不到讨论教学的目的。三是疑点。"学贵有疑"，但疑点不能长期留存，教师必须在学生容易存疑的地方组织学生进行讨论，及时解决教学中的疑点。四是热点。课堂教学过程中的认识论同一般认识论不同，人的整个认识过程是从实践开始，课堂教学的认识过程却是从理论开始，是传授前人的认识、经验总结，这样，就产生了理论与实际不统一，就需要研究实际问题。明确了这一点，对我们讨论课教学中选题是有帮助的。要求讨论的选题一般为广大学生所思所想的带有普遍性的现实问题，从书本到书本，从概念到概念，纯理论的讨论题一般不可用，尤其不适合在低年级中用。当然，教学中不可能对所有的热点问题都去讨论，这就需要筛选。筛选的原则：（1）坚持正确导向；（2）它与课程的关联度；（3）学生现有的认知水平。五是辩点。讨论的问题不应只有唯一的答案，这样才能为持不同观点的学生留下广阔的发言空间。例如：价值"是由劳动创造"还是"多要素创造"，这是政治经济学教学中不可回避的问题，也是长期以来理论界争论不休的问题，学生之间也有不同的理解。中国现阶段私营企业主的收入"是剥削收入"还是"管理劳动收入"也是一样。为了突出讨论题的辩点，在确定讨论题时，必须在选题上尽量减少内涵，增加外延，站在高出问题争论的层面确定选题。如对私营企业主的收入问题可以确定许多选题，常见的有两个：（1）如何正确认识私营企业主的剥削收入；（2）试论私营企业主的管理劳动收入。但这两个选题都不太可取，因为我们不管确定哪个选题，都会在大层面限制另一种观点的发言权。为了避免这种尴尬局面，必须把选题的内涵减少到最小程度，使其外延能够包容上述所有选题。如果我们以"如何正确认识私营企业主的收入"为题进行讨论，情况就截然不同了，上述观点都有了自己的发言空间，这样才会有观点碰撞，才会产生讨论高潮，教师才可能有针对性地对学生讨论的问题进行引导。

需要注意的是，讨论教学选题需要坚持：课程内容的重点，学生渴望解决的难点、疑点，有不同意见可以发表的辩点，学生所思所想的热点。只有这样，才能启发学生的思维，拉近课堂与社会的距离，拉近书本知识与学生知识的距离，学生才有话说，讨论教学才能真正活起来。

3. 讨论要适时而用

讨论注重学生参与这个过程，因此耗时较多。要让它真正发挥作用，就必须抓住契机，适时而用。如果仅是为了活跃课堂气氛，那么时间一长，就容易流于形式，学生也会厌倦而丧失争论的激情。

4. 对讨论的过程把握要恰当

教师是讨论的组织者、引导者和调控者。首先，使学生尽快进入讨论状态。讨论中他的主要职责是使学生尽快进入讨论状态，围绕讨论题进行广泛、深入的讨论。为此，教师在整个过程中要开好头，当好听众，有控制地传递信息，调动每个学生积极参与。其次，加强对过程的引导和调控。在讨论过程中，教师要注意观察，要注意引导。讨论不是漫无边际地放野马，既然有目的性、指向性，讨论过程中就少不了教师的适时点拨、规范和引导。让讨论沿着预先设置的轨道运行，才不至于因跑题而偏离重点，游离主题，以免学生趁机聊天或是讨论其他话题。对讨论中的成绩要及时肯定，要妥善处理讨论中的意见冲突，对偏离主题的讨论要及时引导到正确的方向上来，从而有效地、恰当地把握好整个讨论过程。

另外，教师在引导时要注意语言点到为止，不可长篇大论、啰里啰唆，也不能生硬刻板。语言要亲切生动，与学生达到默契，才能使师生间产生思想交流，特别要引导胆小的学生起来发言。在课堂讨论中，学生之间想来想去想不出，想说又不能恰当地说出来的情况是经常可以遇到的。老师通过片言只语，旁敲侧击，可以准确地引导学生思维的走向，促使学生去发现。

5. 不可缺少总结

总结是整个讨论中不可缺少的部分，它能起到"画龙点睛"的效果，能使学生从讨论中获取的知识、信息和见解得到进一步强化和系统化。但教师的总结必须针对此次的讨论来进行，绝不能不顾学生的现场讨论情况把自己准备好的一套拿出来宣读。在总结时，要简要地概括出问题的答案及解决的立场、观点、方法和思路；要使每次讨论都能使学生受到一次分析和解决问题方法论的教育；对积极参加讨论的学生应作出适当的肯定与表扬，对一时难以取得一致结论的问题允许存疑，容课后进一步探讨，在总结中也要明确地指出讨论中的不足，以使今后在讨论教学中进一步改进提高。①

二、提高组织讨论教学效率的策略与方法

1. 充分做好讨论前的准备工作

①精心设计问题。组织讨论的关键在于培养学生的问题意识。问题意识既是创造性学习的起点，又是创造性学习的重要动力，而问题意识的培养必须注重问题设置。问题的设置，要根据内容的需要，采用不同的类型。问题的设计，大体有"诱导型"、"推理型"和"立体型"三种类型。关于概念的建立，问题的设计往往采用"诱导型"，要求内容角度小，方向集中，实践性强，难点分散。对于理解性的内容，要求从已知到未知挖掘知识的内在联系，训练学生的思维能力。对于重点或难点的问题，可采用"立体型"的设问，即从不同角度、不同侧面，采用不同形式，围绕一个中心，设计一套灵活多变的问题，用一题多问的形式反复强化，促进学生思维空间化。问题与问题间要有一定的梯度和跨度。同一内容层层深入地提问，要求问题与问题之间必有一定的梯度，才能不断激起学生学习的积极性。但梯度不能太大或太小，所以设计问题时，要使学生能攀得到，摸得着，有信心来解决。这样可不断引导学生的积极思维，使学生始终处于

---

① 木壮志，金明华．讨论法教学初探［J］．黑龙江教育学院学报．1999（5）．

兴奋状态。再者，对同一问题从不同角度来提出问题时，要有一定的跨度，开阔学生的视野，活跃思维，而不是僵死在一个问题的死胡同里。问题的安排顺序，要有起有伏，不能平铺直叙。人们对某一知识的认识，总是从不知到知，从知之不多到知之较多，人的思维活动也总是有一个从思维活动的低潮到高潮的发展过程。因此问题的位置和作用不是等同的，要能起到逐步形成一个或两个高潮的作用。每节课思维活动的高潮不宜太多，否则使学生感到疲乏、紧张。但没有高潮，也就不能引起学生的兴趣，使课堂重点不突出，犹如一潭死水，呆板、平淡。

②合理分组，平衡差距。在分组时，要充分体现"异质同组，组间同质"的思想。"异质同组"指将不同学习品质的学生分在同一个组内，互相学习、互相帮扶，培养合作精神，提高团队学习水平。"组间同质"指分组时尽量缩小小组之间的差距，平衡力量、形成竞争。分组讨论时，要兼顾优、差生搭配。由于组内学生水平的差异，讨论中可以互相启发和补充。学生的情绪比较放松，差生可消除自卑感，优等生可在责任感驱使下主动带头发言，这样学生的思维和能力都得到锻炼。在讨论中各抒己见，允许不同意见、观点的交锋，让学生自己得出结论，会加速其认识水平和思辨能力的提高，以课本为基础，向学生的生活和社会生活辐射，这种方式不枯燥，学生容易产生兴趣，是充分发挥学生主体作用直接参与教学获取正确认识的有效方法。

③教给学生讨论的方法。课堂讨论的重点不是讨论的结果如何，而更重要的在于教给学生讨论的方法，培养学生讨论的习惯。只有习惯良好、方法得当，讨论才会真正发挥出其在教学中不可替代的重要作用。

2. 把握时机，有张有弛

课堂教学的构思和组织，要以启迪学生思维为中心。一节课 40 分钟，学生的思维并非时刻都处于亢奋状态，而是有张有弛、高低起伏的。一旦发现学生的思维处于"低谷"时，可及时组织讨论，将学生的思维重新推向高潮，以形成高低起伏、错落有致的教学节奏。同时，学生学习中产生的认识偏差（或错误），来源于学生学习活动本身，利用它引发讨论，对激发学生的学习兴趣、唤起学生的求知欲、纠正学生的错误具有特殊作用。另外，在教学过程中，学生对教师提出的问题感到无从回答或思维茫然时，教师既不能一手包揽，也不能"穷追猛打"，更不能冷言相讥，可组织学生展开讨论，通过发挥学生集体的智慧，达到茅塞顿开的目的。

3. 突出重点，深化知识

课堂教学必须集中精力解决主要问题，一定要做到重点突出。对于课文重点应多角度让学生思考和讨论。或查阅资料，深入了解；或紧扣课文，认真挖掘；或以点带面，联动分析；或浓缩概括，画龙点睛。总之，要通过对重点问题的讨论，深化知识，提高课堂教学效益。

4. 形式多样，氛围宽松

讨论的形式应根据教学实际变化而定，可以是指导式讨论，即教师结合教学目的、内容提出一些问题，把学生分成若干小组，让他们围坐在一起，就教师提出的问题各抒己见，教师则不时地参与讨论，或作一些提示、释疑；也可以是自主式讨论，即教师把学生分成若干小组后，让学生自学教材，自己发现问题，并进行自由式的讨论，寻找答案。此外，也可以分成两组就某个问题进行辩论。为便于讨论顺利开展，教师应蹲下身子与学生平等相处，以与学生同样的好奇、同样的兴趣、同样的激情，融入学生中间，创造一个宽松、民主、和谐甚至带有幽默意味的氛围，从而让学生以开放的心态将思维发散开来，动脑、动手并动口，大胆地发现对所议问题的看法。这样，学生在学习中就能发挥出自己最大的能动性，充分感受知识产生、发展的过程。

5. 教师要当好听众

在讨论过程中，当好听众不仅对教师而且对学生都很重要。因为，注意倾听才能使讨论者充满信心，觉得大家都在注意自己的发言表述，才能完整自如地表达自己的意思，也才能使听者捕捉有益的信息，激发其新的灵感。因此，教师在讨论中要培养这种气氛。教师不仅要时时提醒大家注意这一点，而且要起模范带头作用，注意谈话的人，也不时注意每个人，对谈话者示以微笑表示肯定；如果某一说法不清楚，或很重要，要加以说明等等。

6. 加强教师指导，调控整个研讨过程

讨论教学中，教师所扮演的角色首先是顾问、参谋，是咨询者与指导者，同时也是服务者，是为学生学习服务的。教师在参与群体的讨论中，必须有良好的教学机智。就学生在讨论中出现的问题或遇到的障碍给予及时的指导，防止"冷场"或"走题"，并将讨论引向深入，体现教师的主导作用。在讨论过程中，教师要注意对学生的讨论活动进行观察、检查、发现、分析。教师首先要注意观察和检查，教师不能盲目地"走教案"，而要观察和检查讨论的是否所提出的主题，是否有不参与讨论者并了解其原因。同时要注重观察学生在怎样发展，要让他们真正围绕问题展开讨论，而不是就不必要的小节陷入无休止的争论中。教师要注意发现和分析，当学生思路不畅时，要恰到好处地采用"旁敲侧击"的办法，打开学生发言的闸门，拨动学生思考的齿轮，一旦思维的机器活动起来了，就不愁学生不各抒己见、畅所欲言了；要善于透过表面现象，发现有价值的新的东西，并提示学生做深入的思考和讨论；当学生意见发生分歧，众说纷纭、莫衷一是时，教师可从侧面提出一些问题，启发学生，开拓思路；当问题逐渐明朗时，教师应及时提示学生，引导他们做出正确的结论。这样，使讨论进程由失衡——平衡——失衡，不断形成波澜，最后平息，达到平衡状态。另外，教师要充分发挥主导作用，运用教学艺术，尽可能地调动每一位学生参与、全程参与。讨论中有时会出现少数人垄断讨论，排斥他人的局面，对此，教师要严格制止，要使讨论成为全班学生参加的论坛，而不能使其成为少数几个学生"独霸"的天下。因此，教师要严格限制"独霸"者，同时积极鼓励被动的成员发言，特别是对那些平时寡言少语的学生，可以指名邀请他们发表看法，或向他们提出一些较易回答的问题，以增强他们的自信心，然后引导他们进行深入的讨论。最后，运用小组讨论时，教师要巡回指导，及时给予必要的点拨、答疑。

7. 灵活运用多种方式的讨论

为了提高讨论教学的时效，在考虑讨论教学时，要灵活运用多种方式的讨论，可综合运用情景式讨论、对话式讨论、辩论式讨论、咨询式讨论和调研式讨论等。

①设置情景式讨论，激发学生的学习兴趣。所谓情景式讨论，是指教师有意识地创设特定的情景，以创造条件来感染学生。例如，通过运用生动的画面、动听的音乐、有趣的节目、观看录像、展示图表等，组织学生进行讨论。运用这种方法的好处就是，能够在教材内容和学生求知心理之间设置一种联系，把学生引入一种与问题有关的情景中去。教学实践证明，精心创设各种教学情景，引导学生进行讨论，能够激发学生的好奇心，调动学生学习的积极性。例如，有位教师在讲初二思想政治课"法律规定经济活动中的各种规则"一课时①，设计了一组漫画，并配有滑稽音乐，其内容是这样的：一位青年正在农贸市场上销售两头自家产的猪仔，由于质量不佳，为求快速出手，青年人喊着说："一窝12个猪仔现已售出10个，只剩2个，质优价廉，谁买赶紧来噢!"正在此时，工商税务人员来到青年人眼前，让其上税。根据此事，教师提出了以下三个问题：(1)青年人应当上几头猪仔的税?(2)在经济活动中应遵守什么规则?(3)这件事情说明了什么?学生在生动有趣的讨论中弄清楚了老师的问题，也掌握了课本上的知识。以学生身边发生的感性材料为基础，巧设问题，引导学生进行讨论，通过学生仔细研读课本的理论和对身边感性材料的观察分析，激发了学生理解所学知识和运用所学知识解决实际问题的兴趣，这不但使教学达到了理想的效果，而且使学生

---

① 常永波. 活用讨论法培养学生创造思维能力［J］. 辽宁教育研究. 2001（7）.

的创造思维能力得到了锻炼，因为学生的创造思维往往是由于遇到需要解决的问题而引发的。实践证明，设置情景式讨论是课堂教学培养学生创造思维能力的有效途径。

②善用模仿和想象，设置对话式讨论，培养学生的创造思维能力。采用对话式讨论，师生共同探讨问题。师生在民主平等的氛围中展开讨论，相互问答进行思想交流，能使教师用情感的力量拨动学生的心弦，达到师生情感交融，寓情于理的理想教学效果，也使学生从中得到了教育，学到了知识，规范了言行，能有效地调动学生参与教学的积极性以及想象力的发挥。

③开展辩论式讨论，训练学生的求同思维和求异思维。科学理论深刻地反映着事物的本质、规律，是从矛盾的特殊性中抽象概括出来的普遍性，要想使学生掌握科学理论，教师必须使学生和自己处在寻求同一结论的同一思维过程中，即进行求同思维。谬论是对事物本来面目的歪曲反映，要纠正谬论，必须在矛盾的普遍性指导下深入分析矛盾性。求异思维是由矛盾的特殊性引起的，只有求异思维才能把握矛盾的特殊性，才能纠正谬论。如初二思想政治课"正确行使公民权利，自觉履行公民义务"一课，有不少重要的知识点："公民在法律面前人人平等"、"我国公民的权利和义务具有一致性"等，这些知识必须进行求异思维才能使学生理解其科学性、严谨性。但教学不能就此止步，因为学生的求异思维没有得到有效的训练，一遇到实际生活中的问题就会无所适从。因此，要在教学中设置辩论式讨论，来训练学生的求异思维，以增加学生的社会经验。如就"公民在法律面前人人平等"的观点提出辩论题，通过辩论，学生认识到统治阶级的意志上升为国家意志才能成为法律，法律一经国家确定或认可，便对全体社会成员具有普遍约束力，"王子犯法与庶民同罪"便是体现等。这一辩论开阔了学生的视野，加深了学生对"公民在法律面前人人平等"内涵的理解，训练了求异思维。

④运用咨询式讨论和调研式讨论，锻炼学生的发散思维和聚合思维。通过设置咨询式或调研式讨论，抓好学生发散思维和聚合思维的培养和训练。在课外阅读材料中，多角度提炼观点是学生不可缺少的能力，让学生多角度看问题就是训练学生的发散思维能力，而把多角度的分观点上升为一个总观点，就是训练学生的聚合思维能力。如在解决初一思想政治课上册前言课的课后分析说明题时，我设置了咨询式讨论：李向群身上体现了哪些良好的心理品质？这些良好的心理品质来源于哪？阅读后，你有哪些收获和体会？学生们通过相互讨论、相互咨询，有效地锻炼了独立思考能力及组织应变能力。

8. 及时反馈，明晰讨论结果

在讨论过程中，为了使讨论达到预期效果，要及时让学生感到他们正在向既定方向前进。为此，教师要适时提供反馈信息。教师可以定期总结讨论中取得的成绩，也可以在讨论者讲得精彩时给予表扬。这些信息可以用语言直接了当地表示，也可以用"点头、微笑，甚至手势"来传递、处理讨论中的意见冲突。任何一场有生气的讨论，难免会有矛盾冲突或意见不一致，对意见冲突不应听之任之，应及时加以处理。如果处理的好，意见冲突可能是推动进一步学习的潜在力量，如果处理得不好，可能适得其反，甚至损害这个讨论。对此，重要的是教师要保持镇静，对冲突各方要做出公平的反映。在出现意见冲突时，教师应当让争论双方也包括其他人，都重新阐述自己的观点，如发现确实存在着意见不一致之处，而且双方又难以说服对方，那么可以在此基础上，布置学生再去查找资料，进行实验或调查。如果这样，讨论目的确实尚无定论，可以把这种讨论变成如何研究这一问题的讨论。如果这种讨论的意见冲突源于价值观，那么教师应当引导学生认识所包含的价值观念，甚至可以让他们换个角度思考，发表自己的看法，可能会使对方相互理解，教师也可以采取折衷的办法或投票表决来暂时解决冲突，从而维持讨论，事后再进行深入分析甚至研究来解决讨论中的矛盾。

讨论结束时，教师要及时总结，分析讨论中出现的问题，提出自己的观点，并向学生提出进一步思考问题的要求。教师首先要自己思考总结，写成讲稿。要归纳学生解决了的问题，获得的成绩，包括大家在讨论时运用的新创造、新观点、新论证、新方法；其次要总结讨论中暴露出来的不足，包括观点上的失误、方法上的局限、发言的能力与教学目的的距离等；其三要从观点与方法的统一中、从知识的实然状况与应然状态的统一中概括本次讨论内容，从学生实然实现了的发展与应然实现的发展的统一中，指明学生今后学习努力的方向。这里值得注意的是，明晰讨论结果，并不是非要给所讨论的问题一个明确的答案，而只是对所讨论内容的总结，包括对教科书、参考书和学生发言内容的总结，然后，教师给出自己的观点。因此，对于问题的答案可能不是习惯意义上的"标准"答案，而只是某种思路，甚至是问题存疑，让学生课下继续思考，或带着新问题回到工作实践中去解决。

9. 培养学生讨论骨干

在"组织讨论"中最容易出现的偏向是学生分组后，你等我发言，我等你发言，面面相觑，浪费时间。即使议起来，也往往停留在书本语言的复述、解释上，没有真正解决实质性的问题。因此，有学生骨干去具体引导、带动讨论是落实"组织讨论"环节的保障。"同体效应"告诉我们，学生骨干的影响力和作用，有时是任何高明的教师所不能替代的。教师可采用课内课外结合、集体鼓励和个别辅导结合等办法，在每一个讨论小组中至少培养一名学生骨干。同时要教育学生克服恐惧心理，敢于大胆参与讨论。有些学生开始时怕在公开场合说话、发表意见，对这类现象要给予及时的引导、教育和鼓励。对于比较爱发表看法的同学，要保护他们的积极性，在他们做"火种"、起好带头作用的同时，要给不爱发言的同学创造机会，并及时给予肯定、鼓励。

综上所述，组织讨论确实是教学中常用的教学策略，是一种有效的教学方式。它具有其他教学方式所无可比拟的优越性，但它不是"灵丹妙药"，也并非到处可用，它有自己适用的地点、时间和空间，形式主义的讨论只会浪费时间，甚至还会带来许多问题，影响教学质量。即使在运用的过程中，也要有主次之分，要防止片面夸大其作用，要与其他教学方法和方式一起使用，并尽力避免其不利因素。只有这样，才能充分发挥它的作用，促使教学效果最优化。

第四章

提高课堂管理效率的策略与方法

  课堂是实施教学的主战场，课堂管理的好坏直接影响到教学效益的高低。它作为课堂教学的一个基本要素，是有效教学的一部分，是达成教学目标、实现教学目的的重要手段。良好的课堂管理有利于学生的学习，而有效的课堂管理则需要有效的课堂管理策略。在新课程改革背景下，做一个高明的课堂管理者，就要对课堂管理进行深入的反思和革新，提高课堂管理效率，构建高效课堂。

第一节　课堂管理是重要的教学手段

  课堂是实施教学的主战场，课堂管理的好坏直接影响到教学效益的高低。它不仅关系到课堂教学质量的提高，而且直接影响着学生的发展状况。新一轮基础教育课程改革，不只是课程目标的转变、课程结构的革新、课程内容的调整，同时还要求实现课程实施方式的彻底变革，真正从以知识为本、以教为中心的传统教学模式，转变为以学生发展为目标、以学生自主学习与合作探究为主体的新型教学模式。唯有使教学真正成为学生自主学习、主动探究、合作交流的主体活动过程，才能实现理想的课程目标，发挥理想的课程功能，促使学生的全面和创造性发展。

  课堂管理是课堂教学的一个基本要素，构建以生为本的主体型教学模式，倡导自主、探究、合作的学习方式，必然要求对课堂管理进行深入的反思和革新，必然要求以体现新课程理念的课堂管理来支持教学的革新。

一、课堂管理的含义

  长期以来，课堂管理往往只是教师控制学生行为、维持教学秩序的手段，只是为了保证教学过程的顺利展开、教学任务的顺利完成，而忽视了其本应有的诸多涵义与功能。

  课堂管理并非课堂和管理的简单结合，国内外不少学者对课堂管理进行了比较深入系统的研究。在国内，有学者把课堂管理理解为教室管理，也就是物理课堂环境中的人、事、物等因素之间关系的活动；也有人认为，课堂管理是一种过程，是

"教师通过协调课堂内的各种教学因素，有效实现预定教学目标的过程"①；"课堂管理就是指教师通过协调课堂内的各种人际关系而有效地实现预定教学目标的过程"②；"课堂管理是指教师在教学活动中通过协调课堂内各种人际关系，吸引学生积极参与课堂活动，使课堂环境达到最优化的状态，从而实现预定教学目标的过程"③；还有人认为，"课堂管理是一种技术和艺术，是教师管理教学情景、掌握并指导学生学习行为、艺术地控制教学过程的活动"。在国外，人们对课堂管理也有诸多认识。古德（C. V. Good, 1973）认为，"课堂管理是为了实现教育目标而处理或指导课堂活动所涉及的问题，如课堂纪律、民主方式、教学质量、环境布置及学生社会关系等"④；薛夫雷兹（Shafritz, 1987）认为，"课堂管理是教师运用组织和程序，把课堂建设成为一个有效学习环境的一种先期活动和策略"⑤；莱蒙齐（Lemlech）认为，"课堂管理是一种提供能够开掘学生潜在能力和促进学生学习进步的良好的课堂生活以使其发挥最大效能的活动"。

综合这些观点，课堂管理被赋予了"活动、过程、技术、艺术、行为和策略"等内涵。课堂是教师组织和引领学生开展学习活动、实现教学相长的主要组织形式和活动过程，这个过程是教师与学生、学生与学生之间传递信息、对话交流、发展认识的生命活动过程。而管理的本质是管理者对组织内各主体要素间的关系的协调，课堂管理本质上是对课堂内各主体要素间关系的协调，以建立和谐的课堂环境，有效提高课堂教学效益。因此，课堂管理，不是简单地以课堂纪律规范学生的行为，而应该是对课堂教学活动过程，对教与学的行为进行有效的组织、协调和控制，通过科学的、机智的课堂管理，通过对课堂上各种行为关系和因素的合理调控，营造平等、和谐、严肃、活泼的学习氛围，激发学生主动学习的热情和潜能，实现有效教学、高效教学，引领学生逐步养成良好的学习习惯和品质，在学习中学会学习，从而有效达成教学目标、顺利实现教学目的和任务。

二、课堂管理的要素

从上述有关课堂管理的含义分析中，可以概括出课堂管理至少包括以下几方面的要素：

---

① 田慧生，李如密. 教学论［M］. 石家庄：河北教育出版社，1996：332.

② 顾援. 课堂管理刍议［J］. 教育理论与实践. 2000（12）.

③ 陈利君. 试论课堂管理三要素［J］. 湖南第一师范学报. 2005（3）.

④ Carter. V. Good. Dictionary of Education. New York：Mc Gramhill Book company，1973，p102.

⑤ Emmer. E. T. Classroom Management. International Encyclopedia of Teaching and Teacher Education. Oxford：Pergamon Press，1987.

（1）课堂管理是课堂教学活动的有机组成部分，其目标主要是为保障课堂教学的顺利进行，促进学生的知识、技能和人格的全面发展。

（2）协调课堂中人与人之间的关系。课堂主要是由教师与学生及其行为构成，在他们的行为中，必然存在诸多的矛盾和冲突，教师要用智慧和策略，处理课堂问题，及时调整师生之间和学生之间的交流活动，构建一种和谐的课堂气氛。

（3）课堂管理是一个动态过程。课堂管理极少是一次调整行为就可以完成的，往往是一个循环往复的过程，在多次反馈和调整中使管理的内容不断丰富、层面不断提高。

（4）课堂管理的理念不仅在于教师对学生行为的控制，更重要的是对学生行为的一种促进，是对学生良好行为的激励和鼓励，最终使学生能由他律转向自律，保证学生的成长。

三、课堂管理的功能

认识课堂管理，必须搞清课堂管理的基本功能。根据上述课堂管理的内涵及要素，把课堂管理的功能总结为以下几个方面。

1. 组织功能

这是课堂管理最基本的功能。课堂教学要有效地进行，教师必须对教学设备、教材、学生以及教学活动进行有效的组织，这样，学生才能由分散的个体变为有效的学习集体，教材、教学设备才能充分发挥作用，教学活动才能系统有序地进行。

2. 促进功能

这一功能是指良好的课堂管理可以最大限度地满足课堂中学生个体和集体的合理需要，形成积极、和谐的课堂学习环境，激励学生的参与精神，激发学生潜能的释放，从而促进教学活动的顺利进行和教学效率的提高。

3. 协调功能

协调功能是由课堂管理对象的特点决定的。由于课堂是由人、物、信息、时间等要素组成的复杂系统，就其中的主要因素——人来说，几十个学生在一起活动，没有行动上的协调一致，教学就无法进行。要发挥课堂系统的整体功能，取得良好的教学效果，必须充分发挥课堂管理的协调功能。

4. 维持功能[①]

维持功能是指教师通过一定的管理手段，较持久地维持课堂教学的基本秩

---

① 李旭辉. 浅析有效的课堂管理［J］. 现代经济信息 2008（4）.

序，形成比较稳定的教学环境，保证教学活动的顺利进行。

四、课堂管理的目的、宗旨与目标

课堂管理的目的不仅仅在于维持良好的纪律和秩序，其根本宗旨在于促进学生的全面发展。新课程提倡新的课堂管理，让教师的教与学生的学的双边活动焕发出生命的活力。新课程所提倡的课堂管理，不再是教师单方面的秩序、纪律管理，也不仅仅是对教学活动的安排和控制，而是通过教师与学生的共同行为，营造一个充满温暖、彼此熟悉、轻松快乐、促进学生自主、合作、探索的教学氛围。

课堂管理有以下两个目标。

1. 争取更多的时间用于学习

通常，学生所花的学习时间越多，学习成绩就越好，但时间资源并不是无限的。一学年有多长，一学期有多少周，一周有多少天，一天有多少时间，有多少课堂时间用于教学，多少时间用于自习，多少时间用于午休、课间操、打扫卫生等，学校都事先作了明文规定和安排，教师不得随意改动。正是在这个大前提下，我们需要探讨的是，如何通过管理，使课堂在所规定的教学时间里为学生争取更多的学习时间。

2. 帮助学生实现自我管理

帮助学生很好地管理自己是一个重要的目标。当然，鼓励学生自我管理可能需要额外的时间，教学生如何对自己负责，可能不如教师自己关照所有的事效率那么高，但是这种努力是非常值得的。

五、课堂管理的基本原则

着眼学生主体发展、全面发展，课堂管理的研究和实践都必须坚持如下一些基本原则，或者说必须确立如下一些基本的价值取向。

1. 重视课堂管理本身的教育功能

要着眼学生全面发展，充分发挥课堂管理多方面的教育功能。管理，不只是控制行为、协调关系，而且总是潜移默化地影响着被管理者的情感和人格。我们要建构的课堂管理，应该能够潜移默化地培养学生严谨踏实的学风，培养学生乐于合作、善于合作的团队精神，培养学生敢想敢说的创新精神，等等。

2. 突出学生的主体发展

学生，是自己学习的主人，是教学活动过程中的主体。课堂教学的管理，同样必须突出学生的主体地位，张扬学生主体精神。教学活动中的纪律约束、行为规范，都必须尊重学生，有利于激发学生自主学习、创新学习。许多教师在教学过程中凌驾于教育对象之上，直接组织、指挥学生开展学习活动，严密控制着学生的学习行为，学生完全处于被动地位，缺乏自主选择、自我反思、自觉调适的空间和氛围。在这种单向的、线性的、静态的管理模式下，教师的教学缺乏生机和活力，学生的学习缺乏灵性和动力。

3. 坚持面向全体学生

面向全体与关注个体是相辅相成的，面向全体学生，必须是对各个个体的关注，只有关注各个有差异的个体，才能真正促使全体的发展。课堂管理，必须是指向全体学生的管理，必须关注全体学生的思想情感和学习行为。许多教师在教学中习惯于以统一的目标要求学生，以统一的纪律约束学生，在具体的教学过程中，往往只是浮光掠影地注意面上一般的学生活动情况，而对具体学生个体出现的不良心理情绪、不当学习行为却常常忽视。另一方面，有时，教师又过分关注个别学生的行为，却忽视了其他学生的相关反应。如当学生回答问题，发表意见时，往往只是盯着发言的学生，留心倾听其答问，不注意其他学生在不在听、在不在思考。

4. 重视学习活动的过程管理

长期以来，许多教师在课堂上更多的是关注自己教学的过程管理，不注意学生学习的过程管理，不注意学生学习情绪和学习行为的调控。只重视学生的学习结果，不注意学生以怎样的方式方法获取知识，不注意学生学习过程中人格的培养、能力的发展。课堂管理，必须通过恰当的手段和方法，激发学生的学习情感，调控学生的学习行为，从而使教与学有机互动，处于最优状态，同时也利于培养学生良好的学习品质。

六、课堂教学与课堂管理

课堂是教师教学、学生学习活动、实施素质教育的主要阵地，同时也是学生个体自行建构多种行为活动的环境。教学是一种尊重学生理性思维能力，尊重学生自由意志，把学生看做是独立思考和行动的主体，在与教师的交往和对话中，发展个体的智慧潜能、陶冶个体的道德性格，使每一个学生都达到自己最佳发展水平的活动。课堂管理则是为实现课堂教学目标所运行的程序，它一方面强调对学生的监督和控制，以使学生维持课堂秩序，另一方面强调对学生的引导和激励，让他们主动参与、自主学习。教师是通过课堂管理来实现课堂教学的，课堂管理是教师为营造积极的课堂环境、促进学生对于课堂活动的参与合作的运作方式及相伴而生的所有行为。课堂教学与课堂管理主要以课堂为中心展开，学生在课堂中的行为模式和行为结果直接影响着学生的发展。教师、学生和环境之间的相互作用和相互影响促进着课堂的不断变化，学生正是在这种作用、影响和变化中得到不断发展的。

教学与课堂管理在教学过程中是不可分割的。教学和课堂管理通过教学过程中的诸变量发生相互影响，一方面，课堂管理影响了教学，另外，当教师考虑不同的管理风格时，要想到课堂管理风格对学习动机有一定的影响。另一方面，教学也会影响课堂管理。教学设计如果能考虑学生的个人差异，就可以预防一些课堂问题。

由以上分析也可以看出，课堂管理是课堂教学的一个基本要素，是有效教学的一部分，是达成教学目标、实现教学目的的重要手段，它是教师在课堂教学中必须掌握的一门知识，同时也是衡量教师教学能力的一个重要因素，因为课堂管理应用的好坏将直接决定一堂课的成功与否。在新的时代及新课程改革的背景下，课堂管理成为了教师比较关心的问题。即使是学生，也比较关心课堂管理问题，他们期望教师是一个好的课堂管理者。

第二节　课堂管理中常见的问题与成因

学生总是期待教师是一个好的课堂管理者，然而并不是所有的教师都是高明的课堂管理者，当课堂上出现某些与教学相悖的不和谐因素时，教师往往会采取很不明智的处理方法，导致一系列我们不愿意看到的后果。当前课堂管理存在的主要问题及成因有以下几个方面。

一、唠叨过度，效率低下

有的教师在自己的教学受到学生干扰时，为了控制课堂秩序，常常不顾问题行为的性质和种类，动辄中断正常教学过程，对学生违反课堂纪律的现象或问题行为，进行冗长、频繁的训斥，甚至不惜花费整堂课的时间去进行所谓的"思想教育"。由于唠叨过度，学生厌烦产生逆反心理，因而不仅老问题未能解决，反而产生了新的课堂管理问题和"病源体传染效应"，增长了学生对纪律的淡漠和厌烦情绪，也使自己成了一个失败的管理者。

二、批评惩罚多，鼓励关怀少

在课堂管理中，有些教师常以学生难以接受的命令、指挥、威胁、训戒等方式教育学生，努力创设的常常不是支持型的气氛，而是对抗型、防卫型的气氛。在这种课堂中，师生间、生生间常常处于互相对立、抗衡和逆反的互动中。其次，教师管理学生的言语方式简单粗暴、缺乏鼓励性。最后，不顾时间、环境和自己的批评会对学生造成怎样的心理效应，随意批评、惩罚学生，这种教育的结果是可想而知的。

三、偏爱与偏见

在课堂教学中，有些教师对学生不能一视同仁，而是亲近一部分，疏远一部分；喜欢一部分，厌恶一部分；放纵一部分，歧视一部分，把学生依据自己的爱憎标准划分为不同的等级和类型，不能公正客观地评价和对待学生，同样的行为由差生作出，受惩罚的可能更大，由优生作出则能轻易地得到教师的谅解。而且，有些教师不期望也不相信差生在学业上会有较大的长进，甚至对他们的进步持否定与怀疑态度。教师的这种偏爱和偏见不但影响了师生关系、生生关系的健康发展，也为课堂问题行为的产生设下了内源的诱因。

四、体罚和心理虐待

在课堂管理中，有的教师缺乏法制观念，说什么"鞭子本性竹，不打书不读"、"不打不成材，一打分数来"，随意对学生进行体罚和心理虐待，其影响之坏、后果之严重，令人震惊。体罚和心理虐待不仅违法，而且也不能使学生心悦诚服，调动自我教育的积极因素，反而容易使他们产生一种戒备、敌意、执拗的对立情绪，恶化课堂纪律。

五、课堂管理应变能力差

在课堂教学中，有些教师不能根据变化的情况，灵活调整原有的计划、程序和策略，课堂管理呈现出机械刻板、应变能力缺失的特征。其实，对这类问题行为，只要灵活善意地作些引导、处置，巧妙应变，是可以化弊为利、因势利导的。教师这种动辄让学生"停课检讨"的处罚方式，不但严重影响了学生的后续学习，也于课堂问题行为的矫治毫无益处。

六、领导方式失偏

主要表现有：

1. 领导方式专制、放任

有些教师无视学生的课堂纪律和接受情况，上课照本宣科，单方面地完成教学任务，而当课堂纪律发展到使其无法向学生讲授知识时，又对破坏纪律的学生采用拳打脚踢、粗言谩骂等专断甚至非法的管理手段。

2. 不能根据学生的发展阶段和变化的教学实际，采取动态优化的领导方式

从某种意义上讲，各种领导方式各有长短，在一定条件下都可以采用，其关键是教师应根据课堂组织的发展状况决定自己领导方式的"民主"、"放任"和

"专制"的程度，并形成自己的课堂领导方式与课堂情境的动态平衡结构。一般而言，在集体发展水平较低或低年级学生中，课堂管理的"专制"成分可适当多些；随着学生年龄的增大和年级的升高，"民主"的成分应逐渐增加；随着学生自我纪律和学习能力的进一步发展，管理中的"放任"成分也可适当增加，以培养学生真正成为一个自我管理的人。但是，从实际情况看，教师很少有这种动态优化的管理思想和行为，课堂管理权变缺乏。

3. 主观武断、情绪激动

有些教师，对学生纪律不良问题，不是进行全面客观的原因分析，而是动辄主观武断地责骂处罚学生，甚至情绪激动地发泄私情，从而使师生关系趋于恶化。

七、任务中心的管理风格

根据管理科学的"四分图"理论，教师的课堂管理风格依其对完成教学任务和促进课堂人际关系改善的重视程度，可分为低关心学生、低关心任务的放任型，低关心学生、高关心任务的任务型，高关心学生、高关心任务的综合型，低关心任务、高关心学生的关系型等四种。一般而言，除放任型外，我们很难说哪一种风格绝对好些，一切以具体教学情况灵活决定关心学生与关心教学任务的综合平衡。但是，审视目前中小学的课堂教学，其管理风格多是任务型的，教师始终把注意的中心放在提高学生的文化成绩和考分上，从而导致了对学生多种需要和人际关系的普遍忽视。事实上，学生的课堂需要是多层次的，既有学习知识的需要，也有个性发展和人际关怀的需要，如果教师过于注重知识学习而忽略了学生各种需要的整体实现，就会给学生带来许多消极的情感检验，造成课堂管理问题。

八、课堂教学中的管理主义倾向严重

在现实教学中，有些教师和学校把课堂管理活动绝对化，以单调、生硬、死板的"管理"取代耐心、细致、深入的"教育"，把课堂管理手段本身变成了管理的目的。喜欢以硬性的、强制的、惩戒的指令、标准和手段等打压学生，而不是以柔性的、耐心的、鼓励的方式来引导和教育学生。

九、教学偏差[①]

良好的教学是课堂管理最有效的途径，纪律问题常常是教师教学不当引起的。从教学视角分析课堂管理的缺失，其表现主要有：教学的深度、坡度、密

---

① 宋秋前. 课堂管理问题问诊与矫治［J］. 教学与管理. 2002（12）.

度、速度失控，从而造成大量的课堂管理问题；教学设计不能充分考虑学生的能力和兴趣，从一种教学活动过渡到另一种教学活动时不够自然顺利；课堂教学缺乏明确的规则和程序，因而不能保持课堂秩序和活力；教师不能创立良好的课堂教学环境和气氛，师生间缺乏情感共鸣，从而增加了课堂管理的不利因素。

第三节　提高课堂管理效率的策略与方法

良好的课堂管理有利于学生的学习，而有效的课堂管理则需要有效的课堂管理策略。要提高课堂管理效率，构建高效课堂，做一个高明的课堂管理者，必须明晰、了解和运用有效的课堂管理策略与方法。

一、教师要更新课堂管理观念

课堂不等同于教室，课堂管理也不等同于简单的控制。传统的教师管理角色常被误解为"中心人物"、"控制者"、"主宰者"等等，于是，教师很难忘我地走进学生的内心，同样就很难将认知结构与情感结构的目标进行整合，这将直接导致学生厌倦上课。认为自己是"中心人物"的教师，通常是讲起课来滔滔不绝，一讲到底，哪怕学生在下面讲话、打瞌睡、做闲事；认为自己是"控制者"、"主宰者"的教师，对学生当然不会置之不管，他们会采用一切他们认为必要的手段使课堂安静，使学生"全神贯注"，然而这又使得课堂的重心严重位移，因为过分强调了管理，会导致课时不够、教学气氛不活跃等结果。可见，课堂教学中的课堂秩序与教师的管理理念休戚相关。要搞好课堂管理，教师有待进入一种忘我的境界。所谓"忘我"，即忘记自己的传统教法，把什么"中心人物"、"控制者"种种念头都抛诸脑后，把学生看作是你的朋友，尊重他们，善待他们，换位思考他们所需要的，所向往的，所期待的，和他们一起商讨教学模式，一起探究学习内容，忘记你的所谓的身份，真正投入到他们中去。在这样的模式中，没有主宰者和被主宰者，只有愉悦的课堂氛围，在这样的教学情境中，学生才易于获得创造性的发展空间。

在课堂管理中，教师还应树立科学合理的管理理念，不能把自己当成权威，而应与学生平等。课堂对话是师生之间平等的对话，努力实现课堂的公平，形成积极的交往氛围，促进合作与反馈。课堂上对待学生的态度也应做到民主与公平，不歧视学生，对学生一视同仁。

二、合理制定规则

而今一些干扰课堂教学的事件时有发生。如：迟到、早退、旷课、上课交头接耳等，这些看起来并不起眼的事情，往往会使教师耗费大量的时间去处理。几十分钟的课堂时间，能够真正有效利用的教学时间为此而损耗了一部分，而学生的投入时间和学业学习时间也相应减少许多。因此，学期初规则的制定，是课堂管理的重要策略之一。教师应明确告诉学生规则的内容以及出现违规行为将会面临的惩罚，如迟到的学生只可以从后门进教室等。规则一旦建立，教师首先要严格遵守，不迟到，不早退，不在课堂上处理私事，上课前关掉手机等。同时监督学生是否严格遵守，防微杜渐，免得一些不适行为逐渐演变成主要问题。教师对学生要一视同仁，要言必行，行必果，这样才能建立起自己的威信。若前后管理不一致，则可能会使课堂纪律恶化，使自己处于非常被动的境地。

三、创设和谐的课堂环境与氛围

和谐的课堂环境与氛围是课堂中师生活动的背景，也是课堂中各种因素相互作用的结果。要创设和谐的课堂环境与氛围，可从以下几方面进行：

（1）充分开展情感教育，创设情感环境。"感人心者，莫先乎情。"教师在课堂上要营造和谐融洽的学习氛围，要注意用各种方式与学生联络感情。教师每次任教一个新的班级，上课前都要进行一些言语的交流和沟通，对学生的评价重视情感投入，用简短、恰当的语言，热情地给予褒奖。课堂教学恰如艺术表演，教师既是导演又是演员，要用自身的魅力来感召学生。

（2）运用幽默，机智地创设吸引人的课堂环境。幽默是一种用俏皮、含蓄、机智的方法，使人感到有趣、可笑，意味深长，启迪心智。如有一次学生作业做得很糊涂，字也写得很潦草，教师没有批评任何人，只是在课堂上表现出很遗憾的样子对学生们说："我昨天晚上当了一次考古学家，那时我才真正明白，那份工作很辛苦，很艰难！"同学们正在莫名其妙时，教师解释道："你们中有人写的字儿看都看不懂，我拿过来左看右看，反复地研究，这不是当了一回考古学家吗？"学生大笑，过后也就改过来了。其实学生真的是很可爱的，关键是老师如何引导他们。

（3）充分给予学生"赏识"。赏识，是指认识到了人的才能而加以重视给予赞扬。赏识激励促使学生成功，可以使学生发现自身的积极因素，从而产生自信。学生一旦有了自信就会产生巨大的学习动力和克服困难的勇气。

（4）教师用语应多陈述性语言，少评价性语言。评价性语言指对学生的行为加以评价。一般来说，学生不喜欢被评价，有时对老师的评价采取抵抗态度。如果教师在课堂教学中多用陈述性语言，不包含评价，学生会客观地对待，接受教师的意见。在语言的使用中要多以正面的激励性的语言为主。

（5）实现课堂公平，与学生平等相处。教师要平等地对待每一个学生，不偏不倚，要采用民主的方式与学生平等相处，多做换位思考，尊重他们，理解他们。

（6）加强师生互动。在课堂管理中教师应注意恰当地掌握师生互动方式。在教学中，教师要对学生的反应做出积极的反馈，努力关注学生提出的反对意见和正确对待学生提出的问题，让学生感到教师的关注，以形成进一步探究的兴趣。应尊重学生，给学生相应的主动学习与探究的机会，促进学生发展。

四、有效沟通，建立融洽的师生关系

当代课堂管理理论认为，健康的交流方式和有效的沟通技能不但有助于增进师生间的关系和有效地实现教学目标，也是有效课堂管理的重要策略。教师在运用有效沟通策略时必须注意以下方面：

（1）善于倾听。教师的倾听体现着对学生的接纳和重视，倾听是表达尊重的标志，是满足学生被接纳、受重视等需求的重要途径。具体而言，教师在倾听中要注意：首先，停下正在做的事情，以全神贯注和兴趣盎然的神情倾听学生的想法和感受，并注意观察；其次，尽可能从学生的立场设身处地地理解其所表达的思想和感受；第三，不要轻易打断学生的讲话；第四，尽可能精确地对你所听到的内容进行释义，并谈谈其中所包含的情感和态度。

（2）善于运用肢体语言。肢体语言是重要的沟通方式。通常，教师在课堂中经常运用的肢体语言包括：一是眼神接触。眼神接触是课堂上师生最常用和最普通但却是最有效的沟通方式。因此，教师要做到和每一个学生进行多次的眼神接触，并努力熟悉每个学生的眼神意义，读懂每一个眼神反应。二是身体接近。课堂上教师的言语批评既会中断教学活动，也会引起学生的反感。解决这个问题的策略就是身体接近。在大多数情况下，教师走近学生，或轻轻地拍拍学生的肩膀就能使其端正行为。三是身体姿势和面部表情。身体姿势和面部表情是语言的重要部分。因此，教师在课堂教学中，应尽可能变换身体姿势并结合讲课内容，惟妙惟肖地表现课程内容，使学生受到强烈的感染，从而被学习内容所吸引。

融洽的师生关系是有效的课堂管理的人际基础。在新课程背景下，教师是教学关系中平等的首席，教师的重要作用在于引领而不是替代，教师应该学会对学生的尊重和赞赏，要及时发现学生身上的闪光点，及时地予以表扬和鼓励。只有融洽的师生关系才能有课堂上师生的积极行为，才能有课堂上思想的碰撞、情感的交流、意义的创建，才能有真正意义上的课堂管理。

五、健康课堂管理

所谓健康课堂管理，就是通过为每个学生营造一种以相互信任和尊重为基础的愉快、健康、高效的课堂氛围，激发学生自强、自尊、自立的心理，促进学生心理、社会多层面的发展，从而使学生在课内外过一种健康、幸福和有意义的生活。实施健康课堂管理，要求教师掌握健康有效的纪律实施技巧。

（1）实施健康纪律模式。课堂纪律的实施模式主要可区分为专制型、放纵型和健康型三种模式。专制型模式要求强制而无视尊重，放纵型模式注重尊重而放弃强制，而健康型纪律实施模式则力图在强制与尊重之间找到恰当的平衡。在健康型模式下，教师不是指挥家，而是在解决问题的过程中指导学生的行为，告诉学生行为的限度和可以被接受的选择，让学生学会对自己的行为或活动负责。

（2）理解学生。作为拥有强烈归属欲望的学生的所有行为都表现出要求被理解的愿望。当课堂环境不能满足学生心理需求时，学生就会将自己的行为引向寻求权力、寻求报复、规避失败的目标。一些学生结成小团伙，以满足他们的归属需要。为此，教师不能简单地采用惩罚手段，而是要给予积极理解，并运用有效沟通策略，了解学生的心理需求，为他们的主张寻找出路。

（3）恰当使用惩罚。毫无疑问，惩罚是有效的课堂管理行为。但是，惩罚是一把双刃剑，在具体实施中应注意以下几点：一是以关怀鼓励为主。"数子十过，不如奖子一长"。二是正确运用惩罚。提倡关怀、鼓励为主，并非简单地否定或取消惩罚，而是强调必须慎重地正确地运用惩罚。在某些情况下，运用惩罚进行纪律管理还是必要和有效的。三是多做正面引导。心理学研究表明，惩罚、批评只能抑制不良行为，而难以形成社会所期望的行为。所以，教师在教育学生时，应尽量不要使用消极否定性的语言，而要多用积极引导的语言。不仅要告诉学生"不要怎样"、"不能怎样"，更要告诉学生"应该怎样"、"怎样才能做得更好"，不仅使学生意识到自己不良行为的缺陷，更要指出学生努力改进的方向，正面引导学生的发展，从而有助于学生良好行为品质的形成和巩固。

六、教师要努力提高自身素质

教师是影响有效课堂管理的重要因素，在课堂管理过程中，教师处于管理行为的发动和主导协调的重要位置，直接关系到课堂管理和课堂教学的成败。

新课程背景下，教师的角色发生了转化，教师由原来学习的传授者、替代者转变为学生学习的促进者、教学的研究者。在课堂管理中，教师首先要不断提高自己的师德素养。其次，学会自我控制与耐心是教师的基本品质。无论课堂上发生什么事，教师脸上始终保持一副平静轻松的表情，这种自我控制的能力是制胜的法宝。最后，更重要的是，教师要提高自己的学识及驾控课堂的能力，使自己的教学能够深深地吸引学生。当然，课堂管理是教师的一门专业技巧，只有好的课堂管理才能催生出好的课堂教学，也只有好的课堂教学，才能衍生出好的课堂管理。教师必须具备相应的技巧和能力，才能使自己与课堂客观环境、与学生之间关系处于和谐之中。教师的课堂管理技能、技巧可从以下几方面提高：

（1）应变能力。教师必须有足够的心理准备以对付来自课堂内外环境和学生方面的突发事端，并在处理突发事端中表现出高度的灵活性。

（2）观察、分析和判断能力。在课堂教学中，教师要善于观察环境，关注学生行为反应，分析行为产生缘由，判断课堂现存关系状态，为管理的策略选择和实施作前导。

（3）情绪控制能力。稳定良好的情绪有助于活动开展，不良的易变的情绪则有碍于活动开展。在课堂教学活动中，教师无时无刻不处于课堂内外环境、学生甚至自身生理反应的各种刺激之下，必须具有较强的情绪控制能力，避免对学生产生不良的情绪感染。

（4）表达能力。表达能力是教师必须具备的重要能力之一，是教师职业技能的一项基本构成要素。在课堂管理的实施过程中，教师的认知、情感等信息要通过各种方式表达出来，才能达到教学交流的目的。

（5）课堂教学能力。教师是学生心智的培育者，承担着对书本知识和社会实践知识的加工整理，然后以学生能理解接受、便于掌握的方法向学生传授，并促进学生发展知识、学会学习的职责，所以教师自身的素养和行为对加强课堂管理起着至关重要的作用。

第一，要有渊博的知识；第二，要有敬业的品德；第三，要有亲切的教态；第四，精练的语言；第五，灵活的教法。

七、引导学生自我管理

引导学生开展自我管理与参与管理，强化学生的主体意识和参与意识，可有效地提高课堂管理效率。让学生参与到管理中来，可以给学生创造一个民主和谐的课堂环境。如教师和学生一起讨论制定课堂规则的内容以及违规的处理方法；让学生思考需要这些规则的原因以及产生不良行为的原因等。这样不仅可以创造一个民主和谐的课堂环境，也可以通过这一过程增加"规则"的约束力。实践证明，这样的作法，可以在引导学生参与管理的过程中，有效引导学生开展自我管理。

总之，教师要引导学生在知、情、意、行方面实现自觉、自强、自理。在认知方面，要引导学生自我观察、自我分析和自我评价，让学生自己认识自己，提高自觉性；在情感方面，引导学生自我激励、自我肯定、自我否定；在意志品质方面，引导学生自我监督、自我控制；在行为习惯方面；引导学生自我计划、自我训练、自我检查、自我总结和自我调节，实现自律性，最终达到有效管理课堂的目的。

八、对不同个体行为实行个性化的管理策略

　　教育对象是多面的个体，不同的个体具有不同的背景，其学习态度、习惯和行为表现都具有不同特点。因此，教师进行课堂管理时，必须结合不同个体背景、行为特征对不同行为进行具体分析，寻找行为产生的真实动机和原因，选择合适的强化物和强化策略，进行个性化管理。例如，对恶作剧型、自由散漫型和刻苦学习型学生的不同行为，其管理策略就各有特点。恶作剧型的学生，上课喜欢做扰乱课堂纪律的事情，如将脏东西放进女同学的衣服或口袋等，制造突发事件，有意吸引教师或同学的注意。对此，教师如果立即给予关注如提出批评或禁止指令，则会强化其行为，助长捣乱心态。自由散漫型学生，自控力较弱，上课时注意力不易集中，常做与课堂学习无关的事，如看课外书等。对这类学生的行为，教师可通过让其频繁回答问题并奖励和赞赏其优点来培养并增强他们的自我约束与控制能力。刻苦学习型的学生，他们一般是学习的骨干，上课时注意力集中，学习能力较强，求知欲和探索欲相对较高，教师可充分发挥其榜样示范作用，除让他们回答难度较大的问题外，还要让他们明确帮带其他落后同学的责任，如实行优生与差生相搭配的座位编排制度。在运用强化理论策略进行课堂管理中，教师只有根据学生不同个性行为特征，选择不同的强化策略，对症下药，才能真正做到课堂管理与学生个性的互动互进，才能调动学生学习的积极性，使课堂井然有序而又不失活泼开放，从而提高课堂教学效益。

九、坚持时间效益观，最大限度地减少时间损耗

　　学生的学习时间分为五种：名义时间、分配时间、教学时间、投入时间和学业学习时间。各种时间之间是相应的包含关系。其中，名义时间是由政府确定和规定的，分配时间也是由学校统一安排的，教师不能随意改动。教师能进行直接管理的时间就是教学时间及其所包含的投入时间和学生学业学习时间。美国心理学家思梅、伊伏特逊等的研究成果表明：名义时间和分配时间对学生的学业成就没有多大影响。学生课堂学习时间的质量，也即投入时间和学业学习时间，与他们的成绩成明显的正相关。分配给教学的时间并不如学生投入学习的时间以及完成学习的成功率那么关键。因此，课堂管理的时间管理最关键的是对学生投入学习时间及学生学业学习时间的管理。教师的教学应力求使学生在有限的时间里争取更多的时间用于学习。你可以让学生投入教学，但如果他不学习材料，这种投

入显然对学习成绩没什么用，因此，为学生争取更多学习时间的真正含义，就是使学生投入有价值的学习活动，从而提高所用时间的质量。

争取更多的时间用于学习，可以通过直接的方法，也可以通过间接的方法来实现。既然争取时间是课堂管理的第一个目标，那么课堂管理的所有措施（包括处理学生不良行为），都可以看做是争取学习时间的间接方法。而直接的方法则与争取时间直接有关，当然这些方法也实现了课堂管理的其他目标。至于分配时间，是课表上安排的，很难改变，没有什么方法可言。从前文定义中可以看出，投入时间和分配时间相比，分配时间是指全班学生参加学习的机会，而投入时间是每个学生实际上花在学习功课上的时间，它取决于学生对功课的注意和意愿。

（1）合理分配教学时间。教师在课堂管理中应努力使课堂的大部分时间成为学生的学业学习时间，保障学生的学业学习。为此，必须建立合理的教学管理制度，必须加强教师的教学时间观念，有效分配教学时间，最大限度地减少教学中时间的损耗。

（2）把握最佳时域，优化教学过程。心理学研究表明，一节课中学生的思维最佳时间是上课后的第 5~20 分钟，也就是课堂教学的最佳时域。教师在教学中应有效利用。应保证在学生的学习最佳时域内完成教学的主要任务。认真钻研教材，解读教材的重难点，设计合理有效的教学方法是能否有效利用课堂最佳时域的关键。

十、积极鼓励引导，变惩戒为预防

教育实践证明，表扬、鼓励等激励方式比批评、惩罚等更能充分调动学生的积极性和能动性，增强其进取心和责任感，强化其积极行为。课堂管理也要以关怀鼓励为主。来自教师的夸奖、鼓励，可以唤起学生的自信，激发他们的潜能，满足学生爱与尊重的需要。这种需要一旦得到满足，便能成为促使他们奋发学习的巨大动力。

在万不得已的情况下才可采取惩罚的方式，因为惩罚本身并不能教会学生所期望的行为。同时，惩罚可能会损坏师生关系，甚至还会导致学生厌学。因此，教师在使用惩罚时应注意以下几点：

（1）惩罚的目的只是纠正学生行为偏差的，不是恐吓或报复学生。因此即使将要或正在实施惩罚，也应本着积极解决问题的态度。

（2）教师实施惩罚应针对学生的问题行为，而不是学生本身，即对事不对人。惩罚的措施应是积极的，并使学生本人能感受到老师的良苦用心，避免学生对教师产生对立情绪和因惩罚产生厌学情绪。

（3）教师采用惩罚应建立在与学生充分沟通的基础之上，应力求有效避免在"突发事件"发生时做出过激或失当的行为，从而造成不应有的严重后果。

总之，当学生有了问题行为的时候，教师要以积极的态度鼓励、引导，要变惩戒为预防，而不是打击、报复和嘲笑。

十一、用心灵之声演绎课堂艺术

课堂需要教师的苦心经营，自然离不开教师的语言。用心灵的声音演绎的课堂艺术，美化了课堂教学与课堂管理，让学生感受到美的听觉与视觉，这有待于教师修养的加强。声音的外形并不重要，重要的是发自哪里的声音，比如有的教师音色不漂亮、普通话也不是很标准，但是他在上课时用关爱之心讲授知识，用挚爱之情描绘知识，这时候的知识便不是寂寞的，它拥有了教师的灵气，与教师同在，学生觉得它是活的，是灵动的，这便是艺术的升华，优质的课堂应该是用艺术来演绎的。艺术是人类最具创造性的活动，教师将自己的创造性思维呈现给学生，同时，也激发着学生创新的激情。来自心灵的声音需要教师的努力，有那么多耳熟能详的形象比喻值得我们参考：教师的语言是开启心灵的钥匙、是走进心灵深处的通道、是治疗心灵创伤的良药……可见，教师的语言不仅仅只有传授知识的作用。如果我们能把握好教师的语言艺术，将其运用到课堂管理中，我们的教学将达到事半功倍的效果。有的教师能言善道，却打不开学生心灵的大门，不能激起学生求知的欲望；有的教师可以引经据典，却不能将课堂教学的魅力展现无遗。因此，教师还要有一定的激情，能走进学生的心灵深处，唤起学生的共鸣，使教学与课堂情景交融、交相辉映。

十二、重视对课堂管理的反思和课堂学习行为的评价

现在许多教师能够在课后及时对课堂教学进行总结反思，这是一个很大的进步。但我们也发现，这些反思更多的是总结教学任务有没有完成，新授知识学生有没有理解，哪些题目学生还不大会做等教学结果，而缺乏对课堂管理和学生学习情感、学习行为的深刻反思，由此对教学过程中的许多细节问题视而不见、见而不纠。每堂课结束后，教师要认真反思对学生提出的学习行为规范落实了吗？学生的学习热情高涨吗？学生思维积极吗？师生关系、生生关系和谐吗？教学结构合理吗？教学过程活泼吗？自己关注全体学生了吗？对学生提出的问题处理恰当吗？还有哪些细节必须进一步改进等。教师要重视对学生学习行为的观察评价，善于在课堂教学过程中发现学生的积极因素和问题行为，对积极因素及时予以肯定和发扬，对问题行为及时予以批评和指点。特别要对那些存在学习信心不足、学习兴趣不高、学习方法不当、不够勤奋好学、不善交流合作等问题的学生，进行经常性的跟踪观察，有针对性地予以重点督促，个别指导。

第五章

<hr style="border-style: dashed" />

提高概念、规则学习效率的策略与方法

概念是任何一个学科知识体系最基本的构成元素。若干概念及其相互关系构成规则（又称命题、定理、原理或公式），概念和规则构成了学科的知识体系。为了更有效地将知识分类观点运用于概念、规则的教学之中，应把概念、规则作为一个整体（知识）来考虑。这就是说，概念、规则作为陈述性知识可以把它作为对一种事实意义的描述，而作为程序性知识时可以理解为一种智慧技能，一种运用概念、规则的操作系统以解决问题。[①] 提高课堂教学效率，必须高度重视概念、规则学习的教学效率。

第一节　概念、规则学习的概述

一、概念学习的概述

概念是思维的基本单位。概念学习是意义学习中最基本的类型，掌握概念是个体学习规则、解决问题乃至进行创造的必要前提。对概念的学习深化了人类对客观世界的认识，简化了人类认识的具体过程。概念学习在知识学习中占据着重要地位。

1. 概念的界定和结构

概念（concept）是人脑对客观事物的本质特征的认识。根据不同的分类标准，可以将概念划分为不同的类别。

根据概念学习方式的不同可以将其划分为两类：日常概念和科学概念。日常概念也叫前科学概念，指没经过专门的教学，由个体在日常生活中通过辨别学习、积累经验而掌握的概念。科学概念则是指在教学过程中通过揭示概念的内涵而形成的概念。

根据抽象水平的不同可以将其分为两类：具体概念与抽象概念（或定义性概

<hr />

① 丁家永. 现代教育心理学［M］. 广州：广东高等教育出版社，2006：66.

念）。具体概念是指可以通过观察直接获得的概念，如许多的日常概念就是这样获得的。抽象概念就是通过教师下定义的方式来获得，学生的多数抽象概念都是通过这种方式获得的。

基于概念本身的复杂程度可以将其划分为两类：初级概念和二级概念。初级概念是指通过分析概念的正反例证可以概括其关键特征的概念。二级概念比初级概念更复杂，它不是经过观察正反例证而是直接通过同化定义获得的。例如，"三角形"是一个初级概念，而"等边三角形"则是一个二级概念，是在初级概念"三角形"的基础上增加了"三条边相等"这一属性的概念。

概念的结构主要包括概念的名称、概念的定义、概念属性、概念例证。具体分述如下①：

（1）概念名称。概念名称是指人们用某个符号或词汇代表或命名同类事或物。例如"三角形"一词代表了所有各式各样的三角形，它是这一类别范畴的概念名称。一个词还可以作为不同的概念名称，如"杜鹃"，既可以作为一种植物名称，也可以作为一种鸟的名称。而同一概念也可以用不同的词来代表其名称，如"目"与"眼"这两个词代表了同一概念。

（2）概念定义。概念定义是指同类事物共同的本质特性的概括，一般以语言形式描述。在概念定义的描述中，要明确地界定该概念的范畴与特征。例如，"多边形"这一概念的定义为"平面上具有 3 条或 3 条以上线段首尾顺序相接的简单封闭图形。"并不是所有概念都有明确的定义的，特别是心理学中，有许多难以下定义的概念，如"智力"、"素质"等。对于这些概念的界定只能借助于具体的情境或范围了。

（3）概念属性。概念属性是指概念的一切正例所具有的共同本质属性，也称"关键特征"，即通常所指的概念内涵。如前面的"多边形"这一概念的本质属性或关键特征是：在平面上；3 条或 3 条以上直边；简单封闭；线段首尾顺序相接。一个概念还可以有另外一些属性或特征，但与概念的界定无关，因为是非本质的特征。

（4）概念例证。概念例证是指概念的可知觉的实际例子。凡符合某个概念的定义特征的例子，无论它们其他特征如何，都属于该概念的实例。例如，桌子、椅子、衣柜等都属于家具这一类别，因此，它们都是"家具"这一概念的正例。

---

① 丁家永. 现代教育心理学 ［M］. 广州：广东高等教育出版社，2006：66.

2. 概念学习的过程

概念学习的过程包括概念的获得和概念的运用两个环节。

（1）概念的获得。概念获得有两种形式，即概念的形成和概念的同化。在一定意义上，概念学习的实质就是通过概念形成和概念同化的心理过程，掌握同类事物的共同的关键特征。

所谓概念的形成，是指从大量的具体例证出发，在儿童实际经验过的概念的肯定例证中，通过归纳的方法抽取一类事物的共同属性，从而获得初级概念的过程。概念形成一般包括辨别、抽象、分化、假设、检验和概括等心理过程。[1] 从学习方式的角度来看，儿童概念的形成属于发现学习。儿童概念形成主要经历三个阶段：一是抽象化阶段。儿童对有关对象确认出某种属性；二是类化阶段。儿童对这些属性进一步抽象，只考虑属性的相似性，忽略其他属性的差异性；三是辨别阶段。儿童不仅认同共同属性，同时还能区分不同属性，初步形成了分类能力。现代心理学研究认为，儿童的概念形成主要是通过一系列的假设—检验来获得有关概念的。这就是说，儿童刚刚接触某个概念时，并不能理解其共同本质的属性，而只是把它当作一个例子来对待。如"球"这个概念，一开始儿童可能只把自己玩的小球看做是球，而不认为其他的球也是球。但在教师或家长告诉他足球、排球、篮球等都是球时，他逐渐形成自己的假设"圆的东西是球"。但这时他可能把西瓜、月亮等圆的东西都看作球，以后经过教师或家长的否定反馈，儿童逐渐从反例中区分出什么是球，即检验假设，进一步得到了球是一种圆的用于运动或游戏的用品的概念。[2]

所谓概念的同化，是指在课堂学习的条件下，用定义的方式直接向学习者揭示概念的关键特征，学生利用认知结构中原有的有关概念来同化新知识概念，从而获得科学概念的过程。在同化的过程中，并未经过在概念形成过程中所包含的那些过程，如辨别、抽象、分化、假设、检验、概括和归纳过程。在概念同化中，却要展开积极的认知活动，尤其是在不断分化和综合贯通中，更需要主动地进行理论思维，由一般到特殊，由抽象化到具体化等演绎过程。[3]

从学习方式的角度来看，儿童概念的同化属于接受学习。儿童概念的同化有三种基本方式：①类属性同化。认知心理学假定，认知结构本身，在观念的抽象、概括和包容的水平方面，倾向于按层次组织。新的命题意义的出现最典型的

---

① 韩进之. 教育心理学纲要［M］. 北京：人民教育出版社，1995：160.
② 丁家永. 现代教育心理学［M］. 广州：广东高等教育出版社，2006：68.
③ 韩进之. 教育心理学纲要［M］. 北京：人民教育出版社，1995：162～163.

反映是新旧知识之间构成的一种类属关系。所以当学生原来掌握的概念是总概念，而新学习的概念是它的类属概念时，这时只需把新概念归属于总概念之下，就可以获得新概念的意义。教育心理学中把这种类型的同化称为类属性同化。这里，新旧知识所构成的类属关系成为下位关系，这种学习称为下位学习。②总括性同化。当认知结构中已经形成了几个观念，现在要在这几个原有观念的基础上，学习一个包容程度更高的命题时，便产生了总括性同化，这时新旧知识之间的类属关系是上位关系，所以又称上位学习。③并列结合性同化。当新的概念或命题与认知结构中原有观念既不能产生从属关系，又不能产生总括性关系时，学习者就要通过并列结合方式获得概念的意义。①

（2）概念的运用。概念的运用是指概念获得之后，就能在认知活动中发挥作用，并对认知活动产生影响，它一般反映在知觉和思维两个水平上。在知觉水平上，运用概念是指运用已经获得的概念，帮助识别具体的同类事物并将其归入这一类型。在思维水平上，运用概念是指运用概念对事物进行判断、推理或将概念进行重新改组，以满足解决问题的需要。

3. 概念学习的意义

学生在学校里学习什么？现代心理学家的回答是不仅在于获得知识，而且在于"学习如何学习"，即学习获得知识与运算思考的方法。而掌握概念乃是学习运用思考方法，发展理智思维的开端。为什么学校教育要发展理智思维必须从概念学习开始？这是因为概念学习主要有两个作用。

（1）知识的简化作用。概念是以简单的语词概括复杂的内容，经济、明确，便于应用。布鲁纳指出，知识的适用性，学科的基本结构越是基本，几乎归结为定义，则其适用性越广。所以，原理与态度的迁移是教学过程的核心。有语言结构的概念，最大价值是它们都是一些具体的参照物，用概念就可以辨别和概括纷繁众多的事物，使它们得以简化。因此，学习概念是以少胜多的认知策略。

（2）知识的扩充作用。一个概念，既然是包含了具有共同的关键特征的众多事物在内，则只要知道其中的任何一种事物，便可举一反三，触类旁通，由此及彼，而推知具有类似性质的众多事物。可见，概念不仅可以简化，便于学习，而且可以扩充知识，促进学习。人们一旦掌握了概念，就很容易学到大量的知识，并可用言语交流的方式传递极其多样、没有止境的知识。这乃是教育的一个基本事实。②

---

① 丁家永. 现代教育心理学 [M]. 广州：广东高等教育出版社，2006：69～70.
② 韩进之. 教育心理学纲要 [M]. 北京：人民教育出版社，1995：179～181.

4. 影响概念学习的因素

（1）学习者的主观因素[①]

学习者的智力发展水平。著名心理学家奥苏贝尔在皮亚杰的基础上将认知发展划分为前运算阶段、具体运算阶段、抽象逻辑阶段。一个班级的学生虽然年龄阶段相同，但不同的个体其三个阶段的认知发展水平是不平衡的。有的已经处在较高级的第三阶段，而有的可能还处在第二阶段，甚至是第一阶段。根据多元智力理论，不同的个体智力倾向是不同的，是多元发展的。就同一个体而言，在其不同的认知领域，智能的发展水平也是不平衡的。所以，对同样概念的学习就会表现出个体的差异，即智力发展水平的差异。

学习者的经验水平。班级学习者已有的经验水平（前科学概念）是学习科学概念的基础，人们往往是根据亲身情感或实践体验来理解概念的。当然，对概念的学习会起积极作用的是那些合理因素占主导成分的前科学概念；而不合理因素占主导成分的前科学概念，是模糊的、不清晰的，对科学概念的学习毫无疑问会起障碍作用。

学习者的情感态度。情感态度和价值观是科学教育的重要目标之一，不同的学习者在不同的学习时间或面对不同的概念学习情境时，会出现不同倾向的情感体验。通过积极的体验，积极的情感态度出现时，思维活跃，精力集中，能选择最优的认知策略，使概念的学习达到最佳状态，概念的建立快速、牢固；反之，当学习者大脑皮层的神经中枢处于疲劳状态，则心理趋向消极，思维迟钝，精力不易集中，其效果可想而知。

学习者的认知策略。不同学习者对同样概念的学习，由于各种因素影响，会采取不同的学习策略，有的所作出的学习决策是科学高效的，有的则是低效率的。因此，对同样概念的感知会产生不同的结果，尤其是那些不正确的学习策略，会影响概念的正确习得。

（2）概念本身的客观原因

概念的有关特征和无关特征。概念的关键特征越明显，学习概念就越容易；无关特征越明显，学习概念就越困难，这是大量的实验研究和教学经验所证明了的。因此，教学中要设法突出和强调概念的有关特征，可以促进概念学习。

概念的肯定例证和否定例证。肯定例证，它含有概念的关键特征，因此，用肯定例证，最有利于传递概括的关键信息。否定例证，不包括概念的关键特征，因此，用否定例证，最有利于传递比较用的辨别信息。因此，在教学中，先从肯

---

① 王小未．影响概念学习的因素及教学策略［J］．中学生物教学，2002（6）．

定例证的变式中概括出关键特征后，然后运用否定例证与肯定例证的比较加强鉴别作用，可以使概念更加明确、清晰、稳定。

概念的变式。变式是指概念的肯定例证在无关特征方面的变化。一切包含概念的关键特征的事物是概念的肯定例证。所以，变式是指关键特征不变而无关特征有变化的肯定例证。因此，在教学中加强变式训练能促进概念学习。

二、规则学习的概述

规则学习与概念学习有很多共同点，有些规律性的东西很难说专门适用于概念学习还是规则学习。因此，许多教育心理学书籍把这两者作为一类学习，但是有时这二者之间也有一些区别。[①]

1. 规则、规则学习的界定

什么是规则？从哲学上讲，规则是人脑对事物间一定关系或规律的反映。而从心理学上讲，规则是两个或两个以上概念之间某种关系的叙述，是个人能用一类动作对一类刺激作出反应的一种判断能力。作为规则学习，就是理解各个概念之间的某种关系。[②]

2. 规则学习的两种形式

习得规则的形式有上位学习、下位学习和并列结合学习，但最基本的学习形式是上位学习和下位学习。

（1）从例子到规则的学习。从例子到规则的学习是指在学习环境中先呈现规则的若干例证，然后，让学生在例证中概括出一般规则的学习方式。学生在实际的发现学习过程中，需要经过辨别、提出假设、检验假设并进行概括等几个步骤。

（2）从规则到例子的学习。这是下位学习的一种形式，又称接受学习。随着年龄的增大和知识层次的加深，许多规则直接以定理、公理的形式呈现而不需要了解推理过程。这种规则的学习与发现规则同样可以解决新情景中的问题。[③]

3. 规则学习的重要性

规则是由概念组成的，它反映了概念之间的关系。规则常与原理、规律相联系，从而组成了学校里学生学习的大部分内容，如定义的规则（定义概念）、与语言有关的规则（发音和语法结构）、科学原理性的规则（四则运算规则）等。其作用如下。

（1）形成认知策略。定义的规则是规则学习的重要组成部分。一个定义概

---

① 陈琦，刘儒德. 当代教育心理学［M］. 北京：北京师范大学出版社，1997：144.

② 韩进之. 教育心理学纲要［M］. 北京：人民教育出版社，1995：171.

③ 刘贵宝. 从加涅的学习结果分类看规则学习［J］. 科教文汇，2008（5）

念就是一个把对象和事件加以分类的规则。学到定义概念就是学会一个分类的原则，就可以将它用来识别这个类别的任何事物，识别体现一种关系的某些东西。学校里的许多学习都是学习规则，可以把学习一门课程的一个规则看作是一个等级，其中学习最复杂的规则必先要求学会一些较简单的规则，较简单的规则又要求学会一些定义概念，定义概念又要以学会一些具体概念为基础。因此，学习等级代表了一套系统的有组织的规则和概念，它们的学习有渐增的特征。一个简单的特定规则的获得，有可能迁移到复杂的较高的规则学习中去，所以每学会一个新的规则，就增加了个人的智力技能或智慧力量，使这些学会的规则，越来越具有综合的可用性。所以人类智力的发展、认知策略的形成，是由于学习许多特定的规则所造成的，而它们又将参与更复杂和更为综合的智力技能的学习。渐增学习的作用最终将导致认知策略的形成。

（2）调节合理行为。学会一个规则，也是使有规律动作成为可能的能力，受规律控制的行为是合理的行为。受规则控制的行为与一般较简单的动作的区别，还表现为学习者能用一类动作（如加法）来反映一类刺激物的任何情境（如个位、十位和百位的加法）。这样使人们的行为可以有规律地进行。于是，一个规则就是能使个人用一类动作对一类刺激情境作出反应的一种推断的能力。这里，言语描述规则是必要的，当规则学习表现为一种能力时，规则的言语陈述就可能从记忆中消失了。真正把规则学到手，不仅能作出言语陈述，而且能调节合理的行为，形成一种按规则行事的能力。科学性的规则学习如此，伦理性的规则学习也如此。这也是普遍存在的教育事实。规则学习的迁移，最终将落实在创造性地解决极其多样的问题的行为上。①

4. 影响规则学习的因素②

（1）学习者的内部条件

对概念的学习和理解程度。既然规则是对概念之间关系的语言叙述，那么如果作为前提条件的概念不清的话，肯定无法正确理解规则。

学习者个体的认知发展水平。如前面所分析的，规则的学习涉及对概念之间联系和关系的叙述，这就需要有一定的认识发展水平，年龄越低，所能掌握的事物联系越简单低级，因此所能掌握的规则也就是比较简单的。越是抽象的原理，要求高度概括水平的概念和规则，对低年级学生学习的限制越大。

语言能力发展水平。语言是一种抽象的符号，它能表达事物之间内在本质的

① 韩进之. 教育心理学纲要 [M]. 北京：人民教育出版社，1995：181～182.
② 陈琦，刘儒德. 当代教育心理学 [M]. 北京：北京师范大学出版社，1997：145～148.

联系。由于规则的学习涉及对概念关系的言语叙述，因此语言能力也是很重要的内部因素。

规则学习的动机。学习者在规则学习中有强烈的动机也是重要的内部因素。

（2）学习情景的条件

规则学习的外部条件往往体现在语言指令（即指导语）中。语言指令有以下作用：

规则学习的条件常常是以一个语句的叙述为开端，而这一叙述恰好是对学习完成后希望学习者能达到的行为表现的一般性质的描述。如，教师对学生的提问："什么东西能滚动？"为什么他要这样说？其主要原因是，做这样的叙述是为了让学习者在学习时头脑里带着这个问题。在他达到终端行为时给他提供一个得到及时强化的手段。头脑里有了这个说明作为模式，他就知道什么时候他就完成了学习。

语言指令可以唤起对组合概念的回忆。在许多情况下，对规则中概念的回忆完全是通过语言这一手段所激发起来的；在另外一些情况下，也可以通过看图片，找到概念所指的具体物体等方式来回忆。

应该以语言为线索给出一个整体的规则。作为语言线索，不需要对整个规则做出一个准确的词语表达。因为许多规则较长，只需理解不需死背，这时有一点线索就可以回忆起整个规则。

要用语言向学生提出问题，让他们演示或证明这一原理。虽然这种语言叙述是有用的，但它不是最主要的部分。

除了语言指令以外，在规则学习中必须认识到，语言指令本身反映着各种方法，在帮助学生学习中，还要将感性材料与理性材料的关系、新旧信息的关系、知与行的关系等等具体化。

第二节　概念、规则学习中存在的问题和原因分析

一、概念、规则学习中存在的主要问题

1. 概念和规则的机械记忆

学生误将概念、规则的语言描述当作对概念、规则的掌握，存在机械记忆的倾向，表现为在实际教学中，学生不理解概念、规则，从而出现生搬硬套的现象。因此，概念、规则学习过程中，一个概念、规则是否被掌握，必须分清作为语言陈述的概念、规则的描述与作为判断能力的概念、规则理解之间的本质区别。如"三角形内角和是180度"，学生可以对它做出语言陈述，但如果对组成

这个规则的各个概念未能识别，以及各个概念之间的某种关系未能理解，这就难以说明他懂得了这个规则。因此，学生能够用语言陈述概念、规则，并不能说他们已经理解了相应的概念、规则。只有学生真正掌握了概念和规则，才能进行学习迁移，以不变应万变，做到融会贯通，解决早先未曾遇到过情境中的问题。

2. 概念、规则的过度练习

变式是从材料方面来促进概念和规则的理解。因此，在教学中，在概念、规则学习后，适量的概念、规则练习有助于促进学生的学习。但是在概念、规则学习过程中，一味地让学生沉浸于"题海"，甚至单纯地"重复"，只能浪费学生大量的学习时间和精力，增加学生的学习负担，其学习效果并不佳。因而，在掌握概念、规则的前提下，练习不一定做的越多越好。如一次简单的"一元一次方程"概念的公开课教学中，概念引入花很长时间，真正概念学习只有几分钟，然后各种变式练习又搞了很长时间。练习中像判断"$4x^2 + 3x + 1 = (2x - 1)^2$"，"$(2x^2 + 8x) / (3x^2 + 6) = 6$"是不是一元一次方程这样钻牛角尖又浪费很多时间的问题。其实，对"一元一次方程"的概念搞清"元"和"次"的含义，知道"$2x^2 - 6x + 9 = 0$"这样的方程是一元二次方程就行了。[1]

3. 概念、规则的理解偏差

概念学习中会犯两种错误。第一种错误是学习者可能会继续泛化，如，小孩对不是奶牛的四条腿动物继续作出说它是"奶牛"的反应。或者，学习者也有可能会窄化，如一名儿童认为，只有具有奶牛的黑白相间特征的动物才是"奶牛"。[2] 规则理解的偏差主要表现为对规则的理解仅仅停留在表层形式上，而没有掌握规则的实质内容。下面以小学数学整数加法结合律的教学为例进行说明。某教师通过计算验证"$(7+8) + 2 = 7 + (8+2)$"，"$(5+4) + 7 = 5 + (4+7)$"等等式，并引导学生观察、比较、辨析进而归纳获得加法结合律：三个数相加，先把前两个数相加，再加上第三个数；或者先把后两个数相加，再和第一个数相加，它们的和不变。这个教例所涉及的对象是"三个整数相加"，其属性有"改变三个加数相加顺序和不变"。因此，加法的结合律的实质应为：三数相加，先加前两数再加上第三数，或先加后两数再加第一数，其和不变。[3]

二、概念、规则学习中存在问题的原因分析

概念、规则学习中存在以上问题的主要原因为传统的概念、规则教学存在一

---

① 章庆辉，郭宗礼. 中学数学概念教学理论新思考 [J]. 内蒙古师范大学学报（教科版），2008（7）.

② P. L. 史密斯，T. J. 雷根著，庞维国等译. 教学设计 [M]. 上海：华东师范大学出版社，2008：257～258.

③ 陈智强. 例谈小学数学规则教学中的"科学归纳推理"[J]. 苏州教育学院学报，2000（2）.

定的局限性，主要表现为以下方面。

1. 教学忽视学生概念、规则学习时的知识经验

教育心理学研究新进展告诉我们，新的学习是建立在学生已有的知识经验的基础之上的。在概念、规则教学前，学生并非一张"白纸"，他们拥有众多由来已久的、根深蒂固的、未可明知的朴素观念，而这些观念存在于学生的头脑中对后继学习产生至关重要的影响，但这种影响恰恰是被我们教师在教学中忽视的。在教学中，教师常常以定论的方式教以正确的概念、规则，其前提假设就是学生对此概念、规则是一无所知的。因此，教学起点是理想化的"低起点"。

2. 教学忽视学生概念、规则学习时的心理体验

在教学过程中，将概念、规则作为一个事先建构好的逻辑体系展示给学生，使得学生对概念、规则的形成过程没有充分的体验，这与学生概念、规则学习是个建构过程的思想是不一致的。如在概念教学中，大多数教师习惯于使用概念同化的方式进行教学，主要表现为：揭示概念本质，给出定义；分类，揭示其外延；巩固概念；概念的应用与联系。这种概念同化的方式偏重于概念的逻辑结构，忽视了学生概念学习的心理体验。

3. 教学忽视学生概念、规则学习时的心理发展阶段

根据皮亚杰的认知发展理论，学生心理发展具有一定的阶段性，处于感知、具体、前运算、形式运算阶段的学生概念、规则的学习方式是不同的。在教学过程中，许多教师总是以一种说教的方式进行概念、规则教学，即首先提出概念（或规则），然后解释概念（或规则）帮助理解，再举例说明概念（或规则）的内涵，以这种演绎的方法来学习概念和规则，而很少针对不同发展阶段学生的认知发展特点进行概念、规则学习，导致概念、规则学习的机械性而不是意义建构。可见，概念、规则教学要分清楚学生的年龄特点，不同发展阶段的学生概念、规则教学侧重不同。以数学概念教学为例。小学、初中阶段数学概念更具体、更直观，概念教学一般从生活经验着手，以概念形成方式为主，"做数学"为主。高中阶段数学概念比较抽象化、形式化，概念也比较多，这个时候很多概念的教学，直接用形式定义给出就行了。概念形成的方式教学效率低，且不利于学生对数学概念形式化的理解和思维能力的提高。

4. 教学降低了学生概念、规则学习的认知操作水平

学生概念、规则学习的过程也是学生认知操作的心理过程。然而在大部分时间里，在教师概念、规则教学时只重视概念、规则内容的学习，降低甚至忽视与之相关的认知操作。因此，教师降低概念、规则心理操作水平实质上就降低了概念、规则学习过程的重要性。

第三节　提高概念、规则学习效率的策略与方法

概念学习和规则学习的策略和方法有很多共同的地方，有些规律性的东西很难说专门适用概念学习还是规则学习。因此，这里将从整体上阐述提高学生概念、规则学习效率的策略与方法。

一、概念、规则教学的一般教学策略和过程

概念、规则教学常用的两种一般的教学策略：以生成性策略为主的"探究式策略"；以替代性策略为主的"讲授式策略"。每一种策略都不会比另一种方法更好，但是一种策略有可能会比另一种策略更适合一些，究竟谁更适合，这要取决于情境、学习者和学习任务。

1. 探究式策略

探究式策略通常指的是探索策略，或是发现法。下面以概念教学的探究式策略为例进行说明。实施探究式策略，首先，要给学习者呈现概念的正例和反例，并促使他们推导出，或者是"发现"隐含在这些事件中的概念。在该策略中，教学者给学习者一组以言语、听觉或视觉形式呈现的匹配的正例和反例，要求学习者用词语"是"标注出概念的正例；词语"不是"标出概念的反例。教师请学生参与一种猜谜活动，以此来发现为什么一些事例被标志"是"，而另一些事例被标为"不是"的奥妙所在（概念）。其次，教师鼓励学习者形成一种关于类别中所蕴含的概念的临时性假设，然后给他们提供更多的标有"是"和"不是"的正例和反例，促使每一位学生通过判断概念能否预测该类别中的新事例来验证自己的假设。接着，教师请学生陈述自己关于概念的假设。某些假设可能是错误的；某些假设则可能与目标概念无关（应该接受这些假设，此时无需进一步的验证）；另一些假设则会是正确的。应该将这些假设组织成为一种关于概念的阐述。最后，教学应该鼓励学习者去思考他们自己的关于概念的例子，并给予例子准确性方面的反馈。

2. 讲授式策略

在教学顺序方面，讲授教学法要比探究方法更早地给出概念的符号和概念的关键特征，以及规则的内容。如在概念教学中，讲授式教学与探究式教学一样，也会给出许多正例和反例；但在讲授式教学中，这些事例是在对最佳例子以及最佳例子是如何体现概念特征的讨论之后才给出的。在讲授教学法中，也鼓励学习

者生成自己的例子；然而，这是在对概念特征进行充分讨论之后进行的。①

不管采用何种教学策略，概念教学必须包含四个要素：概念的名称、定义、有关和无关的特征、正例和反例。规则教学必须包含四个基本要素：规则的名称、规则的内容、规则的正例和规则应用的条件。

二、提高概念、规则学习效率的教学策略

1. 帮助学生回忆先行知识

概念学习中的先行知识。在概念学习中最重要的先行知识就是构成该概念关键特征或属性的概念的知识。因此，在概念教学时，教师通过复习的方式帮助学生回忆已经学过的对新概念学习有重要影响的先决概念。复习时可以采用以下形式：（1）随意问学习者一些问题，确保他们还记得这些概念；（2）伴有反馈的正式前测；（3）正式复习每一个先决概念；（4）全面复习每一个先决概念。在概念教学过程中，帮助学生回忆先行知识，要处理好科学概念和日常概念的关系，特别要避免日常概念对科学概念学习的干扰。在规则教学过程中，可以通过对学生的提问，帮助学生回忆起以前学过的组成新原理的概念以及与新原理有关的旧原理，从而为引出新原理做好准备（确定新原理的学习与哪些已学的概念和原理相联系，为检验学习的准备性，可对学生提问）。

规则学习中的先行知识。对于规则学习来说，最重要的先行知识就是习得构成规则基础的概念。通常在规则教学之前，应该给予学生概念方面的教学，包括练习和反馈，直到他们熟练掌握这些概念为止。另外，还可以利用规则间的类比，将先行知识与新知识联系起来。

2. 给学生提供恰当的样例

概念学习中的样例。教师所提供的正例和反例对于目标概念信息加工非常重要。在条件允许时，教师应该仔细挑选概念的第一个正例（有时又被称为"恰当的例子"或"原型"）。这个例子应该能够清楚地展现概念所有的关键特征，它的干扰性或无关特征应该很少，并且学习者对它很熟悉。一旦学习者明白了教师所举的例子为什么是概念的正例，他们就应该面对与该概念相匹配的一个反例。这个反例应该在所有无关特征上都与最佳例子保持一致，这样它们就仅在关键特征上是不一样的。而且，对反例为什么不是概念的例证的讨论也是很有必要的。在学生接触过概念的正例和反例之后，教师要让学生加工更多的、越来越复杂的正例和反例。

---

① P. L. 史密斯，T. J. 雷根著，庞维国等译. 教学设计［M］. 上海：华东师范大学出版社，2008：259～260.

因为，增加例子的复杂性可以促使学习者更好地描述概念的关键特征。

规则学习中的样例。如同概念学习一样，让学习者首先面对原理的一个最佳例子可能会对学习有好处。这个例子应该能够清楚地展示规则的应用，同时情境中的外部（无关）特征很少。如果这个例子还具有这样一些特征，如幽默、类比、新奇或与个人相关的话，则它会更容易记忆，因而对规则学习也更有帮助。与概念学习有所不同的是，匹配的反例对于规则学习来说并不是非常重要的。

3. 给学生练习的机会并提供反馈

概念学习中的练习。在概念学习时，练习要注意：（1）练习应该是让学生接触以前未曾遇到的概念的正例和反例。（2）练习应该包括让学生分离出正例和反例的关键特征。（3）提供给学生练习的反馈信息。在练习中，学生往往会犯两种错误。第一种错误是概念泛化，如小孩对不是奶牛的4条腿动物继续作出说它是"奶牛"的反应；第二种错误是概念窄化，如小孩认为只有具备黑白相间特征的动物才是"奶牛"。如果学生泛化了概念，教师应该告诉他们忽视了什么样的关键特征；如果学生窄化了概念，那么教师就应该鼓励他们去弄清楚例子的哪个特征实际上并不是该概念的关键特征。

规则学习中的练习。学生应该在四种水平上对规则进行学习。首先，他们应该练习叙述规则。叙述规则会对规则学习很有帮助。在教学中，教师要积极鼓励学生用自己的话来叙述规则。其次，学生应该练习识别规则使用的情境。第三，学生应该练习利用规则去预测解释或控制一个概念对另一个概念的作用。最后，学生应该练习判定规则的应用是否正确。在这里有一点很重要，那就是应该在学生能够熟练应对之后再进行。

4. 授予学生以学习策略

记忆术。记忆术是记住概念、原理的语言信息。在概念学习中有关言语信息的成分存在，其中一种成分就是由概念符号联想到概念。尤其是当并列概念已经学会，学习者将正确的符号与正确的概念联系起来有困难时更是如此。当不易使这些联系有意义时，使用记忆术可能会对概念学习有帮助。在规则学习中，为了促进对所述规则的保持，有时可能要求学习者形成自己的记忆术；或者教师向学习者推荐一条帮助他们记忆规则的记忆术。

图示法。在概念学习过程中，常用图表来表示目标概念与相关的其他概念之间的关系；规则学习过程中，也常用图表来表示规则中给出概念之间的关系。下面以概念学习时常用的图示法——画概念树来说明。

概念树是用层级的、图表的形式表征某一目标概念，是一种按照概念之间的内在的逻辑关系将一个概念和与其相互关联的其他概念组织在一起形成概念网络

（如图 5 - 1）。概念树在教学中主要有两方面的功能，一是通过概念的组织使一个特定的概念获得了具体意义。一个概念的含义往往是通过其他更高一级或更低一级的概念来说明或表现的，概念的组织使概念网络中的每一概念都获得了具体意义；二是概念的组织和网络化有助于个体新概念信息的编码和提取，这对学习者概念的获得和应用将会产生至关重要的影响。在教学中，教师既可以直接给学生提供一个概念网络，也可以在教师的引导下由学生自己建构概念网络，这两种形式都是有效的。

　　一般来说前一种方法适用于小学低年级的学生，后一种方法则较适用于小学中年级以上的学生。[①]

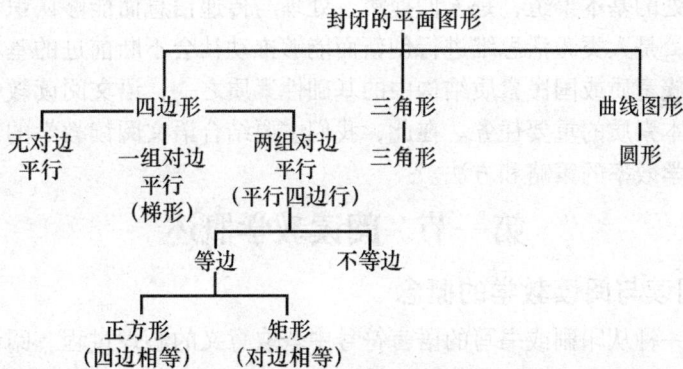

封闭的平面图形

四边形　　　　　三角形　　　　曲线图形

无对边平行　　一组对边平行（梯形）　　两组对边平行（平行四边行）　　　三角形　　　　圆形

等边　　　　　不等边

正方形（四边相等）　　矩形（对边相等）

图 5 - 1　概念图样例

　　类比。这一策略主要用于概念学习。类比也可以帮助学习者理解和记忆概念，尤其是那些学习者拥有很少相关先行知识的概念。类比可能通过教学提出，或者促使学习者形成他们自己的言语或视觉类比。形成类比可能对抽象概念和具体概念学习都有用，然而类比可能在使抽象概念更为具体化上更为有用。新概念与熟悉概念之间的相似点应该与概念的关键特征联系起来。如，将眼睛的虹膜与照相机的光圈进行类比，两者的相似之处在于：它们都允许光线通过从而达到一个接受媒质（胶片或视网膜）；并且它们通过扩展或收缩开口来控制通过的光线量。[②]

　　① 左银舫. 概念的学习和概念的有效教学［J］. 鄂州大学学报，1999（2）.
　　② P. L. 史密斯，T. J. 雷根著，庞维国等译. 教学设计［M］. 上海：华东师范大学出版社，2008：261～267.

第六章

提高阅读教学效率的策略与方法

　　新课程强调要培养学生搜集和处理信息的能力、获取新知识的能力。而阅读是每一个人学会求知、达到终身发展所必需的基本手段，是人们交流思想情感、达到和谐相处的基本渠道，是人们搜集、处理与传递信息而能够认识和改造世界的基本方式，是人类激活思维进行创新而能够推动社会不断前进的基本途径。阅读素质是民族素质或国民素质结构中的基础性素质之一，语文阅读教学正承担着培养国民基本素质的重要任务。在此，我们主要结合语文阅读教学的情况，探讨提高阅读教学效率的策略和方法。

第一节　阅读教学概述

一、阅读与阅读教学的概念

　　阅读是一种从印刷或书写的语言符号中获取意义的心理过程。阅读教学，是学生在教师的引导下，通过大量的阅读实践，养成阅读习惯，形成阅读能力的活动，是语文教学的重要组成部分。可见，阅读和阅读教学是两个既有联系又有区别的概念。二者的目的不同。阅读是从书面材料中获取信息并影响读者的非智力因素的过程。阅读教学的目的是训练学生学会阅读。前者追求结果，后者追求过程。二者的作用对象不同。阅读是针对书面语言材料来说，阅读教学则针对学生来说。因此，阅读教学的目的不仅仅是指导学生"读懂"，还要指导学生在"读懂"的过程中激发"读懂"的兴趣，掌握"读懂"的方法，形成"读懂"的能力，培养有利于"读懂"的习惯。

二、阅读教学的目标

1. 培养阅读兴趣

　　阅读兴趣是推动阅读过程的内驱力。培养学生的阅读兴趣，是阅读教学的一项重要任务，也是阅读教学永恒的追求。阅读兴趣是指对读物和从事阅读活动的兴趣。这是对自身从事阅读活动的主动性心理倾向和对阅读材料的内容和意义进行积极探究的心理倾向，这种心理倾向往往表现为一种积极的情绪态度。阅读兴趣是阅读活动中最直接最活跃的意向心理因素，对于维系注意力，增强理解与记忆，激发联想和创造思维，唤起情感体验，都具有积极作用。阅读兴趣受到读者的年龄、阅历、知识、爱好以及阅读目的和任务的影响。[①]

2. 教授阅读方法

法国生理学家贝尔纳说："良好的方法能使我们更好地发挥运用天赋的才能，而拙劣的方法则可能阻碍才能的发挥。"阅读方法是一种重要的学习方法。良好的阅读方法可以提高阅读的效率和水平。常用的阅读方法有：①总览阅读法；②快速阅读法；③跳跃阅读法；④比较阅读法；⑤专题阅读法。

3. 提升阅读能力

阅读能力是指借助具有客观意义的文字符号，理解阅读材料的意义，从而了解作者思想的能力，是顺利完成阅读任务的个性心理特征。个体的阅读能力，在一般能力发展的基础上，通过阅读实践形成和发展。阅读能力主要由认读能力、理解能力、鉴赏能力、速读能力和自学技能等构成。

4. 培养阅读习惯

培养学生阅读习惯，使学生形成阅读的自觉意识与自觉行为，也是阅读教学的重要任务。叶圣陶早就指出："阅读教学之目的，我以为首在养成读书之良好习惯。"由此可见培养阅读习惯的重要性。

阅读习惯是指在阅读实践中养成的、在一定情况下自觉地进行有关阅读操作的行为倾向。良好的阅读习惯有助于提高阅读自觉性，发展阅读能力，改善阅读品质，有助于增进阅读的理解和速度，提高阅读的效益，不良的习惯则常使阅读劳而无功，甚至贻害无穷。良好的阅读习惯一般包括：有目的地进行阅读的习惯，边阅读边思考的习惯，专心致志地阅读的习惯，边阅读边圈、点、批、划的习惯，阅读时做摘录、记笔记的习惯，阅读时勤翻工具书的习惯，阅读中独立地分析问题和解决问题的习惯以及良好的阅读卫生习惯。[②]

三、阅读教学的基本内容和要求

阅读教学的重点是培养学生具有感受、理解、欣赏和评价的能力。要实现这一目标，就离不开对一篇篇具体文章的研读。其过程自然涉及文章思想意蕴及表现形式的方方面面。这里只对有关词语、段落及篇章等方面内容的教学，作概要的探讨。

1. 词句教学

词语教学。在阅读教学中，词语教学占有特殊的地位。这不仅因为它是研读

① 王余光，徐雁主编．中国读书大辞典［M］．南京：南京大学出版社，1999：345.
② 张紫晨主编．中国中学教学百科全书（语文卷）［M］．沈阳：沈阳出版社，1991：122.

课文的必要环节，而且因为学生掌握词汇的多少在一定程度上标志着语文水平的高低。（1）词语教学的基本要求：①注意引导学生积累和丰富词汇；②启发学生把握词语的意义；③指导学生恰当地表达和运用词语。（2）词语教学的一般策略：①促进学生积累和丰富词语的策略；②深化学生理解词语的策略；③提高学生选词用词能力的策略。

句子教学：句子教学的内容。①明确句子的结构形式；②理解句子的思想意义；③把握句子间的逻辑关系；④体味句子的表达功能。

2. 段落教学

段落即文章的部分整体，亦即句与句间的联结形式，是一种重要的语言单位。段落教学是阅读教学的重要环节，它不仅可以使学生获得篇章结构的知识，而且可以使学生受到分析、判断、推理、概括等方面的思维训练，对提高学生的读写能力都有重要作用。

段落教学的内容：①划分段落层次；②概括段落大意；③明确组合方式；④研究衔接技巧；⑤探讨表达功能。

段落教学的要求：①划分段落层次应在学生熟悉的基础上进行；②应立足于发展学生的分析、概括能力；③要善于处理分层划段教学中出现的问题；④段落层次要结合作品思想内容的理解进行。

段落教学的方法：①明确要素法；②梳理线索法；③把握思路法；④编写提纲法；⑤逐段概括法；⑥归纳列表法。

3. 篇章教学

篇章教学是对文章整体的研讨和把握，它自然包括内容和形式两个方面。

篇章主旨教学的内容和要求。篇章主旨教学，也就是平常所说的文章"主题"或"中心思想"的探讨和归纳，它是阅读教学的一个重要环节，是课文分析的必然归宿。（1）篇章主旨教学的内容：①理解文章的基本蕴涵；②感受作者的思想情怀；③揭示作品的社会意义；④归纳作品的主题思想。（2）篇章主旨教学的要求：①要立足于文本分析；②要坚持正确导向；③要注意情感体验；④要重视整体把握。

篇章形式教学的内容和要求。（1）篇章形式教学的内容：①认识结构特色；②把握表现手法；③体会语言风格。（2）篇章形式教学的要求：①要突出重点；②应联系学生的作文实际；③应从具体作品出发，在细致分析的基础上进行归纳和综合；④要注意引导学生通过比较认识把握写作特点；⑤要把篇章形式的教学与作品内容的分析结合起来。

四、阅读教学的基本过程

阅读教学过程是学生、教师、文本之间对话的过程，是学生在教师有计划有目的的指导下，凭借语文课程资源，训练阅读方法，养成阅读能力，开发智力，提高人文素质的过程。从一定意义说，把握好阅读教学过程，就把握了阅读教学的关键。

阅读教学过程是一个多层次、多方面的概念，按照不同的分类有不同的过程。按学段分，有小学、初中、高中不同的阅读教学过程；按文体分，有记叙文、说明文、议论文和文学作品的不同阅读教学过程；按语体分，有语体文和文言文的不同阅读教学过程；按教学操作分，有教学单元、一篇课文和一节课的不同阅读教学过程。在日常教学中，阅读教学的过程表现为一篇课文或一个单元几篇课文的阅读教学过程。

1. 单元阅读教学过程

单元阅读教学过程就是从阅读教学的整体目标出发，以几篇内容或形式有联系的课文组织教材，把一个单元教材作为一个教学单元来进行阅读教学的。具体地说，就是将教材中的教学单元或根据课程需要的重组单元作为一个整体，把学习知识、培养能力、发展智力和提高人文素养统一成一个听说读写的体系来进行教学。

与传统的单篇课文阅读教学相比，单元阅读教学有明显的优势：（1）体现了阅读教学的整体性和阶段性的统一；（2）使阅读能力的培养目标和单篇课文的学习要求更加具体、明确；（3）强调举一反三、知能迁移，保证了教学质量，提高了教学效率；（4）重视阅读材料之间的纵横比较，有利于培养学生的现代思维方式和较高层次的阅读能力。

2. 单篇课文阅读教学过程

单篇阅读教学是语文阅读教学最基本的单位，没有单篇课文的教学，单元阅读教学也只是无本之木、无源之水。在语文教育中，关于单篇课文的阅读教学的实践经验较为丰富，呈现出不少具有重要影响的教学过程模式，如钱梦龙的"三主四式"导读模式（三主：学生为主、教师为主导、训练为主线；四式：自读式、教读式、练习式、复读式），魏书生的"六步教程"（定向、自学、讨论、答疑、自测、自结），等等。不管是什么阅读教学过程模式都必须遵循人的认知活动规律，一般来说，阅读一篇文章总要经过感知——理解——评价（鉴赏）等心理活动阶段。语文阅读教学过程模式的设计，要遵照学生阅读心理的发展规律，符合辩证唯物主义的认识论，形成信息传输交换的可控动态系统。因此，我们认为在单篇课文阅读教学过程中，不论采用什么过程模式都必须经过以下的几个程序：（1）认读感知。这一阶段，学生初步接触课文，通过朗读或默读，对课文的字、词、句以及内容形成一个初步的印象，为下一阶段的学习奠定基础。由于学生语文知识的积累有差异，教师不必强求统一的感知程度。（2）再读思考。这一阶段读书的基本目的是：扫清文章字、词方面的障碍，掌握课文要求掌握的生字及新词；厘清文章层次，明白作者写作思路；抓住文章重点；能正确地朗读课文。这一阶段的学习，老师要充分发挥主导作用，设计简约的、能牵一发而动全身的问题，引导学生理解文章。（3）精读品味。精读，要读文章的重点部分，要读文章中最有特色、最感人、给人印象最深刻的地方。品味，要抓住重点字、词、句去细品，要抓住文章的妙处、动人之处去回味。（4）熟读欣赏。这一阶段是对学生审美能力培养的良好方法。理解之后的朗读，不是前几次朗读的简单重复，而是对课文的消化、吸收、积累和内化，是将他人的东西内化为自己营养的过程。

五、阅读教学的基本原则

教学原则是根据一定的教学目的，遵循教学过程的规律而制定的对教学的基本要求，是指导教学活动的一般原理。教学原则是支配教师教学行为的指针，原则并不阐述具体的教学实践活动，但它们可以提供衡量实践活动的正确与否的标准。正确的教学原则能适应学习者的不同情况，可以一贯地应用在学习能力、兴趣和经历都有明显差别的孩子身上。

关于阅读教学的原则，国内学者的观点异彩纷呈。李伯棠认为，"文与道、读与写、讲与练、内与外""四面八方，紧密结合"，这就是根据语文学科的特点在阅读教学工作中必须遵循的规律，也就是阅读教学的原则。刘守立以阅读教学的个性特征为依据，提出如下3条全新的原则：（1）整体教学原则；（2）近似教学原则；（3）扩散教学原则。朱作仁不用"原则"的概念，而是提出了阅读教学的4条基本规律，它们是：（1）发展性阅读应遵循"双向"心理过程；（2）阅读教学与发展思维相结合；（3）阅读教学与作文教学相结合；（4）课堂教学与课外阅读相结合。① 吕艺君在多年研究和实践的基础上，归纳总结了4项阅读教学的新原则：（1）培养语感的原则；（2）学生实践性原则；（3）学生感受性原则；（4）学生的情意性原则。

---

① 尤文希. 小学语文阅读教学研究 ［M］. 长春：东北师范大学出版社，2001：27～32.

第二节 阅读教学中存在的问题与成因

一、阅读教学中存在的主要问题

30 年前吕叔湘先生所讲的"10 年的时间，2700 多课时，用来学本国语文却是大多数不过关，岂非咄咄怪事"，30 多年之后依然如此。有人说，阅读教学在"缘木求鱼"①。有人指出，现行的阅读教学存在两个偏向，一是只重"悟道"忘记"学文"，二是只重"学文"放弃"悟道"。② 有人认为阅读教学存在着偏差，如"学生阅读浅显，教师分析过快；学生讨论不足，分歧消除太快；学生咀嚼欣赏不足，理性说理太快；人情不够，情感交流太少。③

虽然在新课程改革背景下，中小学语文教师对阅读教学进行了有意的实践探索，但一些老师由于传统教学思想的束缚，对新课标理解不深，仍然穿"新鞋"走"老路"，在教学中仍存在着较多认识误区和行为偏差。有人认为，这些误差主要表现在教学方式改变了——强调了以学生为主体，阅读教学该达成的目标却缺失了；教学形式改变了——注重了小组合作学习，教学过程流于形式，语言文字训练的效率却很低；教学手段改变了——信息化技术占据视野，花哨的手段掩盖了关于文本的真实思考；课程资源开发了——课堂教学的拓展却漫无边际，游离了文本的核心价值。④ 也有人认为，新课改背景下阅读教学过分强调学生的"自主"，忽视了教师的"主导"；注重"探究"活动的表面形式，忽视了阅读教学的本质；盲目"拓展"，弱化了文本阅读；拔高"人文性"，忽视了阅读认知的基础。⑤ 有人一针见血地指出，语文阅读教学所存在的误区，可谓一部分人尚未从老误区中走出来，另一部分人却又步入了新误区，而新老误区既有不同之处，又有相同之处。不同之处是它们的过程：老误区是教师横插在文本与学生之间，剥夺了学生与文本之间直接对话的权利和时间。新误区是在实施新课程的课堂上，师生之间、生生之间的对话过多，占据了学生与文本直接对话的时间，学生也就缺少应有的体验。相同之处是它们的结果，都是学生与文本直接对话的时

---

① 许贵忠，王岩．当前中小学阅读教学中存在的几个方向性问题［J］．教学与管理，1998（1－2）．
② 施茂枝．阅读教学中的两个偏向及矫正［J］．学科教育，2001（2）．
③ 刘培国．阅读教学的几点偏差［J］．山东教育，2006（Z1）．
④ 徐缨．提高小学阅读教学效率的问题与对策［J］．现代中小学教育，2007（12）．
⑤ 褚兴中．新课改背景下阅读教学现状的反思［J］．语文教学通讯，2007（2）．

间太少，阅读教学，高耗低效，学生独立阅读的能力差。①

综上所述，语文阅读教学存在的问题主要表现为：教学目标异化；教学过程僵化；教学内容割裂；教学主体缺失。

1. 教学目标异化

教学目标的指向如何直接关系到阅读教学效率的高低。阅读教学应该具有明确、适宜的教学目标，同时，阅读教学目标的制定既要把握语文阅读教学特点，又要符合目标制定的技术要求。在教学实践中，教师比较忽视对教学目标的研究和探讨。因此，在语文阅读教学目标方面存在以下问题：（1）目标的短期化。一个单元一个目标，一篇课文一个目标，甚至于一节课一个目标。前后缺少有机衔接；同一目标在不同年级不同课文出现也找不到相承相接的关系。看似每节课的目标，每个单元的目标，不同年级的目标构成了一个目标网络，其实毫无系统可言。（2）目标的知识化。把阅读教学的能力要求降低为以识记为主的知识要求。教学的重点是基础知识的教学，或语法，或修辞，或文体，把课文当成了基础知识教学的材料，把阅读教学异化为基础知识教学。（3）目标的题目化。把阅读教学的课堂变成口头或笔头的考试练习，或选择，或问答，以做题目、讲题目代替了阅读教学，大大淡化了诵读在教学中的作用。似乎常考的题目讲完了，阅读教学的目标就实现了。②（4）目标的随意化。目标的设定随意性太大。有的教师照抄教学参考资料上的教学要求，当做教学目标。（5）目标的形式化。在新课程改革背景下，有的教师机械套用知识与能力，过程与方法，情感与价值观三维目标，一味地追求目标的全面性。（6）目标的笼统化。由于一些教师缺乏设计教学目标的陈述技术，教学目标笼统、模糊，可操作性差，在教学中难以落实。（7）目标的功利化。不少教师将阅读教学简单机械地理解为"只有多读才能写好"，"读是为了写"，显然，潜意识将阅读定位成写作的附庸。因此，阅读教学不是为了"阅读"，成了语言教学和写作教学的手段，出现了阅读教学不为"阅读"的怪现象。

2. 教学过程僵化

阅读过程从本质上说是一个思维过程。思维过程主要表现为分析和综合，两者共同构成思维的基本过程。在认识客观事物的过程中，人们总是要经历一个对客体的"综合——分析——综合"的思维过程；由最初的综合所指引，然后进入分析，再导致更高层次的综合，从而最终达到对事物整体的理解认识。因此，

① 黄建恒. 走出阅读教学误区培养独立阅读能力 [J]. 中学语文, 2004 (19).
② 张茂贵, 郭兰英. 阅读教学中的几个误区 [J]. 语文教学与研究, 2002 (5).

"整体——部分——整体"这一阅读理解途径完全符合学生"综合——分析——综合"的思维过程规律，反映了语文学科语言和思维辩证统一的内在本质。所以，抓好"整体——部分——整体"的阅读教学，无疑地对优化学生的思维结构，发展学生的思维能力有不可低估的作用。①

但在大提素质教育的今天，却还有相当部分语文教师在阅读教学中使用一个不变的教学程序："预习——课题讲解——作者介绍——时代背景——生字生词——段落分析——中心思想——写作特点"。显然这样的教学程式是基于教师、基于教材，而决不是基于学生的需要、学生的发展。这种"八股式"的教学套式忽视了学生对课文的整体感知和体味，违背了"整体——部分——整体"这一阅读理解的有效途径。一些教师对不同文体的课文永远都是拿几个框框来套用。讲小说一律环境、人物、情节；讲散文一概形散而神不散；讲具体的文章每篇都是中心明确、结构紧凑、用词准确等。可见，教学过程僵化是当前语文阅读教学中存在的主要问题之一。②

3. 教学内容割裂

课内阅读与课外阅读的割裂。在阅读教学中，许多语文教师将课内阅读与课外阅读割裂，眼睛只盯着课本，把每一篇课文都掰得碎碎的、讲得细细的，而对于课外阅读不闻不问，甚至以浪费时间为由加以制止。叶圣陶先生说得好，"教材无非是例子"，它仅是通向目标的桥梁，学生从教材中学到的知识和技能，只有通过广泛的语言实践活动，才能真正地得到巩固，并内化到自身的知识结构中，达到呼之欲出的自动化状态，这正所谓"得法于课内，得益于课外"。在语文课堂里，教师只讲教材里的课文，这看上去很正常，实则培养出许多不会读书、不懂读书的人。③

文章内容与文章形式的割裂。在阅读教学中，教师只讲内容、不讲形式是目前语文阅读教学中存在十分普遍的现象。由于重课文内容的缘故，在教法上采用以讲为主，没有能留出时间，让学生朗读、吟咏、揣摩、推敲、质疑问难。

语言文字训练与语感能力训练的割裂。当前的阅读教学重视学生语言文字训练，忽视学生语感能力的培养。叶圣陶先生曾指出："文字语言的训练，我以为最要紧的是训练语感，就是对于语文的锐敏的感觉。"吕叔湘先生也曾指出："语文教学的首要任务是培养学生各方面的语感能力。"可见，阅读教学的本质

---

① 施平，黄麟生．论中学语文阅读教学的症结与对策［J］．课程．教材．教法，1998（9）．

② 胡崇禄．提高阅读课教学效率的金钥匙——读［J］．现代语文，2007（11）．

③ 杨桃．当前阅读教学存在的问题与分析［J］．成都教育学院学报，2004（11）．

及核心是培养学生对书面语言的直觉或感知能力，即培养语感。①

4. 教学主体缺失

在语文阅读教学中教师和学生"自我"的主体缺失，主要表现为：（1）教师盲目相信和过分依赖于教参，教师的主导作用体现不足。教师只是被动地接受，没有主动地发现；教师只是肯定和赞成，没有否定和批判。教师对待教参的态度亟需改变。（2）学生过分依赖教师的讲解，学生的主体作用发挥不足。而且学生的主体缺失较教师的主体缺失更为严重。

学生阅读中的主体意识在逐渐丧失，逐渐沦为了被动的阅读者。② 这主要表现在以下几个方面：①阅读目的的消遣化。阅读仅仅是为了消遣，而获取信息、陶冶情操、了解社会、感悟人生的阅读目的逐渐弱化。②阅读趣味的从众化。阅读作品的选择随波逐流，追求时尚，什么流行读什么，阅读趣味缺少个性。③阅读态度的游戏化。对文字文本的阅读缺少神圣感，阅读过程成了一场游戏的过程。④阅读水平的平面化。在阅读过程中，只会接受，不会批判，更不会创造。

在阅读教学中，学生主体缺失现象可以归纳为三种：显性缺失、隐性缺失和假性主体。③ 所谓显性缺失，是指在课堂教学过程中，教师把学生置于配角地位，学生为教师的"教"而"学"，明显表示出学生主体的缺失。显性缺失只占学生主体缺失的一小部分，但就是这一小部分，反映出在我们有些教师头脑中的学生主体意识是极其淡薄的。所谓假性主体，是指教师在课堂教学过程中，表面上以学生为主体，但其实质仍以教师为中心，或最终未能实现学生主体的现象。所谓隐性缺失，是指课堂教学中，学生主体缺失的表现并不直接外显，但通过对师生双边活动的分析，可发现执教者并未把学生置于主体地位。在实际的课堂教学活动中，"隐性缺失"与"假性主体"和"显性缺失"比起来占更大的比例。

二、对语文阅读教学中存在诸多问题的原因分析

1. 阅读教学之外的原因

（1）"应试教学"的束缚。目前的考试仍是检验学生掌握知识程度、评价教师教学水平、体现学校教学质量的主要手段。受之影响，学生、教师、家长、学校领导，乃至整个社会都非常注重考试成绩。出于来自社会各方面的压力，我们教师为了提高考分，显示自身教学水平，改变了培养学生阅读能力的初衷，追求起适应考试、服务考试的奴隶式阅读教学，这就制约了阅读教学个性的发展，使

---

① 张永林. 关于阅读教学"高耗低效"的思考 [J]. 南通师专学报（社会科学版），1998（1）.

② 黄伟杰. 阅读教学：培养自主的阅读者 [J]. 当代教育科学，2003 年（7）.

③ 徐秀春. 阅读教学学生主体的缺失探析 [J]. 小学教学研究，2003（2）.

之走上了畸型化的道路，且越走越远，造成了学生书包越背越重，能力越来越低的不良状况，严重影响了学生阅读能力的发展和提高。

（2）大众文化的负面影响。随着社会的发展，中小学生的阅读兴趣受电脑、网络、影视以及不良读物等大众文化的冲击，其阅读兴趣及品位呈现下降趋势。大众文化的崛起是近些年引人瞩目的文化现象，是生产工业化和商业化的产物，是商人们用工业化的手段批量制作的、迎合大众口味的"快餐文化"，它借着传媒的力量无孔不入，使得我们的思维习惯、生活方式、兴趣爱好甚至日常习语都被其影响和改变。大众快餐文化，不仅给我们的学生带来了先天的精神营养的搭配不良，而且使他们日益丧失主体性地位，这种主体性的丧失鲜明地体现在学生的阅读行为中。① 比起阅读来，学生们更喜欢看电视，看卡通漫画，玩电脑游戏，因为在这些东西面前，他们的头脑可以变成被动的容器，不需经过思维的转换直观形象直接冲击他们的视网膜，他们由此可以省却独立思考的艰难。虽然他们有时候也阅读，但他们选择来阅读的作品不一定是他们真心喜欢的，而是大家都在读的，是流行的，是最"酷"的。就这样，许多学生再也不是自主的阅读者了。

2. 阅读教学自身的原因

升学考试是促使阅读教学本质蜕变、造成"高耗低效"的原因，但它只能是外在因素，更主要的还在于阅读教学自身的原因。所谓自身的原因是指，阅读教学长期受应试教育的影响越来越封闭化、技术化，忽视了阅读教学自身的不确定性，对阅读教学的基本认识有偏差。

（1）忽视阅读教学本身的不确定性。在阅读教学中，存在着不确定性主要表现在：② （1）阅读客体的模糊性和阔延性。作品自身具有模糊性、阔延性。首先，语词具有模糊性。词义的模糊性是指词义所概括的范围往往缺乏明确的界限。也就是说，词所表达的概念没有明确的外延。其次，作品主题的阔延性，文章主题本来就不是单一而是多义的。作品的模糊性和阔延性给读者提供了丰富的联想空间。（2）阅读主体的能动性和创造性。阅读是读者对作品进行再创造的过程。这一再创造过程中最主要的心理活动是联想和想象。由于联想和想象，学生在作品中自觉或不自觉地、或多或少地投射进了自己内心的东西，正是这样，作品潜在的功能才得以发挥，学生才能真正理解作品，受到作品的影响。因此，阅读客体的模糊性、阔延性及阅读主体的能动性和创造性，共同决定了阅读教学中存在的不确定性。在阅读教学中，忽视阅读教学的不确定性，最大弊端是窒息

---

① 黄伟杰. 阅读教学：培养自主的阅读者［J］. 当代教育科学，2003（7）.
② 彭献. 阅读教学的教［J］. 湖南师范大学社会科学学报，2001（专辑）.

学生思维的活力，不利于学生创造思维品质的培养。

（2）对阅读教学的认识偏差。第一，阅读教学本质之认识偏差。目前学校流行的阅读教学理论是建立在 20 世纪前半期行为主义理论和目标分类学之上的。这些理论认为，阅读是一种能力，这种能力可分为译码和理解两大分技能，而理解技能又可分解为理清思路、概括要点等更小的技能。学生阅读能力正是通过对这些技能的掌握运用而提高的。早在 20 世纪 50 年代，就有人对这种根据阅读过程进行行为主义分析得到的阅读技能提出了质疑。60 年代以来，现代认知心理学的兴起和发展为阅读教学提供了新的理论框架。根据认知理论和元认知理论形成的阅读观强调阅读的交互作用和理解的建构特征，并认为任何阅读都是读者调动其头脑中已有的知识、运用一系列灵活而恰当的策略、结合文章提供的信息以及阅读情景的暗示来建构意义的过程。因此，读者原有知识与读者用来促进和维持理解的策略构成了新阅读观的重要因素。① 第二，阅读教学目标之认识偏差。阅读教学的基本目标是：培养阅读兴趣、教给阅读方法、培养阅读能力、培养阅读习惯。然而，许多教师对阅读教学的目标认识有失偏颇，导致阅读教学行为的偏差。第三，阅读教学主体之认识偏差。学生是学习的主体，轻视和削弱这种主体性，是真正意义上的目的偏离。② 在语文阅读教学中，教师无视学生主体作用的思想势必会造成教师上课满堂灌，根本不考虑学生的可接受性和层次性。因此，必须充分认识学生的价值，发挥学生学习的主体作用，让学生与文本进行直接对话，才能真正提高阅读教学效率。第四，阅读教学策略之意识缺乏。目前，阅读教学效率不高，教学中"少慢差费"的现象大量存在，与语文教师阅读教学策略意识的缺乏有重要关系。调查显示：很多语文教师的阅读教学策略意识十分淡薄，很少有人关注教学策略，很多人不清楚阅读教学策略的内涵；在平时的阅读教学中有意识运用教学策略的人不多，并且他们将教学策略等同于一般的教学方法，更谈不上对阅读教学策略中的阅读技能教学策略的理解和运用。③ 第五，对阅读教学的基本关系之认识偏差。阅读教学的基本关系表现为：①文与道。所谓"文"即文章的语言形式，"道"指的是文章的思想内容。语文阅读教学要做到文道统一。一是思想教育要寓于语言文字的训练之中，强调了语文教学进行思想教育的特殊性；二是教育的方法应当是"熏陶感染"和"潜移默化"，而不是强迫和灌输；三是教育必须以理解课文的思想内容为前提。②内容与形式。内容和形式是构成文章的两个基本因素。文章的内容决定文

---

① 樊华强. 语文阅读策略教学探微 [J]. 宁波大学学报（教育科学版），2003（4）.

② 胡崇禄. 提高阅读课教学效率的金钥匙——读 [J]. 现代语文，2007（11）.

③ 孟凡虎. 语文阅读技能教学策略研究 [J]. 安庆师范学院学报（社会科学版），2008（3）.

章的形式。内容是第一位的，形式是随内容的变化而变化的。语文阅读教学，如果只局限于指导学生理解课文的思想内容上，是不完整的教学，最多只能完成教学的一半。阅读教学应该在指导学生理解课文内容的基础上，进一步指导学生理解课文的形式，只有把理解内容和形式有机统一结合起来，才能走完阅读教学的全过程。③整体与部分。整体与部分是两个相对的概念，是对立的统一。《大纲》指出：讲读课文要处理好课文的部分和整体的关系。一般地说，可以按照由整体到部分再到整体的顺序进行教学。要从整体着眼，进行词、句、段的教学，要注意各个部分的内在联系，每个部分和整篇课文的内在联系，使学生对整篇课文有比较完整、深刻的理解。④理解和积累。理解和积累，是精读与博览的关系，是数量与质量的关系。一般说来，讲读课只能形成学生初步的阅读能力，当学生具备初步的阅读能力后，要进一步发展能力，就必须让学生独立阅读一定数量的文章，在独立阅读过程中，积累更多的词句，了解更多的篇章结构形式，提高理解语言的水平，发展思维，发展智力，才能最终形成独立阅读能力。⑤语文知识与语文能力。知识和智力、能力是互相联系、互相促进的。正确处理传授知识同发展智力、培养能力的关系，要做到：知识是智力和能力的基础，在发展智力、培养能力的过程中，又能加深对知识的理解；智力的核心是思维。在语文阅读教学中，要重视发展学生的思维，促进语言与思维的统一发展。教师要指导学生在理解和运用语言文字的过程中，指引思维的途径、方法，鼓励学生独立思考，发表自己的见解，要培养学生提出问题、分析问题、解决问题的能力，逐步提高认识水平，发展学生的智能。①

第三节　提高语文阅读教学效率的策略与方法

教学策略是为了达成教学目的，完成教学任务，而在对教学活动清晰认识的基础上对教学活动进行调节和控制的一系列执行过程。② 在语文阅读教学过程中，要在"以学生阅读为本"的阅读教学思想的指导下，将教学策略的研究成果应用于语文阅读教学，为提高语文阅读教学效率和质量提供一些切实有用的教与学的指导。

美国海尔曼教授等人在《阅读教学的原则与实践》中提出，成功的阅读教学的关键在教师。成功的阅读教师主要是做四个方面的工作：不断诊察学生的阅读发展情况；组织和指导学生的学习；向学生提供在有意义的阅读中练习和应用

---

① 尤文希. 小学语文阅读教学研究 ［M］. 长春：东北师范大学出版社，2001：33～44.

② 和学新. 教学策略的概念、结构及其运用 ［J］. 教育研究，2000（12）.

阅读技能的机会；力图保持学生投身到学习中去的高度积极性。① 可见，教师积极探索如何激发学生阅读兴趣、促进学生阅读理解、帮助学生掌握阅读方法是提高语文阅读教学效率的根本策略。

一、促进学生阅读理解的教学策略与方法

阅读理解策略是指阅读加工过程中比较高水平层次的加工策略，其核心是如何将阅读中遇到的新信息和头脑中已有的知识有机结合起来，以促进加工的深、广程度，发掘字面意义以外的更深层的意义和结构，从而促进对新知识的理解、记忆和应用。② 优秀阅读者区别于一般阅读者的主要特征表现在拥有多种有效的阅读理解策略，如利用已有经验、提问、形成心理表象、进行推论、概括要点，等等。③ 尽管对于促进学生阅读理解的策略迄今并无统一的意见，但赞同六大策略的主张相对较多，且其他主张也是以这六种中的若干种为主的，可见这六种策略的认同度还是比较高的。它们是激活原有知识策略、确定（筛选）重要信息策略、质疑释疑策略、概括信息策略、推理策略、监控理解策略。④

1. 激活原有知识策略

阅读理解在一定程度上依赖于阅读者已有的相关知识。学生的原有知识如何影响他们对文章的理解，主要表现在以下几个方面：①它能产生预期，引导着注意那些与预期相联系的内容；②它是读者对文章进行阐述性推理的基础，即具有原有知识的读者能补充文章省略的信息；③有助于阅读后记忆文章的内容。学生原有知识的作用给我们一个重要的教育启示：在帮助学生运用适当的背景知识来理解文章方面，教师起着重要的作用。因此，在阅读教学过程中，教师要鼓励学生把文章的内容和自己的原有知识联系起来，根据原有知识来解释所读的文章。

2. 确定重要信息策略

熟练的读者往往根据阅读目的有区别地阅读重要的和非重要的信息。对重要的信息进行更深入的加工，对非重要的信息减少加工，甚至忽略，不作加工。文章的重要内容可以从两个角度去确定：一是作者在文章中所表达的重要意思；二是读者所需要的重要信息。这两者有时是一致的，有时又有区别。总之，区分重要和非重要信息的能力导致有效的阅读理解。

---

① 王霖. 阅读教学的原则 [J]. 开封教育学院学报，1992（1）.

② 张大均. 教与学的策略 [M]. 北京：人民教育出版社，2003：226.

③ 张艳. 促进儿童阅读理解的十大教学原则 [J]. 语文建设，2006（9）.

④ 王灵修，崔宝国. 我国中小学语文阅读理解策略教学研究管窥 [J]. 河南职业技术师范学院学报（职业教育版），2007（6）.

3. **质疑释疑策略**

提问是教学中点燃学生智慧火花，激发学生兴趣的启动器。阅读理解中的提问释疑策略包括教师课堂提问策略和学生自我提问策略。教师课堂提问一直是阅读教学的主要方法，而学生自我提问则很少运用。教师提问策略详见第二章。此处，侧重对学生自我提问策略的阐述。

在阅读教学中，教师要积极引导学生自己提出高质量的问题。学生自我提问中的高质量问题的特征：（1）综合性（问题反映了文章的重要观点，覆盖了文章不同部分的内容）；（2）挑战性（问题涉及高水平的认知操作，诸如布卢姆的认知领域目标分类理论中"领会、运用、分析、综合、评价"）；（3）新颖性（问题拓展了对文章内容的理解，是文章内容的新颖例子）。在阅读过程中，教师指导学生提出高质量问题的教学环节有：（1）明了，即让学生阅读有关提问的描述，使学生了解什么样的问题是低水平的问题，什么样的问题是高水平问题。（2）练习。提供学生逻辑结构严密的阅读材料，进行自我提问练习，并对学生的提问进行课堂录像。（3）反馈。根据课堂录像，教师和学生一起来分析学生提问行为和表现，指出哪些问题是高质量的问题。（4）归纳。师生共同讨论，并归纳高质量问题的特征，以及如何提出高质量问题的方法。[①]

4. **概括信息策略**

阅读文章需要记住最重要的信息，忽略琐碎细节。熟练的读者能记住文章的宏观结构，儿童则需要通过教如何进行概括，才能抓住文章主旨。概括能促进文章的理解和记忆。概括常和确定重要信息混淆在一起。其实它是更广泛、更综合的认知活动。确定重要信息是概括的必要条件，但不是充分条件。概括信息的能力需要读者仔细审视文章的整体内容，区分重要和非重要观点，然后综合这些观点，写出代表原文主要内容的梗概。这是较难的认知活动。它包括写出一个句子来表明段落的主要意思，写出文章的标题，写出一篇文章的梗概，运用图表概括文章的内容。概括也分为从作者的角度去概括和从读者的角度去概括。从作者的角度去概括是为了理解文章和回忆重要信息而进行的认知活动。因为这种概括只是概括者自己看的，概括的范围、数量、形式都比较自由。从读者的角度去概括是要求学生为具体的读者对象（家长、小学生、报纸等）去概括一本书、一篇文章。这就要求学生注意篇幅、结构等问题，突出重要的信息。这是从理解变为写作。[②] 布朗和戴（1983）通过对熟练的阅读的过程进行分析，提出了集中概括

① 赵丽霞．语文阅读理解过程中学生自我提问的探讨［J］．天津市教科院学报，2008（4）．
② 张孔义．西方中小学阅读策略教学研究述评［J］．外国教育研究，1999（4）．

文章要点的原则：删除无关信息；删除冗余信息；用一个上位术语代替一组同类项目，用一个下位术语代替一系列具体事件；选择一个主题句（如果没有现成的主题句，则自编一个主题句）。许多研究结果不断证明，学生写概要的技能是可以训练的，并且掌握这些策略或技能可以提高学生的阅读理解能力。[①]

5. 推理策略

推理是阅读理解过程中的高级阶段。推理是根据真实信息创造出新的语义信息，它是阅读理解过程的核心。推理是文章提供的信息和读者原有知识之间相互作用的结果。首先，文章提供的信息起到刺激作用，引发推理。其次，读者的原有知识的复杂性和多样性决定着推理的丰富性和合理性。三是推理的结果创造出新的语义信息。这新的语义信息既不同于文章提供的语义信息，也不是读者原有知识的翻版，而是一种创新，一种突破，源于前两者，又高于前两者。[②] 正确推理一则取决于对写作背景的了解；二则离不开作者的创作意图；三则离不开分析字、词的原意及引申含义，只有这样才能做到推断有理有据。[③]

6. 监控理解策略

监控理解策略对好的读者比对差的读者更有效，不仅在于阅读，而且在于阅读时对策略过程的监控和调节。差的读者很少意识到理解时存在的问题，即使意识到问题也没有能力去解决问题。因此，理解监控包括两个组成部分：一是意识到理解的正确性和深度，二是当发现理解失败时知道做什么和怎样做。[④] 监控理解主要表现为：阅读前，通过分析作品的特点、阅读要求、学习环境，确定恰当的阅读目的，选择合适的阅读策略，使阅读活动能够顺利进行，这是成功阅读的前提。阅读中，随时检查是否理解所读文章内容，当理解出现困难时，及时调整阅读策略，改变注意水平和阅读速度，这是成功阅读的关键。阅读后，评价阅读的理解程度，检验阅读的收获和成效，了解认知活动是否达到目的，这是阅读的信息反馈。总的来说，监控理解主要由两个部分组成：掌握理解的正确性及深度，以及当理解遇到障碍时，知道做什么和该怎么做。

二、帮助学生掌握阅读技能的教学策略与方法

在语文阅读教学过程中，教给学生大量可供提取或选用的阅读方法和技能是

---

① 理查德·迈耶著，姚梅林等译. 教育心理学的生机——学科学习与教学心理学 [M]. 南京：江苏教育出版社，2005：74~75.

② 樊华强. 语文阅读策略教学探微 [J]. 宁波大学学报（教育科学版），2003（4）.

③ 张大均. 教与学的策略 [M]. 北京：人民教育出版社，2003：228.

④ 张孔义. 西方中小学阅读策略教学研究述评 [J]. 外国教育研究，1999（4）.

十分必要的。教师通常运用朗读、精读、略读等多种形式对学生进行语文阅读技能训练，不断提高学生的阅读能力。

1. 朗读

朗读是书面语言有声化，是把无声语言变为有声语言的阅读活动。它是阅读的最基本方式，是眼、口、耳、脑并用的创造性阅读活动。它要求朗读者在语音、词汇、语法规范的基础上更丰富、更完善地表情达意。朗读因目的不同，可以分为理解性朗读、欣赏性朗读、吟诵或背诵。朗读的作用是促使感官全面活动，强化情感体验，提高口头表达能力。

教师对学生进行朗读训练常用以下方法：（1）选择教学法。根据不同的课文内容及不同的训练目的，选择齐读、轮读、分读、分组交互读、自由读、分角色读等不同的朗读方式。（2）录音法。利用录音，进行朗读反馈。（3）声音练习法。指导学生运用一些声音技巧，表达喜怒哀乐各种情感的一种方法。如表示惊异、耳语、轻声时，声音应小一点；表示激动时，可用颤音；表示迟疑时，宜用拖腔；表示悲伤时，声音应带呜咽色彩。[①]

2. 精读

精读是逐章、逐段、逐句剖析字词的阅读方法，是培养学生阅读能力的一种最重要、最基本的手段。精读可分为程序阅读法、溯源阅读法、质疑阅读法、互比阅读法等。程序阅读法一般涉及以下几个步骤：读书名，了解作者；读内容提要，读目录；读序言，读结束语；读课文内容。溯源阅读法一般是指对文章引文出处的追踪考查和对某项知识不同阶段，特别是对它的最初形成情况的探源。质疑阅读法是指在读书过程中，通过思考发现疑点，进而通过探索、分析、研究，解决这些疑点。互比阅读法是通过纵比、横比、类比以及综合比较进行阅读的方法。无论是哪一种精读的阅读方法，其过程一般为：[②]

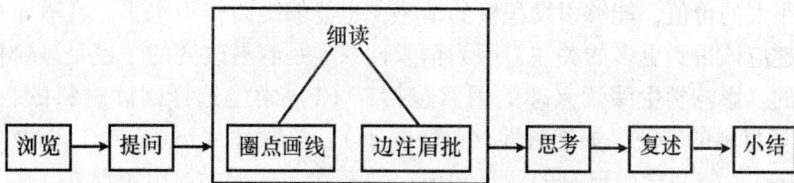

在阅读教学中，精读训练的要点为：（1）寻找主要观点；（2）寻找重要细节；（3）寻找中心思想；（4）评价所阅读的内容。

---

① 张大均. 教与学的策略［M］. 北京：人民教育出版社，2003：236.

② 陈小琼. 谈语文阅读教学的策略［J］. 现代语文（教学研究版），2008（5）.

3. 略读

在教学中，许多教师多采用精读的阅读方法，但在现实阅读中，人们用得最多的却是浏览和略读，所以，《语文课程标准》明确要求要对学生进行浏览和略读这两种阅读方法的指导。略读是对文字的快速摄取和重新编码，是在阅读过程中有选择地略去某些部分不读和有意识地降低理解水平以期有较快速度的阅读方法。浏览，是迅速了解一本书的大意，判断其价值的简易办法。略读往往和浏览同时使用，其一般过程为：

浏览 → 快速阅读 → 推测与预测 → 细读 → 概括全文

三、培养学生阅读兴趣的教学策略与方法

培养学生阅读兴趣是语文阅读教学走向成功的基点。阅读兴趣指学生对阅读活动的一种注意、倾向、积极态度和喜爱程度，阅读主体（学生）对阅读的客体（书本）的一种心理倾向性。

阅读兴趣分为两类，一类是情景性兴趣，它是自发的，短暂的，是由环境特征所引起的；一类是个人性兴趣，它体现了持久的个体价值，是由个体内部所激发的。情景性兴趣是指在阅读过程中由阅读材料特征或者其他的一些情景性条件所引起的一种实际状态，其特征是在阅读时集中注意力并乐于阅读。情景性条件指的是在阅读材料的一些特征、一些外部诱因（即外部动机）、阅读时进行的一些活动。例如，在阅读之前，在班级中讨论复杂有吸引力的问题可能会引发学生在阅读中的兴趣。比较而言，个人性兴趣则是随着时间逐渐发展起来的、相对稳定的个体对于某一主题或者某一活动的兴趣，对个人而言，这些活动有重要的意义，有很大的价值，能够引发积极的情感，也能够提高知识水平。在教学中，情景性兴趣应该得到更多的关注，因为情景性兴趣是容易改变的，也是教师能够有所控制的。影响学生阅读兴趣的因素包括：（1）学生选择阅读材料的自主性；（2）阅读材料的特征，如连贯性（coherence）、关联性（relevance）以及生动性（vividness）；（3）学生已有的背景知识；（4）参与式的学习组织形式。

1. 充实阅读教学的内容

生活是语文的源头和归宿，语文的外延和生活的外延是相等的。因此，将课内的阅读教学与课外的语文大课堂联系在一起，使学生感到学到的不仅仅是纸上的知识，而是具有实用性和操作性的、生活中必须具备的技能。唤起学生的阅读需要对说明文的教学和议论文的阅读教学尤其重要。科学性和逻辑性较强的说明文、议论文，对喜欢追求故事情节的学生缺乏吸引力，如果在教学过程中教师只重视介绍文章内容，或纯粹介绍这些问题的写作特征，那么是难以使学生的注意力高度集中的。因此对于这类文体的教学，宜与其他学科融合，以突出它的功用。

2. 让学生自主选择阅读材料

在语文教学中，我们经常会发现这样的现象：许多学生在课堂里阅读课文，目无神采，味同嚼醋；而在课外自由阅读时，却爱不释手，欲罢不能。这说明他们不是不喜欢阅读，而是老师没有引导他们自主阅读。① 在阅读教学中，教师应该学会给学生自由选择的机会。当然，给学生自由选择的机会并不等于听之任之，而应该给学生提供适当的指导，因为对于阅读水平较差的学生，他们并不知道如何去选择材料。首先，教师应该在各种情境中都给予学生自由选择的机会，比如在课堂教学和课后阅读中都给学生提供各种阅读材料，让学生自己选择。其次，教师应该给学生的选择提供合适的建议。如，起初给学生提供简单的选择、给学生的选择提供适当的反馈、让阅读经验少的学生一起进行选择。教师应该把握学生选择合适阅读材料的标准，使学生能够顺利地进行阅读，并且能从阅读材料中有所收获。②

3. 开展丰富多彩的语文阅读实践活动

（1）自办报刊。自办报刊形式主要有两种：一是剪报。结合主题阅读，在搜集、阅读知识的基础上指导学生选择材料，贴成一张小报，与同学进行交换阅读，扩大阅读量。二是编报。学生对所读知识进行了选择、编辑、抄写、插图，办出了像模像样的报纸，办的报纸无论好坏都张贴在教室的一角展览。学生在相互观摩、互相学习比较中，又悟到很多东西，在办报刊的过程中，提高了选择及加工信息的能力。

（2）读书汇报。通过各种形式的读书汇报活动让学生交流读书成果和心得，总结推广读书经验，激发读书兴趣。读书汇报活动的形式根据学生的年龄特点而定，其形式主要包括：读书故事会；读书演讲会；读书竞赛。

（3）影视欣赏。现代意义上的阅读已经不仅仅局限在报刊书籍上，电影、电视扩大了人们的阅读空间，因此，有选择地观看知识含量高的影视节目和光盘，可以迅速增加知识，发展想象。

---

① 吴丽红. 让语文阅读"趣味横生"——浅谈语文阅读兴趣的激发与培养［J］. 语文学刊，2008（10）.

② 王晓平，胡娇. 国外关于阅读兴趣的研究给我们的启示［J］. 江西教育科研，2006（2）.

第七章

提高创造性培养效率的策略与办法

　　培养学生的创新精神和实践能力是全面实施素质教育的重点，也是新课程改革的重要目标要求之一。教师要充分发挥自身的能动创造性，以学生为主体，选用合适的教学策略和方法，引导学生主动去尝试、体验和发现，不断提高学生创造性培养的教学效率。

第一节　培养学生的创造性是素质教育的重点

一、创造性的内涵与结构

　　创造性是人类思维的高级形态，是人类智力能力的最集中的表现。北京师范大学林崇德把创造性定义为：根据一定的目的，运用一切已知信息，产生出某种新颖、独特、有社会意义或个人价值的产品的智力品质。[①] 这里既指思维过程，又指思维产品，也指思维的个性特征。这里的"产品"，即以某种形式存在的思维成果，它既可以是一个新概念、新思想、新理论，也可以是一种新技术、新工艺、新作品。不管是强调思维过程，或者是强调思维产品，还是强调思维品质，共同的一点是突出"创造"的特征。产生这种特征的原因在于主体对知识经验或思维材料的高度概括后集中而系统的迁移，进行新颖的组合分析，找出新异的层次和交结点。概括性越高，知识系统越强，迁移性越灵活，注意力越集中，则创造性越突出。

　　创造性的结构可分为两大类，一是创造能力，二是创造的人格特征。前者可分为创造性的思维和创造性的功能。创造性的思维又可分为想象、发散的思维、直观的思想，这些在很大程度上是由个人的基本素质（先天因素）决定了的（不可否认后天的教育在促进创造发明方面起着推动作用的外部因素），后者则是属于心理精神因素的问题，虽然有创造性的思维能力和创造性的技能，但由于个人努力不够，缺乏勇于创造、探索新知识的精神，对自然不关心，不关心他人

---

　　① 林崇德. 创造性教育纵谈 [J]. 研究与探索，2002（12）.

和社会，没有理想，自制能力差，主动性、冒险心、恒心等精神方面的因素不稳定，就会对个人的创造性功能的发挥造成不良影响。[①]

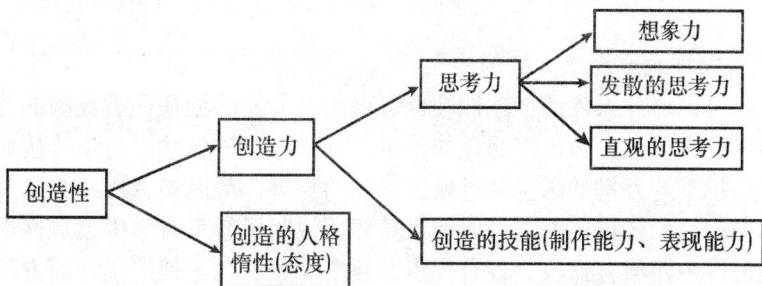

图 7 - 1 创造性的结构

二、培养学生的创造性是素质教育的关键

1. 课堂教学中学生创造性思维培养的重要性

创造性思维是突破传统思维习惯，以新颖独创的方法解决问题的思维过程。创造性思维是创造性的核心，培养学生的创造性思维能力，目前已是一个全球问题，因为教育的发展和改革是社会关注的热点，也是经济社会发展的中心议题。所以"为创造性而教"就成为学校教育的主要目标之一。

作为学校教育的基本组织形式，课堂教学的质量和效率最直接和最集中地反映了教育目的、培养目标与价值的实现，所以说课堂教学质量的好坏直接影响整个教育目标实现的过程。

2. 培养创造性是素质教育的核心

素质教育是包括对学生的思想品德素质、科学文化素质、心理素质、身体素质和现代文明生活诸素质的培养与教育，是集上述各种素质的开发、培养和训练于一体的整体性的动态教育，是在传授知识、培养能力的基础上提高学生的综合素养。[②] 素质教育与应试教育的根本区别就在于能不能有效地培养学生的创造性。因为创造性是主体最本质、最深层、最能动的素质。经济学家告诉人们，知识经济时代的市场竞争已经成为设计人员在工作间里的创意竞争，谁能设计出个性化的适应不同层次消费者需要的产品，谁就能在市场竞争中取胜。个性化的产品离不开有创造性的人，有创造性的人离不开创造性的教育。[③] 中共中央国务院《关于深化教育改革全面推进素质教育的决定》明确提出，要"以培养学生创新

---

① 蒋建光，刘广丽. 创造性教育的意义及其测定方法设计示例 [J]. 广西教育学院学报，1998 (7).
② 谢国生. 素质教育中的创造性教育 [J]. 广东教育，1999 (3).
③ 袁贵仁. 素质教育：21 世纪教育教学改革的旗帜 [J]. 中国教育学刊，2001 (5).

精神和实践能力为重点"。所以，素质教育的更深层次的涵义应该是发现、发掘和强化学生的创造潜力，启迪学生的创造性思维，培养学生的创造精神，造就大批创新人才。

3. 教育同样也会扼杀人的创造性

教育既可以培养人才的创造性，也可以扼杀人才的创造性。我国的传统教育有自己的优势和特色，但也有明显的不足，其中一个方面就是习惯于按照一个固有的模式，把千差万别的学生经过反反复复的打磨，最后塑造成一个个没有个性差别的标准产品。杨振宁博士曾以他亲身经历说明了教育对学生创造性培养的重要性。他说，中西教育比较，各有优点，西南联大教会了他严谨，西方学校教会了他创新。有这样两个事实：一个是我国中学生参加学科世界奥赛，每年都能拿到许多金牌，这说明我们教育的优势；另一个是，建国 50 年来，我们还没有独立培养出一个诺贝尔奖获得者，这从一个侧面反映了我们教育的不足。我们的学生很小就会埋头做题，压抑学习以外的潜能和欲望，以题海战术为主要训练手段，以获得考试高分为主要目标，将自己的全部精力纳入到高考所要求的各门学科范畴之中。学生的灵气逐渐变成了应付考试的能力。素质教育认为，推广素质教育，学习知识固然重要，它是创造的基础，但是，只凭借已有的知识来发展已不可能，那只能永远跟在别人的屁股后面转，这就需要创造，需要创造性的教育，用已有的知识去创新。面对现实，我们要进行反思，改变我们的教育教学方式，更加重视对学生创造性的培养，而不是把儿童、少年当成容器、泥巴或者木料，由老师、家长去任意捏塑加工。①

第二节　课堂教学中培养学生创造性的问题与原因

一、课堂创造性缺失的表现

培养学生的创造性，并不意味着要提出一种取代日常教学的措施，而是要求教师创造性地教，学生创造性地学，把培养学生创造性的精神或意识渗透在日常教学的一切环节中。但是长期以来的"一考定优劣"的考试制度、知识本位的课程价值观和师道尊严的传统都会对学生创造性的培养造成负面影响。具体来讲，在课堂教学中，教师在培养学生的创造性方面有 8 个方面的问题比较突出。

1. 把培养学生创造性等同于智育

很多教师把创造性的培养片面理解为智育的范畴，认为只有在学科教学中才

---

① 殷春英. 创造性教育是实施素质教育的有效途径 [J]. 衡水师专学报，2001（3）.

能培养学生的创造性。这种理解看到了素质教育的核心是培养创造性，但忽略了创造性既是个体产生新颖的、有社会价值的思想观念和解决独特性问题的能力，也是个体在社会和教育实践上所表现出来的求新、求异意识和不断发现问题、解决问题的综合性的心理能力，因而误以为只有通过智育，通过知识的学习和创新才能提高学生的创造性。

的确，知识本身具有较高的发展价值，知识的掌握和智能的发展既相辅相成，也是学生创造才能得以发展的重要过程，但智育并不是发展学生创造能力的唯一途径。素质教育所讲的创造能力，包含着如情感力、意志力、理想力、信念力、道德力，以及想象力、洞察力等非智力因素，单靠智育是无法养成的，换句话说，音体美教育、思想品德教育、人文社会科学教育、社会实践活动等，在学生创造性的培养方面也起着极其重要的作用。培养创造力是整个教育教学方方面面的任务，将创新教育简单地等同于智育，不仅无助于学生智能的发展，还会极大地泯灭他们的创造潜能。

2. 奉行考试本位的教育观

基础教育阶段本来是一个人最有灵性的时期。然而以选拔为主要目的的高考及它所派生的应试教育往往抹杀了孩子的创造力和求知欲，使我们的孩子只习惯于接受和模仿。由于高考制度并没有彻底突破"统招统考"的框架，以考核知识记忆为取向的考试方法没有改变，以分数作为录取的唯一标准的招生制度也没有改变，因此很多教师新课改中还是新瓶装旧酒，一切讲解以应付考试为中心。本着怎么考就怎么教，教师的教学紧紧跟着考试跑。为了提高升学率，对学生的想象能力、创新能力、提高生活质量能力有重要价值的音乐、美术等艺术教育内容通通要为高考让路。这种课堂体现的完全是"知识本位"而不是"人本位"。

3. 用不好教材

新的课程标准要求改变过去课本"繁、难、偏、旧"的弊端，精选那些学生终身发展必备的基础知识和基本技能，在确定知识难度时规定了某一学段某一学科知识的最低标准，强调知识与现实生活和科技发展之间的联系，强调学生在学习时要结合自己的生活体验。这不仅是为了减轻学生的学习负担，也是给教师和学生提供更大的发展空间。这实质上是对传统教学观的反对，鼓励教师别做教材的"奴隶"，成为教材的"主人"，从而实现教材观上的哥白尼式的变革。然而当前部分教师不能完全理解新教材的理念，或者照本宣科，让学生生吞活剥、死记硬背。这种枯燥乏味的教与学必然导致学生对此门课产生厌烦情绪。或者认为既然教材是个例子，就不需要认真钻研教材了，主要是考虑如何转变教学方式，所以上课蜻蜓点水般地"走进教材"，虚晃一枪，很快就引导学生"走出教材"，搞一些所谓的联系现实生活的活动，甚至整堂课都是搞一些与课本知识无关的活动。看起来热热闹闹，到下课时学生连课本上的基本知识都没有搞明白，更别提如何在教材知识基础上建构创造潜力了。①

4. 虚化学生主体地位

我国近年来的基础教育改革与发展有意地凸显了学生地位及其需要，学生主体性的彰显带来了课堂生命活力的焕发。在新课改的大趋势下，我们开始关注学生的个性张扬与个性发展，在课堂教学中一改往日的"一言堂"。然而，仔细分析课堂教学我们不难发现，学生的话语权是"伪话语权"。在新课程背景下，为了落实新课改培养学生的探究精神与能力，很多教师在课堂上改往日的"满堂灌"为"满堂问"、"小组讨论"，但给学生的话语空间仅仅是为数不多的"有针对性"的提问。课堂讨论也大多是在走过场、耗时间。有的小组是好学生控制着整个讨论，是优生的一言堂。圈外的学生没有或很少有话语言说的权利。他们处在对话交流的边缘，他们在整个教学过程中无声无息、默默无闻；有的小组的讨论只是不着边际的闲聊。教师下放给学生的这种虚假的"伪话语权"、"异化的话语权"不过是为了达到学生对教师话语权的依附与顺从。学生被教师赋予这种虚假的、异化的话语权，或许最初还能够调动他们那敏感的思维的神经，并对他们产生某种激励作用，但久而久之，就会影响对话和交流过程的话语权的平等，活跃的课堂又会趋于沉寂。

5. 教师创造动机异化

创造动机即进行创造活动的意图。目前，随着新课程基本理念的普及，培养学生的创造性已成为教育改革的主旋律，很多重视学生主体性的教学方式得到应用。自主学习、合作学习、探究性学习、反思性学习等学习形式在许多公开课、优质课中不断亮相。然而，在这些教学中却出现了教师创造动机异化现象。这种动机异化的直接表现就是功利性取向。部分教师急功近利，热衷于通过快速引进、移植、模仿一些新的方法、模式，然后通过参加各种教学比赛获奖而"一课成名"。这些公开课的设计完全为专家所左右，教学设计为迎合专家的口味，而忽视学生创造潜能的发展和创造性思维的培养。② 在一位语文教师的公开课上，授课的题目的是《孔乙己》，快下课时，讲课老师让学生发挥想象力，写一篇《孔乙己之死》的续写。时隔5分钟，就有一位学生站起来念他写的作文（实际来源于一本作文范文书）。念毕，同学们掌声雷动，教师也颇显荣耀。但过后一想，又有谁会相信一个孩子能在5分钟内写出一篇600字的作文呢。③ 其实综观

---

① 王敏勤. 怎样"用好教材，超出教材"[J]. 江西教育，2008（8）.

② 刘天娥. 教师创造性缺失的原因分析及应对策略 [J]. 石家庄法商职业学院教学与研究，2008（1）.

③ 范现玉. 走出语文课堂教学创新的误区 [J]. 教育探索，2006（1）.

时下许多公开课，学生的回答都太过正确，正确得平淡无奇，使人沉郁。课堂上没有智慧交流的火花，看不见思维碰撞的火星，规规矩矩，稳稳当当。这种事先铺底的课，学生的认识是重复的，语言是复制的，感情是作秀的，有何价值可言？这种本末倒置的创造最终导致教师创造动机异化，更无从激发学生热爱科学的浓厚兴趣和探求新知识的创造精神。

6. 创新手段华而不实

为改变"一言堂"、"满堂灌"的旧方式，"安静地听、默默思考"的旧方法，很多教师人为地把课堂弄得热热闹闹，忽视了内容上的革新，忽视了培养学生的主动质疑、张扬个性的新目标。主要表现为：

（1）教师在课堂上用问题贯穿教学过程，形成满堂问、疑处问、易处问，"是不是"、"对不对"、"明不明白"之类毫无启发性的问题充斥课堂；或是教师讲出推理过程，让学生回答显而易见的结果。看起来有问有答，实际上学生没有真正地参与到教学中，无助于学生能力的提高，也遏止了学生学习的主动性和创造性。

（2）为突出课改思想，将一些不必要讨论的问题让学生探究讨论，看似学生动起来了，实则无目的无价值；或是把很难的问题也让学生分组讨论，看似学生深入探究，实则只是少数成绩好的学生在迷惘中思考，大部分学生凑热闹。即使分组讨论，也只是按原有座位分组，没有考虑学生的个体差异和学生知识水平的层次。

（3）恰当适度地运用多媒体进行教学，可以激发学生的兴趣，丰富教学内容，化抽象繁杂为形象直观，提高教学效果。但一些教师把多媒体的使用作为课堂成功与否的标准，当作教学现代化的标志，一味追求课堂教学过程的"奢华"，讲究声音、动画和投影，追求知识传授上的"大容量"。[①] 过多地频繁地使用多媒体不仅干扰教学顺利进行，而且分散学生的注意力。本来应该由学生探知的东西，变相地强行灌输给学生，抹杀了学生自主学习探究的积极性。

7. 消极对待学生质疑

教师对待学生提问的态度是指教师对学生提问产生的一般而稳定的心理倾向，包括积极倾向和消极倾向两个方面。积极倾向表示教师喜欢、支持、鼓励、引导学生提问，消极倾向表示教师回避、厌恶、憎恨学生提问。积极倾向有利于学生创造能力的发展，而消极倾向则扼杀学生的创造性。卡迪罗的研究指出，学生在教师的引导下，经过训练可以提出深层次的问题。卡拉彼尼克调查了大学生对他们的老师支持学生提问的情形，其中创造提问机会并提供高质量的答案是教师支持学生提问的重要维度。结果显示，感觉高水平支持的学生在课堂上提问发生率也高。斯腾伯格则把父母和教师对学生所提问题的反应划分为 7 个级别：回

---

① 李贵臣. 探究式课堂教学中的问题［J］. 新课程研究（基础教育），2008（1）.

绝问题、重复问题、承认自己无知或简单呈现信息、鼓励发问者寻找资料、提供可能的解答、鼓励儿童对可能的答案进行评估、鼓励儿童评估答案，最后一一验证。从这7个级别可以看出：教师对待学生提问的态度从一个极端变化到另一个极端：由消极到积极，从拒绝回答问题到鼓励儿童形成并验证假设。儿童从不学习，变化到消极的学习，再到分析的和创造性的学习，还有实用性的学习。级别越高越有助于儿童发问能力的发展。①

但是，在现实教学情景中，有的教师怕误事，觉得让学生自己提问题，太浪费时间，影响教学进度；有的教师怕冷场，担心让学生提问题，时间多花在学生读书、思考上，课堂气氛显得沉闷，所以他们并不提供实质性的提问机会给学生，也从不鼓励学生提出问题。

8. 重结果不重过程

教学的结果是相对于教学过程而言的。所谓教学的结果，即教学所要达到的目标；所谓教学的过程，即达到教学目标所必须经历的必要程序。多数教师教学中信奉"知识至上"，致力于把不容置疑的知识和结论直截了当地灌输给学生，把掌握知识的数量和速度当作评价学生优劣的尺度。教师在教学过程中很少重视复杂而曲折的真理发现过程，很少关心学生对知识的自主选择和建构，这就缩小了学生的思考空间，是一种重结果、轻过程的教学。在这种教学观影响下，教师最常用的一个词就是"记"，把考试大纲中罗列的知识点及其在运用中可能遇到的情况，变成练习题，要学生练习、记忆、背诵，把学生运用知识去解决问题过程中所应表现的综合能力，训练成了记忆能力、模仿能力或对掌握类似知识的"条件反射"能力。这种机械性的知识积累，使人的智力和品德的发展受到限制，人的自主性、能动性和创造性受到压抑。从培养人才的角度讲，泯灭了学生对除了机械做题以外任何事物的足够兴趣，从而导致了人性的扭曲。

二、课堂创造性缺失的原因

1. 与一些教师狭隘的"创造性"观念有关

一定的生活样式是以一定的观念性知识为基础的。无创造性的课堂生活是以一些教师狭隘的"创造性"观念为基础的。这种狭隘的观念体现在：创造性是少数精英才具备的能力，而不是人人都具有的；创造性的大小体现在其创造性行为的结果上，而不是体现在创造性行为的过程中；创造性思维能力是思维能力的高级状态，须经专门的训练才能得到提高；创造性是在继承以往的知识基础上发展起来，是以继承为前提的；创造性作为一种理性能力，与想象、激情等非理性

---

① 韩琴. 国外对课堂教学中学生创造性问题提出能力的影响研究 [J]. 比较教育研究，2007（1）.

的因素无关。这样一来，一旦发现学生有别的需求，教师就会很快以引导性、暗示性的评价语言迅速把学生的思路、解决问题的方法引到设计好的标准化路线上来，然后在教师的牵引下迅速指向标准答案、正确结论。因为根据这些有关"创造性"知识，一般的学生、教师与课堂生活显然是与创造性无缘的，课堂生活主要是一个学科知识的传递和学习过程。至于学校里的"创造教育"是在一些特殊的课程中进行的，如"创造思维训练课"、"课外小发明小制作活动"，等等。于是这些知识就"帮助"教师把创造性从课堂生活中"驱逐"出去。

2. 与教师的知识结构有关

教师的知识结构包括：本体性知识、条件性知识、实践知识和文化知识。本体性知识，即教师所具有的特定的学科知识；条件性知识，主要包括学生身心发展的知识、教与学的知识、学生成绩评定的知识；实践知识，是教师在面临实现有目的的行为中，所具有的课堂情景知识以及与之相关的知识；广博的文化知识，是陶冶人文精神，丰富人的文化底蕴，提高人文素质的知识。创造型的学生需要由创造型的教师来培养。创造型教师需要将其本体性知识、条件性知识、实践知识和文化知识创造性地结合起来并应用于课堂教学中，这样才可以促进学生创造性的问题提出能力的发展。但是，实际教学当中，相当一部分教师不能同时具备这四方面的知识，特别是条件性知识极其缺乏，更不能创造性地将其结合。

3. 与缺乏尊重、保护、鼓励和发展创造性的课堂教学制度有关

一个人的创造力只有在他感到"心理安全"和"心理自由"的条件下才能获得最大限度的发挥。[①] 根据心理学的研究，个体生来是有探究或创造的本能的。这种本能为个体后天的创造性的发展提供了生物学的基础。但是，个体的创造性无论是从其内容还是从其形式上来说，都不是这种本能的产物，而是后天社会生活的结果。社会生活（包括课堂生活）既可以促进个体创造性的发展，也可以压制甚至扼杀个体创造性的发展。无创造性的课堂生活正是现行以学科知识为核心的教学计划和以知识管理为目标的课堂生活制度的结果。在这种计划和制度下，学生们不能形成和提出自己的"问题"；不能就某个问题发表自己的"意见"；也不需要就某个问题进行同学之间的"讨论"，师生之间也缺乏"真诚"与"平等"的"对话"；教学时间和空间被分割成无数的小单位，每个单位都预先为师生设置了任务，没有个性化"选择"的"自由"，等等。所有上述东西尽管不是创造性本身，但却是创造性的源头活水。在制度层面上忽视、限制和排斥它，无异于堵塞了创造性发展的源头。

① 范彦江. 创造思维的策略 [M]. 长沙：湖南人民出版社，2002：17.

4. 与缺乏有效的创造性教学评价标准有关

教学评价在教师和学生行为的塑造方面有着非常大的作用。有什么样的教学评价标准就会产生什么样的教学行为。现行的教学评价标准有几个明显的特征：一是在目标上以知识为核心，着重检查某类知识的组织、传递、理解、运用和再现情况；二是在方法上以量化为手段，着重检查师生教学目标达成方面的结果，忽视师生双方取得这些结果的过程；三是在内容上面面俱到，着重检查师生对某类知识掌握的完整性、系统性和准确性。与这种评价标准相适应，已经形成了一系列的评价技术、方法以及熟练使用这些技术和方法的庞大的评价队伍。这种评价体系将整个教学生活引导到统一化、标准化和程式化的轨道上来，很难在评价活动中凸显个体的创造性，给个体以独特阐释、理解、表达以及策略的寻求留下必要的时间和空间。可以说，直到目前为止，人们尚未制定出真正有效的创造性教学的评价标准。

总之，课堂创造性的消失是由上述诸种观念、制度和标准等多种因素交互影响的结果。要想改变现行课堂教学的模式，使每天的课堂生活不仅能帮助师生传递与掌握基本的态度、知识和技能，而且还能帮助他们创造性地阐释、理解和运用这些东西，并在此基础上不断地提高自己的创新意识和创造能力，就必须提高教师自身的创造性，反省课堂教学制度，重新修订课堂教学的评价标准。

第三节　提高培养学生创造性效率的教学策略与方法

在课堂教学中提高培养学生创造性的效率，就是把创造性的教学思想与教学方式相结合，在充满科学性、艺术性的创造性教学中，把传授知识与发展学生的各种能力及全面提高学生的综合素质结合起来。培养学生创造性的课堂教学没有固定的模式，但并不意味着没有共性可循，下面就是一些可供老师们借鉴和参考的策略和方法。

一、发挥学生创造性的课堂教学策略

1. 培养学习的兴趣，激发学生的创造性

教育家苏霍姆林斯基指出："如果教师不想方设法使学生产生情绪高昂和智力振奋的内心状态，就急于传授知识，那么这种知识只能使人产生冷漠的态度。"[①] 这说明一个人的创造性思维的成果，无一不是在对所研究的问题产生浓厚的兴趣的情况下取得的。天才的秘密就在于强烈的兴趣和爱好，由此产生无限

---

① 魏群芳. 培养主动性和探究性，提高数学课堂教学效率 [J]. 四川工程职业技术学院学报，2007（3）.

的热情。因此，应把学生的兴趣作为正在形成的某种智力与能力的契机来培养。一个人如果对事物毫无兴趣，就不可能集中精力，全神贯注地进行思考，更不可能获得创造性思维成果。因此，在教学中，教师要采取直观、形象的方法，生动的语言，使学生对教学内容产生浓厚的兴趣。如一教师在教学《刻舟求剑》时，采用直观的教学方法，用硬纸剪一只月牙形的"船"和一把"剑"，船上的剑顺船舷掉进江里，船继续前进，剑却在原地不动，学生观后，很快明白了那个人捞不到宝剑的原因，加深了对"刻舟求剑"的含义的理解，思维马上活跃起来。教师又抓住这个契机接着问："你有没有办法帮那个人找到宝剑？"这个问题引起了学生极大的兴趣，同学们激烈地争论着、分析着，尽管有的答案非常幼稚可笑，但毕竟已激发了他们的学习兴趣。[①] 学生的学习兴趣一旦形成，就会反过来激励学生在更高的水平上进行创造性思维。

2. 创设氛围，保护学生的创造性

心理学的研究表明，创造性思维和自我意识存在高相关。自我认可、独立性、自主性、情绪坦率的高水平的被试，同样也是高创造力者。[②] 传统教学的重要弊端之一，是教师教学中的"一言堂"，面对课堂严肃的气氛和教师严肃的神情，学生大都眼不敢抬，口不敢开。这种沉闷的教学气氛不仅严重影响着学生思维的发展，而且影响着学生健全人格的培养。创新往往从怀疑开始。心理学研究还表明：疑，易引起定向的反射，有了这种反射，思维便应运而生。所以，怀疑是创新的种子。从"无疑"到"有疑"是提出问题的过程；从"有疑"到"无疑"是解决问题的过程。在这两个循环往复，由低级、简单向高级、复杂发展的过程中，存在着大量的创新因素。中小学生富有好奇心，遇事总想"让我试试"，教师应因势利导，最大限度地发扬课堂民主，调动学生参与学习的积极性，创设主动、活泼、民主、和谐、主动探索、大胆质疑的课堂气氛。当学生处于自由、自在、自觉的精神状态时，就会引发想象力，激活思维力，诱发创造力，大脑得到解放，有时会进入顿悟的心理状态。在教学中老师要经常鼓励学生发表不同的见解或意见，允许他们大胆质疑，尊重学生的个性差异，不用严厉的语句训斥他们，也不取笑和讽刺挖苦他们，对于他们一点点的进步便大加表扬，这样，学生会始终保持昂扬的学习热情，保护了学生的创造性。

3. 重视思维训练，培养学生创造性思维

创造性思维是创造力的核心因素，通过创造性思维的训练，可以激活创新头脑，想出新点子、新构想、新途径。创造性思维是发散思维和集中思维的统一，是

---

① 刘宏武. 新课程的教学艺术指导［M］. 北京：中央民族大学出版社，2007：79.
② 林崇德. 创造性人才、创造性教育、创造性学习［J］. 中国教育学刊，2002（1）.

形象思维和逻辑思维的结合，是直觉思维和分析思维的互补，是显意识思维和潜意识思维的交融。其中，能够提出新点子、产生新构想的是发散思维、创造想象、直觉思维、灵感与顿悟。发散思维就是多角度、多方面思维。例如，大发明家爱迪生研制灯泡时选取1600多种材料进行实验，攻克了"灯丝"这一难关。发散思维在教学中到处可见，像小学数学应用题教学中的条件不变变换问题、问题不变变换条件、结构不变变换内容，以及"一题多解"等，都可以培养学生思维的流畅性、变通性和独特性。创造想象是思维新颖性的源泉。郭沫若曾说过："科学需要创造，需要幻想。有幻想，才能打破传统的束缚，才能发展科学。"爱因斯坦也曾说过："想象比知识更重要，知识是有限的，而想象是无穷的。"创造想象在教学中应用广泛，如数学教学中用割补方法化曲为直、化圆为方，概念、性质间的联想；语文教学中环境、人物、情节的想象等等。直觉思维是未经逐步的逻辑分析而迅速对问题的答案做出合理的猜测、设想或突然顿悟的思维过程。直觉思维往往是创造发明的先导。物理学家福克曾说，"伟大的发明都是由猜测得来的，换句话说，大都是凭创造性的直觉得来的"。在教学中有许多内容都可以按照"铺垫——猜想——论证"的方法教学，培养学生像科学家那样探究。

进行创造性思维训练，要求：第一，备课时深入挖掘可以进行创造性思维训练的内容或因素，找准训练点；第二，通过发散性提问、延迟性评价、集体讨论、结果预测、闭目想象、观察联想等多种方法进行思维训练；第三，要围绕一节课的教学目标有机进行；第四，可以开设创造性思维训练课，有序地进行训练。[①]

4. 开发求异思维，培养思维的多向性

教师往往偏爱于求同思维的训练，而忽视求异思维的培养，其实求异思维是创造性思维的核心，它对创造力的形成起着至关重要的作用。教学中，注意开发学生的求异思维，有利于培养学生思维的多向性，避免考虑问题的单一性，克服思维的定势，敢于标新立异，拓宽思路，有助于创造能力、创新精神的培养。在教学中教师要经常鼓励学生换个角度去思考问题，如"还有不同的想法吗？""对这个问题的解决你想了哪些可能性？"教师提出问题，追求的目标不是唯一答案，而是使学生产生尽可能多、尽可能新、尽可能前所未有的独创的想法、见解和可能性，从而提高学生的创造思维能力。

5. 诱发学生的想象，培养创造能力

培养学生的创新意识和创新能力，是实施素质教育的重要目标和一项基本的任务。而想象力是创新的潜力空间。想象是人们在头脑里把原有的表象加工改造

---

① 邹庆禅. 创新教育课堂教学策略初探 [J]. 北京教育，2001（5）.

成为新的表象的思维方法，能使人跳过某些思维阶段，想象出最终的结果。想象力是创造思维的重要前提。没有想象就没有创造性，丰富的想象是人们漫游科学王国的强劲翅膀；教会学生想象是培养学生创新意识的桥梁。因而，在教学中要为学生创设想象的空间，提供丰富的材料，让学生有所思考，有所探索，进而产生积极的情绪体验，培养学生自主探索、勇于创新的能力。创造并非让学生创造出惊人的定义、定理和公式，只要对学生来说是前所未有的，那就是一种创造。教学不仅仅要使学生获得知识，更重要的是激励学生应用知识去创造美好的生活。教师要创设情境激发学生创造的欲望，为学生提供创造的舞台，促使学生养成创造的良好习惯。例如，在学习完平面图形的面积后，一位老师把学生带到学校的一块准备种植花草的正方形花坛边，请学生为学校设计一个种植方案，一半种草，一半种花，应该怎样种植最好看？显然这是一个开放性的问题，而且内容源于学生的学习环境，同时又是一个具有挑战性的问题，一种美化校园的激情驱使着他们投入了绘制活动，学生要充分地想象和创造，并且在"绘制"图案的过程中推陈出新，内动和外动有机地结合，创造的欲望逐步地高涨，让学生充分享受"创造"的乐趣，拓展了学生的创造性思维。[①]

6. 熟悉教材，挖掘教育资源

新课程要求教师重视课程资源的利用。教材开发很多情况下是课程资源的开发、教材加工是对课程资源的更新和合理运用。善于挖掘课程资源是一种习惯，更是一种能力。把握教材不仅是指理解教科书中的每个知识点，更是对教材的整体把握。这就要求教师必须熟悉本学科的课程标准，了解教材编写者的意图，清楚整个学段教材的逻辑线索，能够把前后相关的知识整合起来。如同数学中的点、线、面、体一样，知识的掌握也可分为四个层次。有的人只能掌握一个个的知识点，但不能把这些知识点连成一条线，如同一颗颗散落的珍珠，串连不起来，这是掌握知识的第一个层次；有的人能够把同类的知识前后联系起来，形成一条线，但不能把不同类型的各条线的知识横向联系起来，形成一个面，这是第二个层次；有的人能够把同一年级的知识纵向、横向联系起来形成一个面，但不能把不同年级一个学段的知识联系起来，形成一个知识的立方体，这是第三个层次；只有把整个学段的知识纵向、横向联系起来，才能形成一个知识立方体，这是第四个层次。[②] 一个教师如果达到了第四个层次，就会成为一个教学专家，在教学中不管从哪个知识点切入，都能把各种知识连接起来。开发和整合课程资源在实际教学中有四种做法：一是利用学生熟悉的例子和情境替代教材中的例子，

① 刘宏，武新．课程的教学艺术指导［M］．北京：中央民族大学出版社，2007：22．
② 王敏勤．怎样"用好教材，超出教材"［J］．江西教育，2008（8）．

使学生更容易理解，对学习更有兴趣；二是拓展教材的主题；三是把单一的文本教材变成了丰富多彩的多媒体资料；四是进行多种学科知识的交叉与整合。

二、课堂上激发学生创造性的方法

1. 发散提问法

在教学中，老师提问的问题可分为：判别性问题、叙述性问题、述理性问题、发散提问问题。把握这些问题作用，合理利用这些题目能够达到很好激发学生创造性思维，提高教学效果。

（1）判别性问题。如，"对不对？""是不是？"它所追求的目标是学生对是非做出判断，课堂教学中可以出现齐声回答的精神状态和气氛，但对思维活动的要求很低，教师对学生回答的正确与否不易做出正确的判断，也不易发现学生的问题所在。因此，这些问题可以作为一节课的前奏，先调动学生积极性。

（2）叙述性问题。如，"是什么？"它所追求的目标是学生根据提问中出现的对象做出正确的完整的叙述性回答。这种回答基本上是教学内容的再现。因此学生都可以通过记忆、背诵而做出正确的回答，教师易于对学生回答的正确性做出判断。这些问题可以作为老师检查教学效果和了解学生掌握学习情况的途径。

（3）述理性问题。如"为什么？"它所追求的目标是学生讲清楚道理、理由，要求学生不但知其然，而且知其所以然。这种问题的回答，有一部分是教学内容的再现，有些是教学内容在应用过程中进行推理思维的结果。这样学生可以仅用记忆、背诵和显现做出正确的回答；也有些问题学生是通过创造性思维来作答，为进一步开发学生创造性思维做好准备。

（4）发散提问问题是向学生提出一些有多种可能答案，而不是仅有唯一正确答案的问题，以引发学生的发散性思维。如："对某一问题的解法或思路你想到了哪些可能性？""还有什么不同的想法？""上述材料对我们有什么启发"这些问题所追求的目标不是唯一的正确解法，而是使学生产生和提出尽可能多、尽可能新、尽可能是前所未有和独创的想法、解法、见解和可能性。这种问题回答有一部分是教学内容的再现，但它所追求的却是具有更为重要的价值的独创性见解，这就要求学生在进行创造性思维的过程中来做出回答，并显示创造性思维的成果。

2. 兴趣激励法

在教学中通过学习兴趣的培养来激发学生的创造性思维。达尔文小时候是"一个平庸的孩子"，但他对大自然却产生了浓厚的兴趣，并以极大的兴趣去野外观察学习和采集标本……从而对人类做出重大贡献。正如他在自传中所说："就我记得我在学校期间的性格来说，其中对我后来发生重大影响的，就是我有强烈而多样的兴趣。沉溺于自己感兴趣的东西，深入了解任何复杂的问题和事物。"① 创造性思维成果无一不是在对所研究的问题产生兴趣的状态下获得的，因此，要通过学习兴趣的培养来激发学生的创造性思维。兴趣的培养是在学生创造欲望得到充分满足的过程中进入最佳状态的，问题的设置应使学生通过努力可以完成，这样学生每想出一个问题都能感受到一种无穷的乐趣，学习的兴趣就在这一过程中形成和发展，而学生的学习兴趣一经形成，就会反过来激励学生在更高的水平上进行创造性思维。

3. 集体讨论法

在教学过程中，良好的学习氛围更有利于学生创造性思维的培养与发展，而学生间的相互交流（发言或讨论）有助于学生创造性思维的拓宽，激发学生创造性思维灵感的爆发。因而教师在教学过程中要鼓励学生多发言，发表自己的看法。要组织学生分组讨论或集体大讨论，在讨论中使学生的新看法、新观点达到去伪存真、更进一步的目的。但是教师在学生发言或讨论过程中，对学生的新想法中的合理部分要及时地给予肯定，对学生予以鼓励，不要草率地否定学生的意见，打击学生的积极性；同时，教师应时刻注意对学生进行适时的引导，启发学生自己去思考问题、解决问题。通过学生的讨论，不但可以提高学生的学习积极性，同时还可以让学生的思维展开自由飞翔的翅膀，为学生创造性思维的发展打下了坚实的基础。

4. 结果预测法

提供一定的情境，让学生说出或写出可能产生的一种或多种结果。其主要作用是培养学生的创造想象能力和逻辑推理能力。如初二案例：当你在寂静的小巷中遇到一青年向你索要钱时你会怎么办？这样学生就会对将出现的结果产生联想。有的说："钱是不给，跟他拼命"，有的说："给了钱算了，别找麻烦"，有的说："记住青年外貌，尽量拖延时间，在迫不得已的情况下先满足他的要求，再想方设法报警"，经过学生的回答，结论就显而易见，"面对不法侵犯，报复、忍气吞声都不对，唯一正确的选择是采用合法手段维护自己的利益"。

5. 喜爱联想学习法

引导学生由知识（如一个词、一句话、一个名称、一件东西等）迅速地想到自己喜欢的东西去学习。包括相似联想、接近联想、对比联想、关系联想以及自由联想和遥远联想等。其主要作用是训练学生思维的敏捷性和广阔性。

6. 理论、实践结合法

"没有理论指导的实践是盲目的实践，没有实践的理论也是苍白无力的"，

---

① 叶瑞祥等.创新学习能力论［M］.天津：天津教育出版社，2004：71.

只有让学生把所学知识应用于实践中，并从实践中获得新知识，才能使学生所学理论与实践达到和谐统一，才能消除目前学生中出现的高分低能的现象；因而教师在教学活动中，在组织学生学习理论的同时，更要指导学生把所学知识应用于现实生活，提高学生分析问题、解决问题的能力，拓宽学生的视野，同时学生通过对具体事物的观察、分析，加强了对知识的理解。如：带领学生去野外测量可达（或不可达）物体的高度，实际是让学生把"解直角三角形"的知识应用于生活中。这种把理论知识应用于实践，对学生来说本身就是一种创造。①

7. 文体表演法

组织学生进行各种形式和文艺表演，如音乐、舞蹈、戏剧、曲艺、诗歌朗诵等。其目的在于发展学生的特殊才能，培养学生的创造性表现能力，促进学生潜能的充分发展。

8. 分合法

这是把不同和显然不相关的要素联合起来的技术。有两种分合法：一是化新奇为熟悉，二是化熟悉为新奇。其方法如下：（1）拟人类比，即创造性思考者运用同理的方法，使事物拟人化、人格化，自觉是问题物理要素的一部分，因而产生新的想法或产品。（2）直接类比，在两个相似物间做直接、简单的比较，将原主题的情境转入另一情境，以生成新奇的观念。(3)符号类比，将两个似乎无关的字词连接在一起的方法，又称压缩性的冲突，通常以两个几乎是相反或极不相似的字来描述一个物体。

9. 延迟评价法

在学生提出自己的各种设想、答案或解决问题的办法时，在场所有的人都暂时不予以任何评价，以免闭塞思路。

---

① 罗开刚. 培养学生数学创造性思维的教学措施［J］. 四川工程职业技术学院学报，. 2007（5）.

第八章

提高学习策略教学效率的策略与方法

学习效率是课堂教学效率的一部分，也是课堂教学取得较高效率的首要前提与重要保证。学习策略是学习取得效率的方法与基础，学习策略的改善之于学习犹如利器之于巧工，合适的学习策略可以事半功倍，反之则事倍功半。在新课程改革过程中，应特别重视学习策略的教学，应努力通过学习策略的改善来提高课堂教学的效率。

第一节　学习策略教学概述

关于学习策略，人们普遍接受这样一种认识，即学习者为达到一定的学习目的，在元认知系统的监控下，根据特定学习情境、学习内容及主客观条件的变化，调节和控制学习方法的选择与使用、调控整个学习活动的一系列执行过程。它既是内隐的规划系统，又是外显的程序和步骤。它包括4个方面的特征。第一，学习策略是在元认知系统的监控下，自主有效地接受新知识的认知过程；第二，学习策略具有主动性。即学习者能够自我确定学习目标、自我激励、自我评估学习效果；第三，学习策略具有有效性，它指的是学习者能够科学地分析学习的条件或学习情境，选择有效的学习方法，有效的规划，从而收到预期满意的效果；第四，学习策略是一个动态的执行过程。这个过程包括学习的调控过程（特别是元认知的活动过程）以及学习方法与技巧的操作过程。[①] 概括地讲，学习策略是指有效学习的规则、方法、技巧及其调控，学生对自己在学习之时发生的那些内部过程进行改进和控制的自我调节方式，即"使用个人才智"的方式，是鉴别会不会学的重要标志，也是衡量个体学习能力的重要尺度，是决定学习效果的主要因素之一。

学习策略的特点可以总结为8条：（1）策略可以指总的学习方法，也可以指第二语言学习的具体活动或技巧。（2）策略以解决问题为出发点，即学习者采用学习策略是为了解决在学习中碰到的一些具体问题。（3）学习者一般都能意

---

① 吕英军. 学习策略与学习策略教学 ［J］。淮南师范学院学报，2004（3）.

识到所用的策略，并能够描述策略的内容，特别是当别人要求他们注意自己活动的时候。（4）策略涉及语言或非语言的活动。（5）策略能够运用母语或非母语执行。（6）有些策略是外部可观察到的行为，有些策略是不能直接观察到的内部心理活动。（7）大部分策略为学习者提供可处理的语言信息，因此对语言学习有间接的影响。但有些策略也可能对学习产生直接的影响，例如记忆策略。（8）策略的运用因事因人而异。[①]学习策略实际上就是学习者对在获取学习机会、巩固学习成果、解决学习过程中所遇到的问题做出的种种反应和采取的策略，是为有效学习所采取的措施。学习策略的实质是学习者的行动而不是想法，行为可以是外部活动，也可以是内部活动。学习策略就是为提高学习效率采取的一切措施。只有想法是不能够称为策略的，策略应是内部活动与外部活动的统一。研究"学习策略"可以有效地改进学生的学习方法，提高学习质量，同时也有利于教师的教。

学习策略有其特殊性，具有一定的难度，但是它是可以也是应该能够专门进行教学的。首先，尽管作为学习策略构成要素的认知策略和元认知是一种内部的意向活动，但是伴随个体外部学习方法的执行过程是外显的、有形的、可以转化为语言描述的知识体系；其次，内隐性是学习策略的一种重要特征，这并不意味着学习策略是完全因人而异的。相反，不同个体在学习过程中表现出来的学习策略也体现了一定的共性和规律性，这就使得我们可以采用适当的方式进行学习策略的直接教学。学习策略教学是教师以教材为载体，依据学生的自我调节方式，有计划、有系统地在传授知识的过程中，让学生获得学习策略知识或学习技能、技巧、规则、方法的一种教学方式。让学生能够更机敏、更聪慧、更睿智地适应未来社会发展需要的理性追求。为此，新课程改革背景下的教学实践，教师要十分重视对学习策略教学的研究，以期提高教学效率。

第二节　学习策略教学中存在的问题及成因

学习策略一方面需要学生在学习过程中不断总结与反思，一方面需要教师的积极引导与训练。在社会转型、体制转换、经济转轨的今天，学会学习成为人们日益关注的问题。学习策略作为学会学习的核心内容，其重要性也逐渐被人们所认识。当前新课程改革背景下学习策略教学中主要存在以下一些问题，希望能引起广大教师的重视，更好地调整自己的教学，提高教学效率，使学生早日学会学习。

---

① 王少非. 学习策略教学初探［J］. 台州师专学报，2000（8）.

一、学习策略教学中存在的主要问题

1. 对学习策略教学的认识与研究还存在不足

首先，很多教师认为学习策略是学生自己的事，不需要专门的教学。学习策略的建构是问题解决能力的一种形式，它不是一般意义上的教学所能教会的；策略性学习的能力是个体在长期的学习实践中自然形成的。另外，元认知的发展与个体的成熟有很大的关系，随着个体的自然成长，学生调节与控制学习过程的能力也得到了不断的发展与成熟。所以有人认为专门的学习策略教学是不必要的。另外，即使认为学习策略需要教学，但对学习策略如何教与怎么学的认识十分模糊，在实际行动中难以形成积极的引导，学习策略的教学就成了口号与不能实现的愿景。

其次，学习策略的研究范围比较狭窄。从整体上来看，我国的学习策略研究局限于认知策略和元认知策略，相对忽略了资源管理策略和情感策略。另一方面，在现有的研究中，对学习策略的发展过程、特点和影响因素的研究不全面、不深入。关于学习策略的实验研究主要针对一些比较低级的策略，如记忆策略，对高级的思维策略、问题解决策略、元认知策略等研究不够。而在实际的学习中，不仅低级的策略会对学习产生影响，高级的学习策略对学习的作用更大，因此，深入了解高级学习策略的发展特点及其影响因素是非常必要的。进而言之，学习策略教学效果有待改善，学习策略的教学与训练缺乏分层、分类的针对性指导，并且其教学与训练通常强调的是外部指导，而忽略学生对策略的自我反思与总结。即使学习策略的教学与训练有效果，学生可能掌握大量关于学习或学习方法的知识，但却不会运用这些知识。在教师的要求或指导下，大多数学生能够即时地执行教师所教的某一策略，但要求他们自己解决问题或完成类似任务时，似乎表现出没有掌握这方面的知识。也就是说，学习策略教学的长期效应与迁移问题一直是困扰学习策略教学与训练发展的主要困难。此外，也缺少适合我国学生的学习策略指导教程。我国的学习策略训练主要是搬用或借鉴国外的训练教材，没有国内学者编写的比较有影响的、效果较好的指导教程。

2. 教师在教学中对学习策略的引导不足

在学习策略教学过程中，中小学教师都开始认识到了学习策略的重要性，并试着进行了相关策略的教学实践，但在认识与理解上仍有一定偏差。

第一，教师缺少对学生学习策略指导的意识，不能把一般学习策略转化为各学科具体的学习策略。虽然有些教师具备一定的教学策略意识，但他们仅仅把一般策略教给学生，没有针对不同学科、不同学习内容，使学习策略具体化、学科化。我们认为，如果仅仅是把一般学习策略教给学生，那只完成了策略教学任务的一半，还必须从各科特点出发，使一般学习策略具体化，做到知识、方法、学科三位一体，使之水乳交融。同时要注意引导学生把自己的学习经验提炼出来，上升为具体的学习策略。

第二，缺乏策略使用条件指导。教师在运用学习策略组织教学时，要讲清在什么条件下运用哪种策略，也就是让学生学会运用所学知识的同时，要明确所学知识在什么情况下适用，把知识的"运用方法"和"运用条件"结合起来。要防止出现这样的结果，即学生懂了策略，但不能灵活运用，或者可能误用，最终使策略教学进行得很呆板，或者陷入泥潭。所以，教师要注意策略条件化问题。

第三，缺乏对学生进行元认知策略的指导。多数教师在教学中只是就知识讲知识，没有涉及对学生的元认知策略的渗透。比如很少有教师让学生这样自我提问，"这个问题是什么"、"已知条件是什么，未知条件是什么"、"过去见过这类问题吗"、"我下一步该怎样做"、"我能用这个方法做其他的题吗"、"哪个策略起了作用"等。而恰恰是这种自我提问方式促进了学生不断自我反省、自我批判，发展、优化了思维，提高了问题解决的能力，培养了创新精神。除了自我提问法外，教师也可以让学生通过相互提问来培养元认知能力。

第四，对"合作学习"的认识偏差。在学习策略教学中，大多数教师都采用了自主与合作的方式进行策略教学。然而，在使用过程中出现了许多偏差。有的课堂合作学习仅仅是形式，几个同学坐在一起，七嘴八舌，没有一个明确的目标，没有教师指导，课堂处于无序状态。在合作学习之后，教师也没有给学生展示成果的机会，合作学习不了了之，根本没有收到合作学习的效果。所以，教师在合作学习之前，应创设问题情境，让学生明确合作讨论的内容和目标，要求小组内成员既要认真听小组内其他人讲自己学习策略的思路，有针对性地提出"为什么"之类的问题，又要明白地讲述自己是怎样想的，为什么这样想。同时能回答组内其他人的质疑，共同寻求问题解决的策略。在合作学习时，教师要走到学生中来，充当学生学习的合作者，参与学生的讨论，获得相关信息，为有效控制教学做好充分准备。合作学习以后，教师应组织全班同学进行交流，根据学生反馈的学习信息进行有效的指导。

第五，对学习策略迁移练习实践得不够。一个学会学习的学生，应当善于确定学习目标，善于使用学习策略，同时，更要具有较强的策略迁移能力。学习策略训练与学科教学相结合有助于策略的迁移。各学科之间尽管有许多不同之处，但毕竟还有相同之处，其中最主要的相同点在于认知规律是一样的。在数学学科学到的策略，很容易就会迁移到物理学科。因此，结合学科进行训练时，策略的术语要尽可能抽象出来，不用该学科的术语。就是说，采用抽象的术语和学科的实例，才有利于策略知识的广泛迁移。

二、对学习策略教学中存在问题的思考

学习策略教学中存在的问题，在一定程度上反映了学习策略在教学和研究上

的一些不足。广大学习策略研究者和实践者要加强理论学习和实践交流探讨，完善策略教学理论，更好地服务于教学实践。学习策略教学主要通过教师在教学过程中加以渗透与训练，对学习策略教学中存在的问题教师应更新观念，提高认识，加强理论指导，优化策略教学，加大对学生使用策略意识和兴趣的培养，主动探索一些新的、适合的教学模式，以使学生学会思考。

第一，教师要更新观念，提高认识。有关调查发现，个别教师对学习策略教学认识不够，把策略教学看作是知识教学的对立面，不能很好地让学生体会学习策略。面对这种现象，必须提高教师认识，更新观念。在策略教学实践中，让教师认识到学习策略教学研究不仅可以改进课堂教学，提高教师自身综合素质，还可以减轻学生负担，指导学生学会学习、学会思维，提高学习效率。同时，要使教师意识到学习策略教学不是高不可攀的，只要经过学习和实践就能掌握。当然学习策略也不是即刻见效的，只有坚持长期运用，才会有良好效果。

第二，加强理论指导，优化策略教学。要想保证策略教学的质量和效果，教师必须加强理论学习。教师必须先把各种理论烂熟于心，包括策略的名称、使用条件及注意事项等，只有这样才能随时提取、灵活运用。同时，针对存在的具体问题，对教师进行相关指导培训。比如，对元认知策略教学的培训、对合作学习策略运用的指导等。让教师带着自己具体的问题学，不断提高教师的理论素养，减少盲目性，促进学习策略教学更好地展开。

第三，教师要加大对学生使用策略意识和兴趣的培养。学生是学习的主体，学生的主动性是取得教学成功的内部因素。只有充分激发学生学习策略的自主性、积极性，保证学生积极投入，有意识地去学习和运用策略，不断进行自我练习、自我监控，才能实现策略学习由外控到内控的转化，使学生能举一反三，学会学习。所以，教师在策略教学中，对学生策略学习兴趣的培养是至关重要的。

第四，要求教师在策略教学中主动探索一些新的、适合的教学模式。目前学习策略教学模式多为渗透式教学，即将学习策略技能通过学科知识这一载体，渗透在课堂教学过程之中，使学生在学习各种知识的同时，学习和掌握有关的学习策略知识和技能。这种方式把学科与策略紧密结合，便于学生领会和理解。但是这种教学往往具有一定的主观性和随意性，受教师教学水平影响较大。基于此，学习策略教学的交叉模式被提了出来。即先通过学习策略课教给学生通用的学习策略，再结合具体学科将这些策略运用于具体知识学习中。这种模式操作起来是不是更易于学生掌握策略呢，教师在运用这一模式进行教学时是不是会有新问题出现，这就要求教师成为学习策略研究中的一员，在实践中不断探索，不断完善策略教学模式。

第五，教师要在策略教学中使学生学会思维。在教育与发展中，知识的领会只是量的变化，而思维的明显、稳定的发展才是其心理发展的质变。因此，学习策略教学决不能仅仅为了帮助学生更好地掌握知识，而要把培养学生的思维能力作为策略教学的着眼点和落脚点。只有找准了学习策略教学与思维训练的结合点，才能使学生思维能力得以提高，思考问题更灵活，更有深度和广度，从而学会学习。

现代教育心理学研究表明，学习策略是可以通过教学来培养和改善的。以往教学中那种教师只注重知识传授，而不注重学习方法传授的教学已很难满足时代要求，教学生学习方法、学习策略，让学生形成自主学习的习惯势在必行。

第三节 提高学习策略教学效率的策略与方法

当代认知心理学指出，没有任何教学目标比使学生成为独立的、自主的、高效的学习者更重要。我国现代著名教育家陶行知先生说："我认为好的先生不是教书，不是教学生，乃是教学生学。""学会学习"从实质上讲，就是掌握学习的策略和方法。"学会学习"是个人最具基础性的素质，是其他素质发展的基础，因此，它也是素质教育的重要内容。在新课程改革的背景下，教师要通过积极的努力与实践，提高学习策略教学的效率。

近几年来，学习策略研究已由理论研究过渡到策略技能的开发研究和具体应用研究上来。迄今为止，美国中小学已研制出数千种范围和类型各不相同的学习策略。其中包括迁移性较大的，例如，如何复习、如何记忆、如何思维、如何提问等方面的策略，也包括如何阅读、如何作文、如何进行句式变换、如何列式并计算等具体学科的特定学习策略。将这些具体策略结合教材内容，渗透到课堂教学和学生学习过程中，使学科知识传授与学习策略教学紧密结合和渗透，便于学生领会、掌握和迁移。①

一、学习策略教学的模式

学习策略是可教的，通过什么样的方式才能把学习策略教给学生呢？这也就是学习策略有哪些可以直接操作的教学模式的问题。从国内外学习策略的教学实验研究来看，主要有以下几种比较常用而有效的学习策略教学模式。

1. 课程模式

学习策略教学的课程模式指的是编制各种学习策略教材，通过设立专门的学习策略教学课程，向学生传授学习策略，从而提高包括学习全能和智力发育迟滞

---

① 王怀贞，范琳. 谈学习策略教学 ［J］. 中国成人教育，2007（1）.

者在内的所有学生的学习成绩。对于信息加工过程本身中的策略,如记忆术、编码策略、复述策略等,相对来说不易受内容的影响,可以脱离具体的学科进行讲授,独立教学。课程模式要求构建学习策略训练的目标体系,编写有关的教材,根据各年级学生的认知特点,开设相应的学习策略指导课,有目的、有计划地向学生传授学习策略的基本知识,并创设问题情境,使学生去应用学习策略,进行自我对照,提高其学习策略的水平。这种模式使学习策略的教学更具有系统性,能够使学生将注意力更多地集中于策略本身,而不会被大量的学科知识所淹没。学习策略教学的课程模式能够系统地传授给学生学习策略技能,但是,这种模式容易使学习策略教学与具体学科知识教学相脱节,难以使学生在学习情境中领会、掌握和迁移。因此,学习策略教学的渗透模式便应运而生。

2. 渗透模式

这种模式是指将学习策略技能通过学科知识这一载体渗透在课堂教学过程之中,使学生在学习各种知识的同时,学习和掌握有关的学习策略知识和技能。在学科教学中,教师根据学生的认知特点以及本学科的特点,渗透学习策略的教学,即教师在向学生传播本学科的知识的同时,把掌握该学科知识的方法、策略传授给学生,构建起知识传授与策略训练有机结合的课堂教学模式。一般地讲,对于一些学习过程中较高级的策略知识,缺乏具体的内容很难得到良好的说明,则必须结合具体的学科内容,在每门课程中进行迂回的渗透教学。该模式使学习策略的教学富有针对性。

3. 交叉模式

它是以上两种学习策略教学模式的有机结合。在教学过程中,先教几种专门的学习策略,随后将学习策略结合具体学科内容进行教学渗透。这样,既汲取了以上两种模式的长处,同时舍弃了它们的短处,可以获得最佳的教学效果,这种教学模式越来越受到人们的关注。上述学习策略的教学模式又是密切联系的,在实际的策略教学中可以根据学习策略的不同内容选择最佳的教学模式,以获得最佳的教学效果。

在目前的情况下,对于学习策略的教学问题的处理,比较务实的做法是,在具体的学科教学过程中,有意识地渗透元认知知识和学习方法等内容的教学,并通过设置问题情境等方法,有意识地训练学生的学习策略。这样,知识的传授(这里指的是与学习策略有关的知识)和能力的培养(这里指的是学习策略)并举,才有可能使学生在持续的学习活动中,通过教与学的积极互动,逐步形成学习策略和提高学习策略的水平。

二、学习策略教学的实施原则

在中小学可以通过策略教学来改进学生的学习，提高学生"学"的质量，以及相应的教师"教"的质量。

1. 教学方法力求灵活多样

教学过程中，教师须首先激发学生形成学习策略的认知需要，再确定适合于所学材料的学习策略。这些策略应具有有效性和可操作性，能够通过指导获得，进而改进学生的学习方法，指导学生在不同的学习情境下进行应用，并对学习结果进行评价和及时反馈纠正。对于前人总结出来的概括性策略，教师可以以语言信息的形式清楚地表达出来，传授给学生。而对于高级的问题解决方面的策略，则要让学生在大量的时间中去经历、去体验，从实践中发现学习策略。比如在理科课程的实验教学中，要让学生在实验中加深对知识的理解，实验时除使学生明确实验目的、认识实验用品、掌握实验方法步骤外，更重要的是让学生掌握实验原理，分析实验现象，特别是掌握实验成功的关键和学会分析实验失败的原因，以培养学生的过程技能。学生在上实验课时，决不能只按课本上给的实验步骤重复一遍了事，一定要让学生在实验中不断思考问题，掌握实验策略。

2. 教会学生如何运用学习策略

鼓励学生去发现问题是解决问题的开始，善于发现问题、提出问题，是发展求异思维，培养创造性思维能力的前提。发现问题、解决问题的过程，是学生加深对知识理解的过程。让学生自己去发现，他们会对所学知识有一种新奇感，从而增强学习的主动性，运用到新情境中外，还要让学生在课外自觉地运用所学的知识。在实践中，通过教学与训练，有的学生知道了某种策略，但不会在学习时加以运用，有的学生虽然掌握了某种学习策略，但难以根据不同的学习情境进行有效的迁移。所以教师除教学生获得策略外，还要让学生懂得为什么，何时、何处运用策略，知道自己策略的不足之处。研究表明，感受自控训练法（指帮助学生理解为何、何时运用不同策略，并提供联系不用策略的机会）对提高学生应用策略的水平有着重要的作用。

3. 要善于识别重要的学习策略，并能对其进行结构分析

由于学习策略的形式是多样的，只是少数的学习策略能应用于多种学习过程，而不同的学习策略其实际效果又各有不同，因此教师要善于识别概括性、实用性较广的学习策略，并对其进行结构分析，确定策略的要素和成分，真正将策略具体化，操作化。充分利用实物、模型、挂图及课本中的插图，培养学生的观察能力，在观察中加深理解所观察的实物，特别是到大自然中去观察，是开阔学

生视野，激发学习情趣，促使学生掌握知识的最好方法。所以凡是能够观察实物的就一定不要用模型来代替，模型只能作为实物的补充。观察时，要指导学生由表及里、由浅入深、由整体到局部，逐一认真观察。利用挂图时，不能就图论图，要启发学生思考。课本中的插图不容忽视，通过教师指导，学生认真观察，同样可以提高观察能力，特别是现行初中课本中新增添的一些生动活泼的插图，可使学生在浓厚的兴趣中获取知识。

4. 掌握记忆的方法、技巧

记忆是重要的心理活动，是一切智力活动的基础，一切知识的获得最终都要靠记忆。人类大脑的记忆功能几乎是无限的，但决不是靠死记死背的，在学习中如能摸索一些有关记忆的方法和技巧，记起来就轻松多了。比如，记忆策略是保持信息的有效方法，各科学习都需要对新信息的保持，因而也都要采用各种各样的记忆策略。精加工策略就是将新旧知识联系起来，实现对新知识的深层理解。各科学习都有一个对新知识的理解问题，因而也都离不开精加工策略。组织策略就是将新知识按其内在联系组织起来，以结构化的形式储存到长时记忆中。教学中，教师要有意识地让学生掌握这些记忆策略。

5. 教师对学习策略要有适当的选择

选择原则如下①：（1）实用性与理论性相结合。既要考虑这些策略的潜在作用及训练它们所需要花费的努力程度，又要能够用一定的理论说明它们如何起作用。（2）具体性和一般性相结合。选择的策略最好是既可用于特殊材料，又有较广阔的适用性。这类策略可起到一箭双雕的作用，不仅利于特殊学科学习，也可促进迁移。（3）有效性和可教性相结合。选择的策略必须是问题解决中的重要策略和常用策略，并能对这些策略的结构进行分析，能确定其心理成分及联系与顺序，使策略教学的步骤能具体化、操作化，便于教学。

三、具体学习策略教学的方法要点

学习策略的教学不是一蹴而就短期就能见效的，也不是学习过程中自然而然形成的。学习策略水平的提高离不开教师的指导，更离不开学生主体作用的发挥。教学不是要让学生运用掌握的学习策略有机地套用到某些具体的问题上，而是要开拓学生的创造性，使其所学灵活地运用于新的不同的情境之中，从而提高学习的效率。有人针对在课堂教学中有效实施策略教学提出了六点主张：（1）与学科教学紧密联系；（2）重视良好知识结构的建构；（3）力求外显化；（4）突出条件化知识；（5）加强主体体验，注重迁移训练；（6）充分了解学生，优

---

① 许谦. 简述学习策略的教学［J］. 经济与社会发展，2004（6）.

化教学结构。① 这对我们开展策略教学是有启发意义的。

1. 与学科教学紧密联系

学习策略是学习者在学习活动中有效学习的程序、规则、方法、技巧及调控方式。如果说学习方法属于"战术"范畴，那么学习策略则属于"战略"范畴，它是根据学习情境的特点和变化选用最为适当的学习方法的过程。各科学习都有新知识的储存问题，都必须采用恰当的组织策略。由此可见，学习策略对任何学科的学习都具有指导意义。我们掌握学习策略就是为了运用这些策略去更好地解决学科问题，完成各科学习任务。因此，就必须把学习策略教学与学科教学紧密地结合起来，把一般学习策略转化为具有学科特点的、高效的、具体的学习策略，也只有这样才能充分发挥策略的作用。另外，学科教学的年级计划、学期计划、单元计划和课时计划，从客观上保证了策略训练的渐进性和连续性，这是单一学习策略训练课所无法做到的。而同年级各学科之间认知规律的相同性，也有利于策略的迁移。所以，与学科教学紧密联系，能收到好的策略教学效果。

2. 重视良好知识结构的建构

启发学生加深对课本内容的理解，注重结构和功能的统一关系。注意前后联系，以旧带新。新知识的掌握往往以已有知识为基础，学生在学习时一定要以旧带新，这样才有利于知识的系统掌握。学习策略应该是学科教学目标的重要内容，但这并不意味着就该忽视知识教学。知识与策略两者既是学习能力的组成部分，也是培养学习能力的主要载体。稳定而清晰的旧知有利于同化新知，而摇摆模糊的知识则不能为后续新知的学习提供适当的关系和有力的固定点。知识越熟悉就越能促进建立知识"巧"结构，而多样结构建构的知识可以提高知识的抽象水平，使知识适用范围增大。为此，教师应及时指导学生总结归纳和整理所学知识，使新旧知识建立联系，并加强相近易混的知识之间的类比。如引导学生做每一章节的知识结构脑图，给予点评，以强化学生对知识间本质联系的认识，并使之认识到自己知识结构中的不合理之处以及如何修改；打破章节系统限制，大跨度的知识联结，克服思维的局限性，归纳方法性知识；加强抽象知识与具体感性知识的联系，以促进真正理解和灵活运用所学知识等。

3. 力求外显化

由于许多学习策略是内隐的，不是靠眼睛能观察到的，所以教师须尽量把学习策略具体化、外显化，使学生能确切地感受到。如教师采用"出声思考"方式展现思维的发生、发展过程，示范自己对学习策略的运用，让学生清楚地了解教师在解决问题时，曾经遇到过哪些困难，教师又是通过怎样的策略予以解决

---

① 关青. 学习策略教学基本对策探析 [J]. 教育研究，2006（9）.

的；同样用"出声思考"的方法，让学生呈现自己的思维过程，教师可以从中发现其思维存在的不足，从而有针对性地予以指导。训练学生在新情景中运用所学知识，引导学生在日常生活中自觉运用知识。教师如果能在教学中重视理论联系实际并有意识地经常训练学生，那么学生就会在实际生活中自觉地运用所学知识。比如我们常常看到许多学生围在一起观察蚂蚁，看蚂蚁搬运食物，看蚂蚁搬家，发现不是同时出洞的蚂蚁会沿着同一条路线行进，有时看到几只蚂蚁合作，共同抬一个巨大的物体，有时又看到蚂蚁似乎在打群架。还有的同学在观察落叶，讨论着叶片落地时为什么总是背面朝上？脱落的花叶为什么颜色发黄？遇到类似问题，作为生物学教师要引导学生学会运用已学知识去解释这些日常现象。实践是指导学习策略的重要途径，教师除在课内引导学生将所学知识理解外，还应引导学生在实践中发现知识之间的关联。

4. 突出条件化知识

策略的使用不是万能的，总是有一定的前提条件的。因此，在向学生传授策略过程中，必须强调条件化知识，即向学生指明学习策略使用的条件与范围。学生掌握了条件化知识，才能在众多的策略中迅速、正确地选择合适的策略。但要注意不能把条件限得过死，要考虑策略性知识在尽可能广泛的条件中运用，要给学生提供一般策略运用的实例，并启发学生思考如何将一般策略运用于各门学科之中。

5. 加强主体体验，注重迁移训练

再高效的学习策略，如果缺少了主体体验，就难以内化到主体认知结构中，成为具有个人价值的智慧能力，就难以向应用与迁移和新策略生成等高级阶段推进，学习策略教学的有效性就不能充分发挥出来。因此，要让学生通过尝试、应用而获得对具体策略的情感、价值、态度等方面的内心认同。可先让学生用"自己的方法"完成某个学习任务，然后教师再提出新策略，使学生有机会将新策略和"自己的方法"做比较，从而加深对新策略的认识，改进和优化自己的学习策略，在实施中可让学生扮演教学者角色练习使用学习策略。加强主体体验，教师应多采用合作学习为导向的交互教学方式，通过师生互动，生生互动，增进学生运用策略的技能技巧。小组合作方式不仅可以增加练习机会，合作中彼此在体验、发现方面还可以相互启发、借鉴，情感相互感染。教师还应强化学生的反省认知意识，引导学生把自己和同学的学习经验总结提炼出来，上升为具体的学习策略。学习策略教学就是为迁移而教，因而，必须注重迁移训练。迁移分近迁移和远迁移。远迁移就是原型与要解决的问题之间变异很大的迁移。课堂教学容易实现近迁移，近迁移是远迁移的前提和基础，远迁移是近迁移的发展和延续。学习能力的培养应把迁移训练重点放在远迁移的实现上。迁移训练需要通过迁移感悟、迁移尝试、迁移归纳、迁移实施、迁移回顾等系统训练来实现。

6. 充分了解学生，优化教学结构

首先，要了解学生原有的认知状况。在学生学习策略知识和方法前，教师要充分了解学生已有的认知状况，尤其要研究和了解与新知识有密切关系的原有的认知结构、认知风格及个性差异，这是选择和设计教学结构的依据。其次，要充分利用原有的认知结构。如果说策略学习和训练过程是利用原有认知结构中的相关知识同化新知识，从而建构新的认知结构的过程，那么，课堂教学或训练就必须充分利用学生原有的认知结构。再次，要抓高位信息，整体把握教材的知识结构。学生内在的认知结构是由外在的知识结构转化来的，所以，在课堂教学结构设计和实施中必须使学生的认知结构与教材的知识结构相匹配。最后，要设计优化的教学结构。教师在充分研究、了解教材的知识结构和学生的认知结构的基础上，即可以设计出优化的教学结构。例如，通过复习旧知识，可以训练学生提升概括原有认知结构的能力；通过设计与学生已有的旧知识有联系但又包括新因素的问题，可以引发学生的认知冲突及探求欲望；通过多种变式练习，可以激起学生运用新的认知结构去解决问题的热情。

四、课堂教学中学习策略教学的实施

1. 策略教学计划的制订

（1）针对训练重点，搜集迁移资料。为了使所学策略得到及时巩固，特别是当教材内容不能或不适宜为所学策略提供训练情境时，为了完成策略知识的迁移，必须设法补充 1~2 次训练。这就需要针对前面的训练点，从课外搜集适合运用该策略的资料，加以补充。为了检验策略学习的效果，每单元还需要增加单元阅读测试。无论是哪种材料，都需事先从课外搜集、整理。① 通读年级教材，研究教材意图，理顺该年级知识与能力体系，进一步明确年级教学任务，为策略分配奠定基础。合理分配策略教学任务，一是要注意策略知识的内在层次关系。策略知识本身存在着一个由浅入深的层次关系，如理解词语策略是理解句子策略的基础，因此应先于后者教学；二是要寻找策略知识与学科内容的结合点。只有使策略知识与教材内容有机地结合起来，才能充分发挥策略的作用。为此，有必要在把握年级任务、教材内容的基础上，仔细研究在哪一单元结合哪一具体内容，教学哪种策略，用何种方法展示。

（2）根据学习策略的内在联系，合理分配策略教学任务。逐级细化，落实到每一节课。首先，制订"学期策略教学计划"，总体把握一学期应完成的"教学任务"、所需的"教学时间"、预计采用的"讲授办法"以及"应注意的问题"

---

① 张向葵. 新课程理念下的学习策略教学研究［J］. 中国教育学刊，2005（5）.

等，做到对学期教学的全局把握。其次，制订"单元策略教学计划"，进一步明确每一单元的"策略教学任务"、"策略教学时间分配"、需要采用的"教学方法"及"应注意的问题"和如何进行"策略延伸"等，使策略教学目标逐渐具体化，以便于实际操作。最后，制订"每课时教学计划"，详尽地列出每课的"策略教学目标"、该策略的"使用条件"和"使用程序"以及在该课后应进行的"阅读、写作延伸"情况。策略教学任务的逐级细化，使策略知识落实到每一节课中，形成每节课环环相扣、节节密切关联、点点处处相融，真正使策略教学落地有声。教师在进行策略教学时，要注意把握不同的环节。

2. 策略教学的环节

（1）课前的准备

课前的准备包括备意识、备教材、备学生和备策略。备意识是指教师要在课前有策略意识，即具有随时将策略教给学生的准备和行动意识。备教材是指吃透教材的知识目标和策略教学目标。备学生是指教师要了解学生现有的策略基础，以及学生的思维发展水平。

备策略是指教师要了解共有哪些学习策略，适合本课的有哪些，以及如何结合大纲和教材讲授和练习学习策略。[1] 这要求教师做到以下几点：首先，要明白各种策略的内涵和外延，使之概念化。策略知识概念化，即要求教师在其头脑中有理、有序地储存策略，即清楚地知道何时、何处、何地激活与提取何种策略。其次，对比较抽象的策略，赋予丰富的内容，使之具体化。策略知识的具体化，是指每一种策略必须非常具体才可以进行操作。如果仅知道某种策略的内涵和外延，不赋予其丰富的内容，要想使之运用自如且收到较好的效果是困难的。再次，把各种相关的策略结合在一起运用，使之综合化。策略知识的综合化，是指各种策略尽管都有独立性，但为了完成具体教学任务，可以将之综合使用。这要求教师必须将所有策略烂熟于心，在使用中将策略的具体定义和概念转变成可以运用的技能，摸索它们结合的经验，进而得心应手地驾驭。最后，讲清楚在什么条件下运用何种策略，使之条件化。[2] 策略知识的条件化，是使学生不仅能够运用所学的知识，而且知道所学知识在什么情况下有用，把知识的"运用方法"和"运用条件"结合起来，储存在大脑之中，形成一个"如果……那么……"的认知结构。

---

① 张向葵. 新课程理念下的学习策略教学研究 [J]. 中国教育学刊, 2005 (5).
② 关文信, 张向葵. 学习策略对中小学生创新素质影响研究的深层思考 [J]. 中小学教师培训, 2003 (3).

（2）把策略落实到每节课

教师把策略落实到每节课，须注意实施程序、具体指导和环节把握三个方面。掌握策略，必须操练。所谓操练，是指教师让学生在学习过程中根据学习和实际操作的具体步骤一步一步地进行学习。在整体建构策略教学序列的过程中，以策略计划做指导，分为四个阶段：准备、呈现、运用和迁移。准备阶段包括预习知识和尝试运用策略；呈现阶段指"先行组织者"，即呈现学生头脑中被激活的相关知识；运用阶段包括运用策略学习，对知识进行分析、比较和评价；迁移阶段分为巩固知识，提供材料迁移运用。

在策略教学中，教师要按年级所学内容的不同进行具体指导。例如，在语文教学中，识字常用的策略有复述、重复、自由回忆、自由联想等；学习词的策略有语境联系法、语素归纳法、异同比较法、口语联系法、形声会意联系法；学习句子的策略有寻找重点策略、语境联系策略、语气体会策略、隐喻揭示策略、异同比较策略、结构分析策略等；学习段落的策略有标识、摘录、勾划、提要、小标题、提问、笔记等；学习篇章的策略有标识、主题纲要法、先行组织者、符号纲要法、大声组织法等。

总之，课堂教学是教与学的有机结合，教师在研究如何教的同时，必须研究学生如何学。因为学生是学习的主体，学生的主动性是取得教学成功的内部因素，因此教师要主动打破教与学之间的界限，使学生在不知不觉中跟着教师的思路进行思维，在宽松、和谐、融洽的气氛中接受知识、领悟道理、获得启迪，以期收到良好的教学效果。学习策略教学无论从其含义、内容、过程，还是方法、途径上，都是从教学活动让位于学习活动的终身学习观念出发而建立的。毫无疑问，它将是未来教学发展的趋势，值得我们每个教育工作者认真加以思考和研究。

案例

高中文言文学习策略教学[①]

在课堂教学中，指导学生运用文言知识组织策略的实施应该包括以下几个环节：

一、唤起旧知，完整搜集相关知识点

1. 针对训练重点，搜集迁移资料。唤起旧知，就是调动学生原有的认知结构，促进学生将新学习的材料纳入其中。

2. 对新知的知识点越加细化，就越容易与原有认知结构同化，达到顺应也就越顺畅。

3. 充分了解学生，优化教学结构。教学方法力求灵活多样，重视良好知识

---

① 朱峰. 高中文言文学习策略教学研究［D］，南京师范大学，2007.

结构的建构，力求外显化，寻求知识迁移点，突出条件化知识，加强主体体验，注重迁移训练。

例如，在教学《报任安书》一课时，为使学生对作者司马迁的了解更加丰富，设计了以下的教学环节：

案例片段一：根据学习策略的内在联系，合理分配策略教学任务。

1. 选几个学生回忆以前所学过的《史记》中的篇目，回忆有关作者的知识。

2. 提供结构性表格，让学生将现有的知识填入：

作者	时代	生平	作品	评价

3. 学生在相应空格中分别填入"司马迁"、"西汉"、"遭受宫刑"、"史家之绝唱，无韵之《离骚》"等知识点。教师予以鼓励。

4. 多媒体显示作者简介

司马迁（约前145～约前90），字子长，西汉著名史学家、文学家、思想家。父司马谈，为汉武帝时期太史令，父亲去世以后司马迁继任，以撰修《史记》为己任。因替兵败投降匈奴的李陵辩护，入狱遭宫刑，含羞忍辱，发愤著书，历尽艰辛，著成《史记》。《史记》是我国第一部纪传体通史，记载了从传说中的黄帝到汉武帝3000年间的历史。全书共130篇，含本纪12篇，年表10篇，书8篇，世家30篇，列传70篇（本纪记帝王；世家述诸侯；列传叙人臣；书记礼、乐、音律、历法、天文、封禅、水利、财用等；表为大事年表）。《史记》不但具有很高的史学价值，而且具有极高的文学成就，被鲁迅誉为"史家之绝唱，无韵之《离骚》"。

5. 教师指导，让学生有重点地将新知识点填入表格。

6. 由"因替兵败投降匈奴的李陵辩护，入狱遭宫刑，含羞忍辱，发愤著书，历尽艰辛，著成《史记》"导入课文的学习：从《报任安书》中我们可以了解作者是在一种什么样的心情状态下完成创作的，从而可以对司马迁伟大的人格有一个更加深刻的认识。

二、分类归纳，比较鉴别

在《鸿门宴》一课的教学中，为了让学生更好地掌握课文中词类活用的知识点，设计了以下的教学环节：

案例片段二：

1. 读完了课文，大家一起来找一下文中出现的词类活用现象，把课文中相关的句子填入下面的表格中。

2. 请学生举出与课文例句中加点字用法不一样的其他例句。

3. 引导学生比较分析。

	活用类型	例句及释义	对照例句
名词的活用	名词用作动词	沛公军霸上 释义：驻扎	人民军队
		沛公欲王关中 释义：称王、统治	王侯将相
		籍吏民，封府库 释义：登记	某人籍贯
		范增数目项王 释义：用眼示意	瞠目结舌
		刑人如恐不胜 释义：处罚	刑不上大夫
		道芷阳间行 释义：取道	道阻且长
	名词用作状语	吾得兄事之 释义：像兄长一样	遥知兄弟登高处
		夜驰之沛公军 释义：连夜	夜色苍茫
		常以身翼蔽沛公 释义：像鸟张翅膀一样	飞机翼翅
		头发上指 释义：向上	上有黄鹂深树鸣
		持剑盾步走 释义：徒步	十步一楼，五步一阁
		道芷阳间行 释义：从小路	中间小树又清发
使动用法	使动用法	先破秦入咸阳者王之 释义：让（他）称王	王侯将相
		项伯杀人，臣活之 释义：使……活	活命法宝
		从百余骑来见项王 释义：使……跟从、率领	从心所欲
		交戟之卫士欲止不内 释义：使……停止、阻止	止于至善
		拔剑撞而破之 释义：使……破裂、击碎	破镜重圆
形容词活用	用作动词	素善留侯张良 释义：交好	止于至善
	用作名词	沛公今事有急 释义：危急的事	风急天高
		此其志不在小 释义：小处，小的方面	小处着手
动词用作名词		此亡秦之续耳 释义：后继者	续写历史

4. 教师归纳总结：名词用作动词的规律是："名＋名（代）"，前一名词若不是定语或前有副词，就活用为动词；名词作状语的规律是："名＋动"，名词若不是动作的发出者，就是修饰动词，此时名词作状语；形容词活用为动词的规律是："形＋名"，形容词若不是定语，就作动词；形容词用作名词的规律是："动（介）＋形"或"形＋动"；使动词用法的规律是不及物动词或形容词、名词带了宾语，该词解释为"使（让）……做……（动作）"，有时应该意译。

案例教学的目标与注意点：

1. 细化阅读目标。不知道为何而翻译是文言文教学的通病，其根本原因在于对文言文学习的价值和特殊性没有深刻认识，所以在目标定位上往往失之于偏颇。所以，建议在每一篇文章教学之前，教师是否可以列举一下必须翻译的章句，并且从阅读目标的角度提出充足的理由，再拿到课堂上让学生翻译。

2. 对学生的预习进行合理的干预。前面已经说过，现在的高中生不可能花大量的时间在文言文的课前预习上，那么，就不能泛泛地说"学习文言文，先要过好语言关"，而是要拿出具体的预习内容，指导学生抓住紧要之处，其内容不妨模糊一些。尤其要告诫学生，重在通览，重在诵读，不要逐字逐句对。任何文言文文本都不是一个孤立的存在，每一篇文言文都与其他一组文本之间存在或隐或显的联系，构成一个多文本之间的网络状结构。

3. 积极转变课堂教学观念：树立开放的理念，要把它看成是汉语言文学和文化发展中的一个链条，一端联结着历史，一端影响着未来，努力挖掘文言作品中的现实价值，以开放的眼光看待文言文学习的价值。以开放的观念看待文言文的教学目标。文言文教学的目标是语文教学目标的一个组成部分，是学生全面发展的需要。因此，就不应该仅重视知识的传授，而要全面重视文言文的文化建构功能、审美熏陶功能、发展语文能力的功能等等。以开放的观念组织课堂教学，以动态生成的眼光看待教学过程，把学生文言文的学习看成是一个创生的过程，而不是一个接纳的过程。

4. 激发自主质疑探究，引导策略运用。开展多元对话，渗透策略教学。探索科学有效的课堂学习评价方式，面向全体学生，尊重差异。重在诊断性和过程性的评价，以鼓励性的正面评价为主，不回避缺陷。

第九章

＠＠＠＠＠＠＠＠＠＠＠＠＠＠＠＠＠＠＠＠＠＠＠＠＠＠＠＠＠＠＠＠＠＠＠

改善课堂人际关系的策略与方法

　　班级中教师与学生、学生与学生在物理空间上的聚合，从社会学和社会心理学方面来看，具有极为复杂的意义。教学活动以师生间、学生同辈间的相互影响和相互作用为基础，且情感因素渗透在整个活动和相互作用之中。正是在这种以一定人际关系为基础的相互作用中，教学才得以实现。课堂教学中的人际关系影响课堂教学的各个方面，既是保证教学顺利展开的前提，也是影响教学效率的重要因素。新课程背景下，提高课堂教学的效率，要十分重视课堂人际关系的改善。

第一节　课堂教学人际关系是影响
教学效率的重要因素

　　人际关系范围非常广泛，可以从不同方面进行分类。按人际关系的性质，可分为两大类：第一类是建设性人际关系，按程度可分为协调、友好、亲热等几个等级。第二类是冲突性的人际关系，按程度分为不协调、紧张、敌对等几个等级。按人际关系范围可分为：个体与个体之间的关系，如：师生关系、同事关系、同学关系等；个体与群体之间的关系，如学生与班级的关系等等；群体与群体之间的关系，如班级与班级之间的关系等等。教学中的人际关系包括师生关系、学生之间的关系以及教师与班集体的关系。

一、课堂教学中的人际关系

　　人际关系表现了人与人之间心理上的距离①，是通过情绪反映出来的，并且建立在需要满足的基础之上。社会学对人际关系的研究是从社会关系出发的，强调对个体社会共性的分析。心理学对人际关系的研究则是从人际关系的个性特征出发，注重人际关系中情绪基础的研究。从这方面看，教学中的人际关系应该是，在教学群体中，个体间通过某种媒介，通过个体交往形成的信息和情感交流的有机渠道并伴有个体间情感上满意或不满意状态的较稳定的心理联系。

　　教学中的人际关系除具有一般人际关系的共性外，还有其自身的特点。从动

---

① 卢宁. 试论教学中的师生人际关系（下）[J]. 广西师范大学学报（哲学社会科学版），1989（4）.

· 136 ·

态看，教学中的人际关系是教学中师生间、学生间的思想和行为的互动过程。在静态上，人际关系是师生间、学生间情感的凝结。情感是与教学中的个体交往需要相联系的一种体验。师生间、学生间情感上的远近亲疏是人际关系状况的重要指标。教学中人际关系的情感特点，不仅表现在教师与学生的各类情绪、情感体验上，而且包括情绪表现。在教学过程中，当师生交往和学生同辈交往时，无论是否面对面，他们都在不断地表现着各自的情绪，同时也监视并解释着对方做出的表情。正是这种复杂的、无意识的过程，使教学中的人际交往十分细腻和深刻。教学活动中师生常常体验到满意或不满意，学生如能顺利接受教师所教的内容，时常能得到教师、同学及家长的赞赏和信任，于是便产生一种成就感和归属感。反之，学生会产生不愉快、忧虑，甚至自卑的情绪体验。教师也同样会有一系列满意与否的情感体验和情绪表现，师生彼此产生共鸣成为相互间建立联系的纽带。所以，情感交流在人际关系中起着一种媒介作用，并体现着人际关系的不同形态。教学中的人际关系不是孤立存在的，而是建立在一定的群体之上。人际关系影响群体的发展和变化，影响着群体的结构、功能等，群体的形态又制约着人际关系的发展和变化。教学中的人际关系也不是简单的静态"关系"，而是一种动态的人际互动过程。

教学中的人际关系是整个学校人际关系的一个反映侧面。教学过程中建立起来的人际关系是师生通过教学活动进行交往的结果，同时，也是学校教育中人际关系网络的一个组成部分。一个学校的领导集体是否齐心协力、互相支持，影响着整个学校群体的气氛和人际关系状况，直接影响到教师集体中的人际关系。如领导间的对立、抵触自然造成教师间的紧张和不安情绪，削弱教师集体的凝聚力，从而使教师对学校教育工作失去信心，可能表现出对教育教学工作不热心和对学生的冷漠态度，这势必会阻碍师生间及教师之间良好人际关系的建立。学生间的相互尊重、信任会使课堂出现合作、支持的人际关系，从而也呈现出整个学校的积极的"社会气氛"。反之，一个班级中，学生无集体感，互相不支持，则会表现出相互间态度冷漠，相互攻击的人际关系，呈现消极的"社会气氛"。

1. 课堂教学中人际关系的社会学研究

人际关系的概念本身含有三个层次的内容：第一，人际关系不是一种虚无的关系，在教学中，它存在于教师与学生、学生与学生间的现实的交往中，表现为教学中的师生间、学生间的思想和行为的互动过程。第二，人是有情感和意志的。因此，人际关系是教学活动中有情感、有意志的人与人之间所形成的交往关系。第三，人本身不能离开社会而生存，教学中的人际关系也具有社会性，它是社会交往的联结点。西方国家关于课堂人际关系的社会学探讨主要是围绕教师期望和师生互动这两个方面，教师期望研究的理论假设是"自我实现预言"理论。1968年，罗森塔尔和雅各布森发表《课堂中的皮格马里翁》一书，第一次把自我实现预言理论应用于课堂研究。① 他们通过实验得出结论：教师期望促成了学生的自我实现预言。进一步的研究试图精确地解释教师如何形成这种期望，以及这些期望如何在课堂内发生作用，以致产生教师最初期望的结果。这种探索发展成对师生互动及课堂中师生人际关系的社会学研究。师生互动的社会学研究，以标签理论和微观解释论影响最大。学生和教师之间的关系并不是一种单向的必然过程，而是一种师生之间积极的双向互动过程。这种互动过程具有如下几个特点：(1) 教师期望从不同的学生那儿得到不同的行为和成就；(2) 教师对每个学生的期望不同，则对他们采取的措施也不相同；(3) 教师这种对不同学生的对待方式，使每个学生意识到，教师期望从他那儿得到什么样的行为和成绩，会影响到学生的自我概念、取得成绩的动机和抱负水平；(4) 如果教师的对待方式长期不变，就会促成学生的成绩和行为，得到较高期望的学生将会取得较高的成绩，而得到较低期望的学生成绩则会下降；(5) 随着时间的推移，学生的成绩和行为将会愈来愈同教师原来对他的期望相接近。② 由此可见，在这种过程中，师生之间的人际关系起着一种十分微妙的作用。

2. 课堂教学人际关系的心理学研究

美国人本主义心理学的代表人物卡尔·罗杰斯（Carl Rogers）将教学放在"人际关系"的框架中加以认识，提出了"学生为中心"的教学理论。他极为强调环境（气氛）的心理渲染作用，认为课堂教学的心理气氛主要是由人际关系形成的。罗杰斯将人际关系视为教学活动的先决条件，是教学效果的一种决定性要素。教学中理想的人际关系主要有七个方面的特征：与学生能全面地交流，把学生当作一个独立的个体予以满腔热诚的接受和尊重；教师的评论总要同学生竭力想表述的东西相一致；教师视学生为解决问题的合作者；教师对学生一视同仁；教师理解学生的感情；教师遵循学生的思路；教师的语调应表示他完全能分享学生的感情。课堂教学中人际关系的构成要素包括"真实"、"接受"和"理解"。这三者彼此联系、相互促成，共同构成一个有机的整体，在教学中发挥重要的作用。在三个构成要素中，真实是最重要的。罗杰斯认为，教师在教学中越真实，没有任何职业上的装腔作势或个人假面具，学生就越可能以某种建设性方式变化和生长。接受有时也称"信任"、"奖赏"等。罗杰斯常在"接受"一词

① 参见吴康宁. 课堂教学社会学 [M]. 南京：南京师范大学出版社，1999：235～238.
② 何旭明. 课堂教学中的人际关系 [J]. 高等教育研究学报，2001 (3).

之前冠以"无条件",以强调这一构成的绝对性。教师要将学生作为一个独立的人予以接受,而不去鉴定他或者评价他的能力。理解被罗杰斯更多地称为"移情性理解"。罗杰斯认为,只有在移情性理解的基础上,师生之间才能彼此更乐意地相互交流,并更加正确地理解交流内容,从而使双方的心理机能得到改善,并在双方的关系中彼此满意。罗杰斯"学生为中心"教学理论提出之后,无论是在教学内容方面,还是在教学方法方面,在西方教育领域都产生了深刻的变革。从此以后,人们在教学中开始重视学生的非智力因素。教学不再是知识的灌输,也不仅仅是能力的培养,而是要促进学生全面和谐地发展,这些正是我国当前推行的新课程改革所极力倡导的。

二、课堂教学中人际关系对教学效率的影响

课堂教学中的人际关系对教学价值的实现有着重大意义,它影响着学生的学业成绩和良好个性的发展。教学是教育解决整体文化传递和文化接受活动的手段之一。这种进行文化传递的手段,从根本上说,它的运转机制是人际关系,所以课堂教学不仅是客观知识的传授,更是主体间的相互作用。

1. 教师的爱对学生学业成绩的影响

教师的爱直接影响着学生的学业成绩。一般来讲学生喜欢教师,相应地也喜欢他所教的学科,即所谓的"亲其师,信其道"。而学生是否亲其师,则直接取决于教师对学生的态度。国内外对师生关系的大量研究表明,师生关系如何,在很大程度上决定着学生学业成绩的好坏。师生关系好坏的反映,主要在于教师对学生的态度,对学生的要求、期望等,进而影响学生对教师的好恶程度以及对学习的投入程度等。

2. 教师期望与学生的自我实现预言

教师的期望有可能使学生朝此期望发展,从而产生自我实现的预言效应。教师期望及其产生的效应是师生人际关系中的一个重要方面。学生与教师在教学交往中,教师对学生的知觉是对学生以前的印象或从学生档案等获得对学生的印象,然后对这些有关学生的知觉信息进行带有主观性的综合、判断和评价,继而形成对学生的全面认识。这种印象使教师对学生产生一个总的评价,同时产生了对学生不同的期望,这种期望的形成影响着师生间的关系和教师在课堂中的组织管理行为。学生对教师关于自己评价的知觉会影响其学习动机模式和水平,继而影响自我意识,最终影响到学生的成就水平。

3. 教学中人际关系影响着学生的学习兴趣

教学中良好的人际关系,教师对学生的爱,学生间的相互尊敬,会使学生的

一系列需要得到满足，从而激发起学生对学习的兴趣。在教学中，学生往往对能带来愉快感的事物发生更大兴趣，学生对教师的态度和教师对学生的态度是师生关系状况的指标。教师对学生缺乏爱的消极情感可能会削弱学生的学习热情，甚至产生泛化现象，影响到其他学科的学习。

4. 教学中人际关系影响着学生自我意识

学生的自我意识是在外界交往基础上产生的，一定的社会交往关系决定着学生自我意识的形成，个体通过自我意识，产生自我意象、自我观念、自我评价，同时伴随着对于自身的情感体验。学生与他人的关系影响其自我评价，即从他人得到对自己的评价。教学中的人际关系影响学生自我评价的因素有父母和同辈的期望、教师的期望、班级成员与参照群体等。

5. 课堂教学中学生间关系对教学效率的影响

课堂人际关系对教学中各个因子产生影响的同时影响着教学过程的展开，进而对教学效率产生影响。学生与学生的人际关系也属于课堂人际关系，且对教育效率有不容忽视的作用。在教学实践中，人们往往忽视学生学习中认识与情感过程的关系，教学模式呈现出唯理性倾向，只重"认知"，忽视"情感"。具体表现为将教学过程单纯理解为教师引导下的学生的认知过程，即感知——理解——巩固——运用知识这样一个单层次、单一结构和简单的线性关系，从而使教学原则、方法等仅依据教学活动中认知过程的规律，而忽略了认知与情感互为联系的规律，导致在教学实践中，部分教师备课不"备人"，教书不育人，无视学生的人格和需要，缺乏与学生间的感情交流，师生关系恶化。同时，还忽略了学生群体中的人际交往状况及其在班集体形成和课堂教学中的意义。

课堂人际关系是现代教学理论和实践的一个重要方面，人们越来越重视教学中非智力因素对教学的影响，因此，处理好教学中人际关系与学生的认知、情感、行为的关系，对提高教学质量、发展学生的个性意义重大。

第二节　现实课堂教学中人际关系的问题及成因

一、课堂教学中人际关系的主要问题

1. 师生间的人际关系问题

师生关系是在教育教学活动中所形成的教师与学生的关系，师生关系具有三原则：①作为教育工作关系的师生关系的原则：教学相长；②作为一定历史时期社会关系缩影的师生关系原则：民主、平等；③作为一般人际自然关系的师生关系原则：尊师爱生。① 它产生于教育活动，并维系教育活动，对教学效率起着制约作用。因此，建立良好的师生关系是实施素质教育、深化课程改革的需要，是为学生奠定好适应未来社会人际交往的需要，是师生互尊互爱、促进教学相长的需要。

（1）当前师生关系存在的问题

首先，师生关系存在冷漠化倾向。即师生之间感情交流缺乏，情感淡化，只是"你教我学"的简单职业关系。其次，师生关系紧张化。即教师专制、武断，学生有抵触、对抗情绪或行为，师生之间由教和学所维系的基本关系遭到破坏，形成对立的双方。第三，师生关系利益化。即以物质利益来维系的非正常的、商品式的师生关系。②

造成不良师生关系的原因是多方面的，但师生关系最基本的特点是教与学，教师在教书育人的过程中，永远起主导作用，所以，造成不良师生关系直接的、主要的原因在教师。

（2）导致不良师生关系形成的原因分析

外部因素。第一是市场经济的影响。一方面学生思想活跃，使传统的教育方式不能满足学生愿望；另一方面少数教师责任心弱化，以物质利益定亲疏。第二是师训工作存在偏差。重学历教育，轻思想、业务培训。第三是传统教育思想的师道尊严旧观念在我国教育界还有市场，"应试教育"的固有教育模式尚未被彻底打破，使教师的观念滞后，导致师生关系产生障碍。第四是影响教师切身利益的一些实际困难尚未得到解决。

内部因素。第一是缺乏先进的教育思想、教育观念，主体意识不强，终身教育观念淡漠，认识不到教学相长的真正内涵，学生为主体的思想尚未确立。第二是缺乏爱心，不具备高尚的职业道德。有的教师缺乏爱岗敬业的精神，对工作不负责任；有的教师经不起金钱的诱惑，搞无原则的权钱交易；有的教师法制观念淡薄，有体罚或变相体罚现象。第三是教书育人的业务素质不强。知识匮乏又不注重更新；能力不强，又不注重锻炼；教育艺术单调，而又不注重钻研。第四是不注重自身的人格力量，起不到为人师表的作用，缺乏教育心理知识，不注重师生的心理沟通。

2. 学生之间的人际关系问题

课堂上学生之间的关系问题较为复杂，表现为以学业成绩问题、学生团体问题与感情问题为主，以经济攀比问题、外貌打扮的攀比等硬性的人际关系问题为

① 陈桂生. 略论师生关系问题［J］. 教育科学，1993（3）.
② 高君. 师生关系的问题及对策［J］. 辽宁教育，1999（5）.

辅。其中以学生的学习问题与感情问题为所有学生所共有。学生之间的关系问题具有随意性与发展性、暂时性与及时性、潜在性与神秘性，学生之间有纯洁的爱，但没有永恒的恨，所以学生之间的人际关系问题都可以随着时间的推移而不断改善，当认识慢慢成长到成熟的时候，学生间的人际关系会逐渐淡化。当然学生间的人际关系问题是影响课堂教学的主要因子，对课堂教学效率起着决定性作用。造成学生之间关系问题的原因一般都很简单，但教师应该及时发现并积极引导，以免酿成不良后果。具体总结起来导致学生间人际问题的原因有：学习成绩与学习能力，学生经济条件与城乡差距，男女生之间的交往与同学间的是非舆论，学生家长等因素。

3. 教师与班级集体的关系问题

教师对某个班级的感情喜好与否是一个潜在而又存在的教学人际关系问题，这种由教师内部因素主导的情感认知直接调节着教师对某些班集体的喜欢，对某些班集体的厌烦，这无形之中影响着教学的进行与教学效率的提高。教师对班集体的认识一般是在教学实践中不断形成的，当然也有先入为主之见的可能，有时会产生漠然的偏见或不对等的评价或对待。教师对班集体的认识影响较大，如果认识上存在偏见的成分，则必然导致教学过程中的偏见与教学评价的不对称，所以教师应该公平、公正地对待自己所教的班级，努力克服不该有的认识。

二、对课堂教学中人际关系问题的思考

1. 教学活动认识与组织的不足削弱了课堂人际关系的凝聚力

在活动的面上，所谓全体的概念并非每组每位学生都做同样的事，完全可以通过合理分工合作，将活动流程化和阶段化，有的小组可以是实施者，有的小组可以是指导者，有的小组可以是协调者，有的小组可以是评价者等等。这样既保证活动的全员参与性，又提升活动的有序性和有效性，小而精是课堂活动设计和开展的重要准则。就同类活动而言，质高于量，精选一个最能切中教学本旨的活动，让学生深度参与，实现高峰体验。在活动与主题关系上，活动必须以特定教学主题为中心，紧密围绕教学主题设计展开。在活动形式上，要充分达成和教学内容的有机耦合，做到"一把钥匙开一把锁"。在活动性质上，要和教学主题的价值取向紧密关联，克服活动本身和教学主旨相脱离的现象。

2. 教学过程中学生的问题行为影响着课堂人际关系

学生课堂问题行为出现后，一是直接妨碍了课堂教学的顺利进行，二是极大地挫伤了教师的教学情绪。从广义上讲，问题行为是指一种不利于学生个人或班集体发挥有效作用的行为，如学生对教师长期的对抗、旷课、长期抑郁等。问题

行为可分为行为问题和性格问题两类。行为问题是扰乱别人，反对别人的管束，即敌对的、攻击性的、破坏性的和不服从的行为表现，有时还包括犯罪行为和心理变态，性格问题带有"神经质"的特征，并经常表现出"退缩行为"，即害怕他人，感到焦虑，对那些可能受到批评、嘲笑或抛弃的处境表示回避。这些问题严重影响着课堂教学。如教师对学生的体罚、责骂、讽刺挖苦以及课堂上较少的注意等，只能加剧学生的问题行为。如果教师对学生抱以热情，尊重其人格，理解、同情学生，则会减少学生的问题行为，使课堂教学更为有效。

3. 师生间的距离感决定着教学人际关系的亲疏

古人云："亲其师，信其道，爱其业。"让学生喜爱你这位老师，喜爱你教的这门课，才能引发学习兴趣。现实中教师与学生之间的距离感都较为明显，有些学生的父母做了自己的教师或班主任，则会明显导致亲情的变化，距离感油然而生，很难处理。作为师生关系主动的一方，教师要多鼓励和表扬学生，使他们从心理上获得满足。兴趣总是与成功联系在一起的，有经验的老师在提问和评讲作业时都是因人而异的。教师要不断采用新颖多变的教学方法，大胆运用现代教学媒体，充分挖掘教材中的趣味性因素，用生动的实例来增加教学的新鲜感，最大限度地减少对学生思维的抑制。这样做使每一位学生都有可能取得成功，感受到成功的喜悦，从而调动他们学习的主动性和积极性，在成功中体验和谐感。

第三节　改善课堂教学人际关系的策略与方法

良好的人际关系有利于维持课堂秩序和纪律。专制的管理方式会引起学生敌视、冷漠等抵触情绪，以至于出现扰乱课堂秩序和破坏纪律等问题。良好的人际关系，可以减少课堂中学生的问题行为。为提高教学效率，应充分发挥教师的主导性和学生的主体性。在教学改革、创造多样化课堂的同时，培养学生的学习能力，激发学生的创造潜能，从而提高教学效率。

一、融洽的课堂气氛是改善教学人际关系的策略基础

课堂气氛是指在课堂群体中占优势的比较稳定的情绪状态，其中包含了师生的心境、精神体验、情绪波动、师生关系等。课堂气氛取决于学生和教师的个性特点和他们所代表的人与人之间的复杂关系以及各种形式的非正式小群体。课堂气氛有两种基本类型：积极的、健康的、生动活泼的气氛和消极、冷漠、沉闷的课堂气氛。这两种类型实际上体现了课堂上情感的两极性，师生在课堂中要完成自己的任务，就需要有积极健康的气氛，成员间要互相尊重，同时要有较高的原

则性、责任感、友谊感等。课堂气氛的两种类型取决于不同的人际关系变量，比如：课堂成员在课堂群体中感受约束的程度；成员感受到的自主性、独立性程度；学生感受完成任务而获奖赏的程度；学生感受教师对他们帮助的程度；学生感受身为课堂群体一员的程度；成员感受学习气氛友好的程度；互相听取反面意见的程度等。积极的课堂气氛一方面可以形成一种具有感化力的催人向上的教育情境，使学生得到感化，并产生情感上的共鸣，另一方面，生动活泼的课堂气氛使学生大脑皮层处于兴奋状态，从而更好地接受知识。

二、学生是改善课堂教学人际关系的主体

学生是改善课堂教学人际关系的主体，这种主体性主要体现在学生作为学习的主体，不仅要学习科学文化知识，还要对自己的未来负责，如何对自己负责就应该注意自身主体性与主人翁意识的培养与锻炼。学生应该主动积极地处理自身与周围的关系。第一，要正确对待同学中的竞争。既要有强烈的竞争意识、自强不息、不甘落后的奋斗精神；又要正视别人的长处，向别的同学学习，以求共同进步。第二，要正确对待同学不同的生活习惯。要正确对待和尊重他人的生活习惯，尊重每个人的个性特点，加强理解与沟通，和睦相处。第三，要正确对待自己的付出。同学之间要建立起一种和谐、持久的人际关系，需要每个学生对此付出自己的真挚和友情。为此，首先要建立起良好的师生关系。情感因素是学生在学习过程中产生的心理感受和情绪体验。情感因素包括动机、兴趣、态度和意志等，这些都属于我们通常所说的非智力因素的范畴。一个人的成长依赖于智力因素的发展，更离不开非智力因素的支撑。同学之间应该要相互帮助、相互支持，共同建立起真诚、深厚的友谊。第四，多学习人际交往的技能。人的交往技能是在人与人的交往实践中逐步获得的，交际技巧也是在交往实践过程中逐步得到培养和提高的，应增加广大师生的交往实践机会，不断提高他们的人际交往能力。

学生要尊重老师，虚心学习，诚恳求教。首先，学生要尊重老师的劳动，无论是在课堂上还是在课堂外，一切不尊重老师的行为，如上课不听讲，课下遇到老师视而不见的，都是不应该发生的。其次，要努力学习文化知识，要诚恳地向老师求教，虚心聆听老师的教诲，在人生、信念、学习、工作以及生活各个方面取得老师的帮助和指导。要正确对待老师的缺点。"金无足赤，人无完人"，任何人包括老师在内都会有自己的缺点和不足，在工作中难免出现失误，学生要正确对待，既不要在背后冷嘲热讽，又不要不分场合的当面指责，而应该单独向老师提出，态度要诚恳，口气要委婉，不能因老师的一点不足而失去对老师的尊重。

如何提高学生的主体性？可以尝试角色扮演即让学生当小老师的办法。引导学生充当小老师，进行角色转换，是促使学生参与教学的有效方法。学生互教互学，能者为师，既能提高学生的成绩，又能激发学生的学习积极性，使学有专长的学生得以发挥，使学习有困难的同学从同学处得到比在教师那里更大的帮助。这既有助于克服以自我为中心的倾向，又能培养自尊、自信、自强、自立的自我意识。在教学中运用情感因素就是肯定学生的主体地位，同时也更尊重教师的主导作用，当然也对教师提出了更高的要求；教师不但要具有广博的知识修养，对教育事业满腔热忱，而且要具有善于运用直观、形象、生动的教学方法激起学生的感情共鸣，从而激发学生正确的学习动机和浓厚的学习兴趣。

三、教师在改善课堂教学人际关系中的主导作用

全力上好每一节课，给学生以良好的专业素养，发挥特长，表现特色，创造良好的晕轮效应。在教学实践中，晕轮效应往往是在悄悄地却又强有力地影响着学生对教师的知觉和评价，当然也影响着我们对学生的知觉、评价。一般来说，个性倾向和个性特点是建立亲密的人际关系的前提和条件。按照传统观念，老师就是老师，就应该有个老师的样子：严肃、庄重、不苟言笑。强调要求老师的个性特点和个性倾向与学生的距离，这固然会有"师道尊严"，但不利于学生与老师的亲近。过于一致，有失老师的特点；而完全像学生一样，又起不到老师的指导、教育作用。所以老师的个性倾向和个性特点，与学生的既要有些相近，又要有些距离和不同，以形成互补。老师有时可以重返天真，和学生打打球、散散步、穿时髦一点的衣服等。另一方面又应显得思想丰富深刻，学识渊博。老师思想丰富、深刻以补学生的幼稚；学生的天真热情以补老师的严谨、刻板。这样学生会觉得自己的老师既可亲近又可敬佩。应采取灵活多样的教学形式，多一些双边活动，少一些单向的知识灌输。课堂人际关系的形成主要是在课堂。学生就是在课堂上认识老师的。课堂教学的形式、效果直接影响到课堂人际关系的形成。在课堂活跃、双向沟通的情况下，师生都会感到心情舒畅，畅所欲言。学生会感到自己与老师平等。平等的感觉是亲密、良好的人际关系形成的基础。而满堂灌、单一的教学形式，生硬的教学方法，会使学生感到压抑，心情不舒畅。学习成了被动的接受，而不是积极的探究，使学生和老师总是隔了一层，那么课堂的人际关系就成了一种应付的关系。

在教法上应注意提高教师协调教材、学生和教法的能力，扩大教师优选教学方法、方式和手段的可能性。改变独白式的讲解，加强师生合作与对话，扩大探索问题的交谈和讨论。提倡采用"引导探索式"和"问题讨论式"。"引导探索

式"是在教师引导下，以学生自觉、主动地进行探索、研究为主，辅之以其他教学方法（如悬念法、实践法、讲授法等），通过多种教学形式（如观察、实验、阅读、讨论等），使学生在获得知识的同时，培养横向逆程探索知识的能力及独立进取的意志品格的一种综合教学方式。"问题讨论式"是根据教和学的重、难、疑点以及分析处理问题的思路和方法提出问题。在教师的引导和控制下，以学生讨论、质疑、辨析为主，同时辅以其他教学方法，使学生在加强理解，综合应用概念和规律的同时，提高综合、分析、解决实际问题的能力，发展创造性思维。改革单一的课堂结构，加强教学过程多样化。好的课堂教学结构有一个共同的特点，就是变思维信息的单向传递为思维的多边交流，最大限度地提高思维信息的转化率（学生所接受的信息量与教师输出的信息量之比），尽量地调动学生学习的主动性和创造性。不仅要提高学生的理论水平和逻辑思维能力，同时还要培养学生的动手能力和创造能力，真正做到"学以致用，学有所用"。了解学生的看法与见解，利用情感因素，建立成功的情境。要使教学取得较好的效果，是与教师对学生的期望分不开的。在提高课堂效率、加强师生合作的同时，必须加强师生间的交流，利用情感因素，建立成功的情境。在让全班同学都能取得进步的前提下，注意理论知识的主导作用。

总之，要提高教学课堂效率，适应当前课程改革的新形势，就必须改善师生人际关系。教师应有较高的教育机智，对教学的人际关系问题要机智地处理，灵活地解决，才能把不良的影响降到最低限度。反之，教师处理不当，解决不好，就会使师生关系紧张、对立，教学秩序混乱、无序。为尽可能地减少学生的课堂问题行为，优化师生的教学关系，应在教学活动中不断增加良性行为，磨练意志，抵制内外不良诱惑，消除课堂人际关系的恶化倾向。另外，教师也要采取有效措施，对学生加以引导和教育，变教学为开放的、双向的、多渠道的、立体的信息传递和交换的过程。当然，这也对教师提出了更高的要求，必须自我加压，加强学习，摸索经验，进一步提高自身的业务素质和教学能力。

四、班集体的互动是改善课堂教学人际关系的有效形式

1. 优化师生间的教学关系

师生的教学关系与师生的其他关系的不同之处就是：师生的教学关系是师生在教学活动中相互作用、相互影响的基础上所形成的联系状态。而教育教学活动的一个主要职能就是传递间接知识，尤其是各门学科的基础知识，这一职能能否很好地实现，在很大的程度上就取决于在教学活动中以基础知识为中介的师生互动的情况。正如加拿大籍华裔心理学教授江绍伦所说："教学是一个涉及教师和

学生在理性与情绪两方面的动态的人际过程。"另外，在教学互动中，各门学科的基础知识常常以各种不同的符号表现出来，符号与意义之间又具有非严格的对应性，两者往往是互动的。根据现代符号理论的观点，符号意义的确定，必须依靠一定的"符号场"或语境。也正是因为如此，师生在教学互动中，互动双方对对方及其符号的理解或解释，对于互动的存在和持续具有十分重要的意义。就学生来讲，如果学生尊敬体谅教师，遵守课堂常规，教师也关心爱护学生，但学生基础知识掌握得太差，在课堂教学中，面对教师的讲授，学生懵懵懂懂，甚至如听天书；面对教师的提问，学生一知半解，乃至一问三不知，这样就无从建立起积极互动、教学相长的师生教学关系。

所以，为优化师生的教学关系，学生的应然行为之一就是要夯实基础知识。人们通常所说的基础知识即认知学派眼中的陈述性知识，也叫描述性知识。它用以区别、明辨事物，主要回答事物是什么、为什么、怎么样等问题，这种知识具有静态的性质。根据心理学的研究，陈述性知识的范围包括词语、名称、术语或标记；单一的命题或事实、事件；作为有联系的论述而组织起来的命题或事实的集合等。学生夯实了基础知识后，在课堂教学中，就可以通过一系列的术语、概念、命题等知识来开展思维活动，为师生在教学中积极互动、教学相长提供必备的条件，以建立起良好的师生教学关系。此外，基础知识对学生吸收、继承人类社会的文化、促进个体社会化也都有重要的作用。

2. 通过合作学习改善学生之间的人际关系

合作教学过程必须是在非常融洽的、和谐的、愉快的课堂气氛中完成的，这里肯定涉及一个启发、讨论、交流的过程，不同于传统的强迫教育。传统的教育把教师看作是知识的占有者，处于完全主动的地位，其作用是向学生灌输知识、技能、技巧，而学生则被视为一种按某种需要加以塑造的素材，或接受知识的容器，处于完全被动的地位。在强迫教育中，教学过程纯粹是一种单向传输，教师教什么，学生学什么，使课堂气氛显得死板、单调，学生思维定势、受压抑、且应变能力差，而达不到应有的教学效果。在合作教学中，教师作为教学的主导，学生作为教学的主体，两者地位应该是平等的。教师必须通过一定的教学媒体，采用恰当的教学手段，向学生传输教学信息。教师应该"授之以渔"，而并非"授之以鱼"。教师应研究和发现学生自身的主体性规律，充分发挥教师的主导作用。为了使学生自由抒发自己的见解，又能尊重别人，倾听他人的正确观点，具有综合各种意见的能力，教师要在学生自愿的基础上成立合作学习小组。课堂上，学生自学后进行小组交流，教师作为一个倾听者。要构建和谐的师生关系，关键是师生之间要有高质量的沟通，在细节中让学生感受到被尊重和被关心的快乐。

案例

改善师生交流：教师教学智慧的改进策略①

一位老师讲《"诺曼底"号遇难记》，简单揭示题意后问：课文给你留下印象最深的地方是什么？一学生站起来流利地说，船长指挥救人镇静自若、临危不惧、壮烈殉职的事迹给我留下的印象最深。老师听后既没评价，也没引导，接着又问：你还读懂了什么？哪个地方不懂？于是，学生们提了很多问题，老师便让学生们在小组中讨论，然后汇报交流。在这个过程中，老师没有多少启发和引导，只是站在讲台旁一个个地点名让学生来回答。整节课，教师没有系统地设计，也没有明确的目标，甚至连学生的差错也没有指出来。学生的主体性是体现了，可教师的主导性呢？

理性反思：只让学生各抒己见而没有教师精要的讲授和适时的点拨，学生的思维不可能深入；只让学生想象体验而没有老师开启智慧的引导，学生的创新精神很难得到培养；只让学生诵读感悟而没有老师的品词析句，学生的学习势必缺少深度和广度。可以说，没有教师的讲，学生就如同在平地上兜圈子，没有跋涉和历险，就没有智力加工的过程，没有情感体验的高峰，更无法领略知识世界的美妙风景。因此，需借助接受性学习和探究性学习以优势互补。

改进策略：引导学生钻研文本，教师必先钻研文本，如果教师对文本没有吃透，不了解编写意图，便很难做到以文本为凭借，帮助学生提高语文素养。这就要求教师熟悉年段阅读教学目标，认真钻研教材，了解学生，找准年段目标、教材、学生的最佳结合点，因文而异，精心选择和设计好自己的"讲解点"，并以学定教，顺学而导。同时不应把接受性学习和自主、合作、探究的学习对立起来，该自主的自主、该合作的合作、该讲解的讲解，一切从实际出发，一切从实效出发，做到两种学习方式合理运用，从而收到相辅相成、相得益彰的教学效果。

---

① 参见金艳. 聚焦当前课堂问题 理性反思语文教学 [J]. 甘肃教育，1996（2）.

第十章

营造有效课堂教学气氛的策略与方法

人的任何活动都是在一定的环境中进行的，教学活动也不例外。课堂教学气氛作为学生课堂学习的重要心理环境，对教师的教和学生的学都起着举足轻重的作用。但在实践中，我们常常会听到老师这样抱怨：自己认真备课，在上课时也富有激情，可是学生们就是不认真听讲，经常开小差，做小动作，在下面与同学窃窃私语，对老师的提问也不耐烦地敷衍着，或者无精打采，毫无朝气，整个课堂都死气沉沉。这种课堂教学气氛下教学效果可想而知。关于课堂教学气氛问题也许很多教师都会把责任推到班主任身上，认为班主任治班无方，其实这是不正确的。课堂教学气氛的形成是取决于很多因素的，班主任固然是其中之一，但它同时又与任课老师、学生以及课堂环境等诸多因素有关。新课程背景下，要高度重视有效课堂教学气氛的营造。

第一节　课堂教学气氛是影响教学效果的重要因素

课堂教学活动是师生在课堂中相互作用的过程，这个过程涉及教师、学生和一定的教育情境三方面。一堂课的教学效果如何，它不仅取决于教师的学识和表达，学生的基础与兴趣，而且还取决于一定的教学情境。教学情境有物质的，如教室的座位、布置、光线、教学设备；也有心理的，如专注的神态、活跃的思维、融洽的师生关系等。我们这里所说的课堂教学气氛便是指心理层面的教学情境。

一、课堂教学气氛的内涵及作用

现代学校教学中，班级授课制是最主要的组织形式，而课堂教学又是班级授课制的一种重要的教学组织形式。课堂教学气氛是学生在课堂上进行学习的重要心理环境，在一个班级群体中，由于各个成员之间的相互影响，久而久之就会形成一种独特的气氛，这种独特气氛影响着这个班级中的每一个成员的思想、观念和行为方式，人们通常把这种课堂上各个成员的共同心理特质或倾向称为"课堂气氛"。① 课堂气氛的概念最初源自国外学者对课堂行为的测量。早期的课堂行为测量侧重于对课堂行为作观察性的描述，后来转向对课堂行为作价值归因分析，进而扩展到考察课堂行为测量与学业成就测量之间的相关性。我国学者通常认为课堂气氛是指"课堂里某种占优势的态度与情感的综合表现"②。因此，只有多数学生的态度和情感组合成占优势的综合状态才形成课堂气氛，个别学生的态度和情感是不构成课堂气氛的。

课堂教学气氛是在教学过程中产生和发展起来的，又是教学活动得以顺利开展的心理背景。积极而活跃、协调而融洽的课堂教学气氛，能明显促进学生的思维和提高他们的学习动机，进而有助于提高教学效果；而拘谨、刻板、冷淡、紧张的课堂教学气氛，则会明显削弱学生的注意力水平，压抑他们的创造性，进而使上课成为负担，无助于教学效果的提高。赞科夫的教学实验就对良好的课堂教学气氛有如下的结论："学生在课堂上高高兴兴地学或者愁眉苦脸地学，效果是不一样的。"这足以说明积极的课堂教学气氛对教学效果的影响。我国有两句勉励人们刻苦学习的古诗："书山有路勤为径，学海无涯苦作舟。"它说明学习必须刻苦努力才能有所成就，但从学生在课堂上应有的心理状态这个角度来看，应该是"乐作舟"更为妥当。这点相信每个教师都有所体会。如有的教师上课，学生只盼下课铃响，有的教师下了课还被学生缠着问个不停，意犹未尽。因此在课堂上创造一种使大家心情愉快，有强烈的求知欲，积极地探求知识的心理气氛，才能使学生开动脑筋，充分发挥自己的能力，进而收到良好的教学效果。③这里必须指出的是，课堂教学气氛不仅影响到学生的学习心理，而且还会极大地影响到教师的授课心理，教师对课堂教学气氛的不同感受，其注意力、情绪和思维都会有所不同。

二、课堂教学气氛的类型

课堂教学气氛是课堂里一种综合的心理状态，其优劣可以通过知觉水平、注意状态、思维状态、情绪状态、意志状态、定势状态等指标反映出来。根据上述指标，我国学者黄秀兰先生将课堂气氛分为三种类型：积极的、消极的和对抗的（见表 10 – 1）。④

① 杜萍. 课堂管理的策略 [M]. 北京：教育科学出版社，2001：121.

② 邵瑞珍. 学与教的心理学 [M]. 上海：华东师范大学出版社，1999：306.

③ 龚浩然，黄秀兰. 班集体建设与学生个性发展 [M]. 广州：广东教育出版社，1999：233.

④ 龚浩然，黄秀兰. 班集体建设与学生个性发展 [M]. 广州：广东教育出版社，1999：234～235.

表 10 - 1　课堂气氛的类型及其特征

课堂气氛类型／师生的心理状态	积极的	消极的	对抗的
注意状态	师生对教学过程的注意稳定和集中，全神贯注甚至入迷	呆若木鸡，打瞌睡（在教师严厉的情况下），分心，搞小动作（在教师管理课堂能力较差的情况下）	1. 学生的注意指向与课堂内容无关的对象，而且常常是故意的 2. 教师为了维持课堂纪律而被迫分散对教学过程的专注
情感状态	积极、愉快、情绪洋溢、师生感情融洽	压抑的、不愉快的（在教师较严厉的情况下），无精打采、无动于衷（在教师管理能力较差时）	1. 学生有激情，故意捣乱，敌视教师，讨厌上课 2. 教师不耐烦，乃至发脾气
意志状态	坚持，努力克服困难	害怕困难，叫苦连天，设法逃避	冲动
定势状态	确信教师讲课内容的真理性	对教师讲的东西抱怀疑态度	不信任老师
思维状态	健康的智力紧张，开动脑筋，进而迸发出创造性，教师的语言生动、有趣、逻辑性强，学生理解和解答问题迅速、准确	思维出现惰性，反应迟钝	不动脑筋

积极的课堂教学气氛是一种恬静而不呆板、热烈而不浮躁、宽松而不涣散的状态。课堂的恬静是教学秩序的井然有序和学生对教学的高度关注，但恬静不等于正襟危坐，死气沉沉，它是静中有动，是教学有序和思维活跃的统一。热烈是指师生双方都有饱满的热情，课堂教学轻松愉快，大脑进入适宜的兴奋状态，思维敏捷，课堂发言踊跃，而在热烈的气氛中，大家又能保持冷静的头脑，能深入地思考问题，专心听取教师的讲授和同学的发言。宽松是指民主和谐，师生关系融洽，配合默契，课堂上听不到教师的训斥，看不到僵局和苦恼的阴影，但宽松不等于放任自流，不是纪律的涣散和要求的降低。宽松和严谨是相统一的，它包含必要的常规，包含教师的提醒、点拨和引导。当然，这里的动与静、热与冷、宽与严的和谐统一是个非常理想化的状态，但理想往往就是目标，就是我们应该努力的方向。

消极的课堂教学气氛常常以学生的紧张拘谨、心不在焉、反应迟钝为基本特征。在教学中明显能感到学生情绪低落、精神恍惚、注意分散，他们的无关动作增多，无精打采甚至打瞌睡者较为常见。他们对教师的要求大都采取应付的态度，很少主动发言。显然，消极的课堂教学气氛大大降低了教学的效率，而且使得师生双方都体会不到教与学的乐趣，甚至觉得进入教室是对自己的一种折磨。

对抗的课堂教学气氛实质上是一种失控的教学状态。教师失去了对课堂的驾驭和控制能力。在充满对抗气氛的课堂上，学生不仅不配合教师的教学，反而想方设法干扰、破坏教师的教学；学生不仅不听从教师的教诲，反而以一种逆反的姿态，处处反其道而行之；学生不仅不尊重教师，反而排斥甚至敌视、羞辱教师。毫无疑问，对抗的课堂教学气氛使得师生之间的教与学的关系名存实亡，情绪发泄的需要已经替代了传授与获得知识的需要。

也有的学者根据课堂内成员之间的互动性质，将课堂气氛划分为竞争的、合作的和个人主义的三种类型。[①] 在竞争的课堂气氛里，教师是唯一的裁判，学生为他们之间的正确答案或教师所立的标准而展开竞争，典型的活动如操作和练习。在这样的课堂里，教师主要是组织教学，提供刺激材料，评估回答的正确性；在合作的课堂气氛里，学生在教师的引导下进行对话活动，教师有条不紊地穿插进来，使观点鲜明，并且使讨论迈向更高水平。比较典型的如小组和大组讨论。在合作的课堂气氛中，教师的主要任务是激发讨论、仲裁争议、组织和团结同学；在个人主义的课堂气氛里，学生完成教师布置的任务，被鼓励按他们认为最好的答案完成任务，强调课堂自我。在个人主义课堂气氛里，典型的课堂活动是独立的课堂练习，教师要善于不断转换各种课堂气氛，保证课堂教学任务的顺利进行。在这三类不同的课堂气氛里，从竞争到合作再到个人主义，课堂内的社会心理环境从权威主义到放任主义之间波动，教师也不断降低对学习过程的控制。

不管采取哪种分类方法，都说明了一点，即课堂教学气氛与教学效果有直接的必然的联系。特定的教学需要特定的课堂气氛，教师不仅要为各种教学活动安排和创造最适宜的课堂气氛，而且还应该善于不断地加以变换，以保证教学的顺利进行以及教学效果的顺利实现。

三、课堂教学气氛与教学效果

课堂教学气氛对教学效果的作用非常大，这在前面已经提到了，下面再从神经生理学的角度来详细分析课堂教学气氛与教学效果的关系。从神经生理学角度

---

① 莫雷. 教育心理学 [M]. 广州：广东高等教育出版社，2005：563.

看，课堂气氛属高级神经活动范畴，是大脑学习中枢与情感中枢发生联系的生理过程。某种课堂气氛的形成与引起师生的这种情绪、情感和知觉、观念思考等认识过程联系着，引起师生满意而愉快的教学情绪能驱使人去积极进行观察、思考，大脑相关的高级中枢兴奋度就高，而引起师生冷漠而消沉的教学情绪则会削弱大脑的活动能力，使观察思考受到抑制。这正是情感兴奋与抑制性在课堂气氛中的体现。在良好的课堂气氛中，师生之间彼此满意愉快，互相信赖，促进了知识的传授和接纳，教学效果必然会良好。课堂气氛体现为教学情境与学生求知心理是否适宜、师生关系是否和谐，并以情绪、情感的方式表达出来。课堂气氛是一种有特殊功能的"信号"。学生接受其刺激后，就会形成关于该课堂情境的记忆映象，以后再遇到类似情境的发生时，会唤起相应的情绪体验，从而表现出积极或消极的态度反应，久而久之便形成了某一教学集体的课堂气氛。不难想象，课堂教学气氛浓郁，教学效果肯定会比较好。如当学生回顾起良好的课堂气氛时，也会勾起他们对教学内容的回忆，于是促进了知识的巩固。我们常能见到不少人在谈某些知识时，还常会联想起他们的老师是如何讲课、如何表达的，还能以当时愉快的情感体验绘声绘色地再现出原来的课堂气氛。由此可见，课堂教学气氛对教学效果的作用是十分明显的。

第二节　现实课堂教学气氛营造中存在的问题及成因

作为教师，最关注的莫过于学生的课堂学习效率，良好的教学气氛是提高教学效率的一个重要手段，可是在现实的教学中，尽管教师们想方设法地构建温馨、和谐、愉悦的课堂教学气氛，效果却往往不尽如人意，总是存在这样或那样的问题。

一、现实课堂教学气氛营造中存在的问题

1. 教师高压控制课堂

要维持课堂教学的顺利进行，课堂内必须有一定的秩序，教师必须对课堂有一定的控制。因此，大多数教师都把有效地保持课堂教学秩序作为营造课堂教学气氛的一个前提。他们对课堂采取集权式领导，对学生的要求非常苛刻，学生上课只能端坐、用耳朵听、用眼睛看，不能动口、动手，学生稍有违背，他们就采用训斥和压制的办法，以保持课堂的消极稳定。教师在课堂上充当了"教育警察"的角色。这种对课堂的高控制尽管在表面上秩序井然，很安静，但是我们应该特别注意课堂上这种安静背后所隐藏的学生反抗：许多学生也许在安静地做着白日梦，或许安静地心飞窗外，或许安静地在为前面的同学画像……这种情境下

学生的学习效果可想而知。

2. 学生学习兴趣不浓

兴趣是最好的老师，如果学生对这门课没有兴趣，那就谈不上上课认真听讲了，积极课堂教学气氛的形成在很大程度上往往取决于学生的学习兴趣。研究表明，凡是学生具有浓厚兴趣，对学习有正确认识的学科，上课都表现出注意力集中，努力克服困难，发言积极，反应迅速，有较高的思维积极性，因而课堂气氛好；如果上课前就已经产生厌烦情绪，就不会同教师配合。这种学生上课时注意力不集中，经常走神，不爱发言，在课堂上表现较沉闷、压抑。例如某班级有一位学生特别喜爱美术，但在家里受到父母的严厉监督，无法表现自己的兴趣爱好，于是他便在课堂上画画，老师认为他不认真听讲，违反课堂规则，因而采取批评、惩罚的方法，结果弄得师生关系紧张，课堂教学气氛受到严重影响。不仅这个学生不爱听这个老师讲课，而且还影响到其他同学。不过中小学生的学习兴趣，很大程度上是在教学过程中被激发出来的。如果教师教得好，学生就学得很有兴趣，也就愿意学习这门课程，课堂教学气氛也会比较好。

3. 班集体学习风气不良

班集体的学风不良也会影响到课堂教学气氛的营造。老师们可能都会有这样的感受：当你走进一个纪律比较好、学风也比较好的班级里，上课很轻松，教师不用花太多的时间来维持课堂纪律，学生的学习积极性和热情都很高；而当你走进一个后进生相对较多、纪律不太好、学风也不太好的班级时，上课就很费力，学生的学习效果也很差。不管你是年轻教师，还是经验丰富的老教师，这种情况都是无法改变的。作为教师或班主任往往对这样的班级在管理上会加大力度，营造课堂教学气氛也会从建设良好班风入手。这里其实就是班风对课堂教学气氛的影响。良好的班风可以为课堂教学提供稳定的心理背景，群体的规范可以使学生将其视作个人行为的准则予以认同，从而自觉地约束自己的行为。学生在这样的班集体中，会自觉不自觉地受到熏陶和同化。良好的班风也可以使学生感到行为有所遵循，从而在情绪上产生安全感，减少焦虑情绪，促进积极的课堂气氛的形成。良好的班风也不是一朝一夕就可以形成的，作为一种无形的精神力量，它需要经过很长的时间去积累。

二、现实课堂教学气氛营造中存在问题的原因分析

影响课堂教学气氛形成的因素是多方面的，有政治的、经济的、社会的、教育的、心理的甚至物理的，因此营造良好的课堂教学气氛是一项复杂的系统的工程，它需要各方面的努力。针对前面所述课堂教学气氛营造中出现的问题，我们

认为主要可以从教师、学生和环境三个方面来寻求原因。

1. 教师因素

从教师的角度看，教师的心理因素是构成课堂教学气氛的一个方面，虽然它对课堂教学气氛的影响要通过学生的心理这个根本因素来实现，但教师在师生关系中所处的优势地位决定了教师是能够调控学生的心理因素的，教师是课堂教学气氛的调节和控制的关键和主导者。教师作为影响课堂教学气氛的一个重要因素包括多个方面。研究表明，教师的课堂领导方式、教师的移情、教师对学生的期望、教师的焦虑、教师的教学能力等都是影响课堂教学气氛的重要方面。

（1）教师的领导方式

教师的领导方式直接影响着课堂教学气氛的形成。教师的领导方式是教师用来行使权力与发扬其领导作用的行为方式。美国心理学家勒温（K. Lewin）1939年曾研究了组织者的领导方式对其成员行为的影响问题。结果表明，当组织者是权威型时，小组气氛是紧张的、沉闷的，组织者在场时，成员服从于集体规则；组织者不在场时，集体如一盘散沙。当组织者是民主型时，小组成员在活动中表现出极大的兴趣和主动精神，善于合作，活动效果很好。当组织者是放任型时，小组气氛表现出无组织、无纪律、无目的的特点，成员的活动行为是消极的、被动的，缺乏合作，无责任感。由此可见，班集体的组织者——教师的领导方式影响着集体心理气氛的形成。李比特（R. Lippit）和怀特（R. K. White）1952年曾对教师的领导方式进行了专门研究，他们把教师的领导方式分为权威式、民主式和放任式，并且深入地研究了这三种领导方式对教学计划、学习方式、努力情况、教室秩序和课堂气氛的不同影响。[①] ①权威式领导，也称作专制型领导，课堂里的一切由教师作决定，学生没有自由，只是听从教师的命令，教师完全控制学生的行为；②民主式领导，教师在课堂中以民主的方式教学，重视学生集体的作用，教学计划和决策是全体成员讨论和共同分享的，教师力图使自己成为一个帮手和促进者，以对学生进行帮助和指导，鼓励个人和集体的责任心和参与精神，对学生的表现给予客观的表扬和批评；③放任式领导，教师在课堂中既不严格管理，也不给予强烈支持，而是采取一种不介入的、被动的姿态，没有清楚的目标，没有建议或批评，教师仅给学生提供各种材料，给学生充分的自由，使学生处于放任状态，允许学生在没有指导和忠告的情况下随便做什么。

从对课堂教学气氛和学习效率的影响来看，放任式领导是最差的。新近研究发现，民主式领导虽然在教师离开时，学生仍能积极学习，保持较高的成绩，但

① 陈琦，刘儒德. 当代教育心理学［M］. 北京：北京师范大学出版社，1997：316.

和权威式领导相比，民主组并没能多学习些或产生高质量的工作。联系实际，李比特和怀特认为，民主式领导的学生在态度和责任心方面比较好，而从学到多少来看，民主组并不高。权威式领导虽然在发展学生的创造性和责任心方面稍差，但是当班集体涣散，课堂秩序混乱，人际关系紧张时，权威式领导往往能有效地控制局面，使课堂活动走上正常运行轨道。

（2）教师的移情

移情，即"感人之所感"，并同时能"知人之所感"，又称为同情心，是指在人际交往中，当一个人感知对方的某种情绪时，他自己也能体验相应的情绪，也就是设身处地以对方的想法去体察其心情。① 教师的移情是教师将自身的情绪或情感投射到学生身上，感受到学生的情感体验，并引起与学生相似的情绪性反应。移情好比师生之间的一座桥梁，它可将师生的意图、观点和情感联结起来，在教育情境中形成暂时的统一体，有利于创设良好的课堂心理气氛。教师善于移情，就会使得学生更多地参与课堂活动，获得较高的成就动机，形成更高水平的自我意识，促进学生之间的积极交往，进而提高课堂教学效果和学生的学习效益。教师的移情有赖于师生之间产生共鸣性的情感反应，教师和学生都要善于利用移情体验。教师的移情体验有熟悉感、和睦感、理解感、依赖感和睿智感等。学生的移情体验有接近感、安定感、共鸣感和依赖感等。师生双方彼此的移情体验，会促使师生感情的沟通与融洽，并能对良好的师生人际关系产生积极的影响，进而促使和谐愉快课堂教学气氛的形成。教师的移情有赖于心理换位，将自己置于学生的位置上。如果教师总是以自我为中心，习惯于向学生提出单向要求，就容易产生认知障碍。在课堂活动中教师要设身处地为学生着想，能以"假如我是学生"去思考和行动，努力做到将心比心，这样才能产生教师的移情，形成良好的课堂教学气氛。

（3）教师的期望

教师期望是影响课堂心理气氛的一个重要因素。从20世纪50年代后期开始，有关教师期望的自我预言效应研究逐渐受到重视。其中，心理学家罗森塔尔和雅各布森的研究尤为引人注目。教师期望效应说明，当教师对学生所要达到的心理、智力、知识、能力、行为状况或变化有着某种预先设定时，教师这种内在主观倾向往往反映在其外在行为上，从而给学生造成某种特定的心理环境，影响学生的自我概念和学业成绩。教师期望效应的实现过程包括教师形成期望、教师传递期望、学生内化教师期望以及教师维持或调整期望四个基本环节。各个环节

---

① 姚本先，方双虎. 学校心理健康教育导论［M］. 合肥：中国科学技术大学出版社，2002：118.

是紧密联系在一起的，并最终形成一个循环往复的环状结构，从而不断地对学生造成影响。教师期望效应具有暗示性、层次的问题性、情感性、激励性等特点。有关研究表明，教师期望通过 4 种途径影响课堂心理气氛：①接受。教师通过接受学生意见的程度，为高期望学生创造亲切的课堂情绪气氛，为低期望学生制造紧张的课堂情绪气氛。②反馈。教师通过输入信息的数量、交往频率、目光注视、赞扬和批评等向不同期望的学生提供不同的反馈。③输入。教师向不同期望的学生提供难度不同、数量不等的学习材料，对问题作出程度不同的说明、解释、提醒或暗示。④输出。教师允许学生提问和回答问题，听取学生回答问题的耐心程度等，这些都会对课堂教学气氛产生不同的影响。

（4）教师的教学能力

课堂教学气氛与教师的教学能力密切相关。教师的语言表达能力在很大程度上影响教学效果，进而制约着课堂心理气氛。希勒（J. H. Hiller）等人认为，教师讲解的含糊不清与学生的学习成绩有关。罗森斯海因（Rosenshine）和弗斯特（Frusta）等人的研究也发现，学生的学习成绩同教师表达的清晰性有显著的相关。因此，教师的语言应清晰准确，使学生听得清。教师的语言应简洁明白，使学生听得懂。教师的语言应鲜明生动，使学生听得有趣。教师应巧妙地调节和控制语言的节奏和音量，使之快慢适度、高低适宜、抑扬顿挫、轻重缓急、声情并茂、娓娓动听。除此之外，教师的体态语言也影响师生的情感交流和心理距离，进而制约课堂心理气氛。教师的眼神、面部表情、手势、身体姿态、服饰等体态语言同一般语言符号一样，可以作为信息传递的媒介，具有不可忽视的信息沟通作用。教师在课堂教学中目光飘忽不定，眼看天花板或教室外面，会严重影响学生听课情绪。教师应力争通过自己的目光使每个学生都感到自己处在教师的"注意圈"中，都有自己是教师"注意中心"的感觉。教师微笑的眼神，可使学生感到温暖；教师镇定的眼神，可使学生感到安全；教师信任的眼神，可使学生感到鼓舞。一般情况下，教师应避免对学生久久直视或斜视。教师还应在课堂教学中善用手势给知识、信息附加情感色彩。譬如直线比划，传达下沉、下决心的信息，快而有力，不容动摇；水平比划，传达平静、安定等信息；折线比划，传达突然变化、转机等信息。

（5）教师的焦虑

教师对教学能力和知识水平的自我评估，常常使自己感受到对自尊心的威胁而产生焦虑。教师的焦虑水平是不同的。如若教师的焦虑水平过低，就会缺乏激励力量，对教学和学生容易产生无所谓的态度，师生之间很难引起情感共鸣，容易形成消极的课堂心理气氛。如若教师焦虑过度，在课堂里总是忧心忡忡，唯恐教学失去控制，害怕自己的教学失误，处处小心谨慎，一旦学生发生问题行为，为了保全自己的面子，就会缺乏教学机智以致作出不适当的反应，同样会造成不良的课堂心理气氛。只有当教师焦虑适中时，才有利于教师能力和水平的充分发挥，才会激起教师的教育创造能力和教育机智，以努力改变课堂现状，有效而灵活地处理课堂问题，避免呆板或恐慌反应，从而推动教师不断努力以谋求最佳堂教学气氛的出现。

2. 学生因素

（1）学习态度和动机

不同的学生具有各不相同的学习动机和态度，在课堂教学中也会有不同的表现。具有较积极学习动机的学生在课堂上一般发言积极，反应迅速，无论在何种课堂教学心理气氛下都能认真学习。而学习动机较消极的学生则注意力不集中，经常走神，不爱发言，在课堂上表现较沉闷、压抑。

（2）认知方式

学生的认知方式和水平是在学习中形成和发展的，也各有不同。当其认知方式、水平与教师的讲授相适应时，会接受迅速、反应积极；反之，则反应迟纯，在课堂上表现得较沉闷。同一水平上的认知方式也各具特色，有的迅速而肤浅，有的深刻而迟缓，有的喜爱参与，有的则沉默寡言。我们认为，根据人脑在学习过程中活动机制的差异，智力因素以不同方式在心理能力上的不同组合状态，可将智力类型分为四类：一是直接型。此类型易按照外部规定或内部需要高速度地接受或排斥外界信息。二是波动型。此类型接受外界信息能力强，兴趣广泛，但对同一问题的持久性差。三是中转型。此类型所接受的外界信息不能很快地进入存储记忆，它必须经过学习者自身信息加工系统的筛选与过滤。四是反馈型。此类型由于感受区较弱，故接受外界信息的速度较慢，但其反思能力较强。直接型与波动型的学生智力活动速度较快，可在短期内掌握较多的知识，在课堂上一般反应积极，乐于回答问题，但注意力有时不集中，容易走神，尤其是教材难度过低或学生自认为已经掌握了教师讲授的知识时。中转型与反馈型学生智力活动速度较为缓慢，在课堂上比较沉默，较少回答问题，但注意力比较集中，不易受外界干扰，也较容易产生情绪紧张。但是慢智型并不是智力低下，教师应帮助这些学生树立自信心，采用适当的教学策略，消除其情绪紧张，满足其智力紧张需要，也可形成良好的课堂教学气氛。

3. 课堂物理环境因素①

课堂内物理环境又称作教学的时空环境，主要指教学时间和空间因素构成的特定的教学环境，包括教学时间的安排、班级规模、教室内的设备、教具、乐音或噪音、光线充足与否、空气清新或污染、高温或低温、座位编排方式等。

（1）科学合理地安排时间对课堂学习效率有重要影响

研究表明，人的心理活动能力在一天中的不同时间是有差异的，大脑最敏捷、学习能力最强的时间是上午，运动能力最佳的时间是下午。因此，主要学科的教学一般安排在上午，而下午则安排各种课外活动。此外，各年龄阶段儿童能持续学习的时间也不一样，一般地，6～8 岁为 30～40 分钟，9～12 岁为 40～50 分钟，13～15 岁为 50～60 分钟。如果不遵循这些原理，势必会导致学生学习效率不高，进而丧失学习兴趣，甚至导致厌学。这些显然不利于形成良好的课堂教学气氛。因此，科学合理地安排学习时间是营造良好课堂教学气氛的有效途径之一。

（2）班级人数较多，环境过分拥挤，影响学生的心理健康

心理学家埃普斯坦等人于 1981 年作过一项实验，让被试在 3 周内 3 次处于拥挤之中，结果发现被试都感到紧张不安、心情烦躁、生理激动水平较高。拥挤对于师生的健康都不利，它可能引起与紧张有关的心理疾病，也可能助长流行疾病的传染，还可能抑制亲社会行为、利他行为而滋生侵犯行为和反社会行为。格拉塞（Glass，1979 年）的研究表明，班级规模与学习成绩之间关系密切，班级规模越大，学生的平均成绩越差；班级规模越小，学生的平均成绩就越高。由此可见，如若班级人数较多，环境过分拥挤，就会使得不少学生被剥夺参与正常课堂活动的权利，尤其是那些性格内向、成绩较差的学生，表现出烦躁不安、好斗、富有攻击性，或在心理上产生压抑和无助感；另外在班级人数过多的情况下，教师很难对每个学生进行个别辅导，进而影响教学质量。而人数适当、规模适宜的班级里，每个学生都有参与课堂讨论、回答教师问题、与教师和同学开展正常交往的机会，教师也有精力为每个学生提供个别辅导和帮助，有助于促进学生人格与学习的发展，进而有利于形成良好的课堂教学气氛。因此，教育行政部门和学校应对班级规模进行适当的调控，以保证每个学生有足够的学习空间。

（3）噪音也是影响课堂教学气氛的一项重要物理环境

美国心理学家在洛杉矶的一些小学里进行过一项关于噪音对小学生影响的长期研究。对位于机场附近的 4 所小学的学生和位于安静区的 3 所小学的学生，进行了各种心理和生理测验。结果发现，长期受噪音影响的机场附近 4 所小学的学

① 方双虎. 论课堂心理气氛的影响因素 [J]. 内蒙古师范大学学报（教育科学版），2003（4）.

生，都比安静区学校学生的血压平均指数高，放弃困难智力作业的人数多，而且易受背景噪音的影响而分心。由此可见，学生是不能习惯于噪音环境的，必须采取得力的措施排除课堂内的噪音，以利于营造良好的课堂教学气氛。

（4）座位编排方式也是影响课堂教学气氛的物理环境因素之一

它是指教室内学生桌椅的排列方式。常见的排列方式有横排式、马蹄式、小组式、队列式等。座位把教室分成了不同的学习区域，不同的排列方式也就具有了不同的空间特点和功能，它不仅影响师生交往和人际关系的建立，而且影响学生的学习动机、态度、课堂行为和学习成绩，进而制约着课堂教学气氛。

第三节 营造有效课堂教学气氛的策略与方法

课堂教学气氛是在师生互动中形成的，教师在这一过程中始终处于主导地位，因此良好的教学气氛在很大程度上取决于教师。鉴于此，我们仅从教师这一角度来探讨营造有效课堂教学气氛的策略。

一、教师应具备先进的教学理念和管理思想

不管是新教师还是有经验的老教师，都有关于教学和管理的一些看法，这些看法也就是教师对课程和学生的基本态度。就教学来看，大体上有以教师为中心和以学生为中心之分，还有强调师生互动的；从管理来看，有权威型的、民主型的和放任型的等。教育史上对不同的教学理念和管理思想的意义和作用都有充分的讨论，这里我们就不再对此加以详细评说了，但是有一点是必须肯定的，那就是不同的教学风格和管理思想必然会对班级气氛的形成产生不同的影响，而以学生为中心的或者突出师生互动的，以及民主型的课堂管理必然有助于良好课堂教学气氛的形成。

二、建立和谐的人际关系

课堂教学是一个教师与学生、学生与学生之间的互动过程，在互动中会形成各种人际关系，主要包括师生关系和学生关系，其中师生关系对课堂气氛的形成具有更大影响。

建立良好的师生关系不仅仅是为了形成积极的课堂气氛，它本身就是一项重要的教学任务。有学者指出："实际上，教师的职能不仅仅是传授知识，而是将更多地创造师生交往，使学生在师生互动中体验平等、民主、尊重与理解……形成这种教育性的师生关系将成为现代教育占中心地位的任务。"[1] 由于在师生关

---

① 金生鋐. 理解与教育 [M]. 北京：教育科学出版社，1997：55.

系中，教师是比较主动的一方，因此，教师的素质和态度在很大程度上决定着师生关系的状态。首先，教师必须加强自身修养，把权威建立在丰富的知识、全面的能力和高尚的人格基础之上，从而使学生产生崇敬和乐于接近的心理。其次，要热爱、尊重和理解学生，能设身处地为学生着想，积极参加学生的活动。最后，要采取民主型的课堂领导方式。

为了建立和谐的生生关系，教师要正确引导学生间的竞争与合作。竞争与合作是课堂里学生之间相互作用的基本形式。其中良好的合作关系不仅能促进学生学习，而且是班集体正常运作的必要条件。所以，在处理竞争与合作的关系时，应本着以合作为基础，在合作的基础上开展竞争的原则来进行，竞争应控制在一定程度和一定范围之内。过于强烈的竞争容易使学生过分焦虑，也容易造成人际关系紧张。因此，我们应该提倡在团体之间的竞争，而不是强调个人间的竞争。

三、教师要以自己积极的情感感染学生

师生的情感共鸣是课堂心理气氛的重要变量。现代教学论认为，教学过程不仅是传授知识的过程，更是师生在理性、情感方面的互动过程。学生是否乐于接受教师所传授的信息，关键在于这些信息能否满足学生的情感需要。课堂教学中要使师生双方的意图、观点和情感连结起来，使教师传授的知识、提供的信息引起学生强烈的求知欲望、积极的思维活动和强烈的内心体验，教师就必须增加情感投入，给知识、信息附加情感色彩，实施情感性教学，以教师自身的情感体验营造良好和谐的课堂教学气氛。教师本身的情感状态，可以产生共鸣作用，使学生受到潜移默化的影响，使课堂中出现某种心理气氛。这就要求教师在教学过程中倾注积极的情感和真诚的爱心，用情感和爱心去感染和打动学生，让他们伴随着丰富而快乐的情感体验参与教学过程。诸多优秀教师的经验说明，教师的积极情感有助于良好课堂教学气氛的形成。它还要求教师能够深入到学生内心，体验学生的情感，把自己的情感倾注到学生身上，重视与学生的情感交流，缩短因教师的权威、地位、角色而产生的与学生间的心理距离，增强与学生在心理上的合作，以让学生能够"亲其师，信其道"。教师的师爱是调控课堂教学气氛的长久动力源泉。

四、建立积极的教师期待

自我实现预言（Self – fulfilling Prophecy）是指人们对某些食物的期待或真实信念，将有可能导致这些期待成为现实。教师如果能充分了解每个学生的心理特点，形成恰当的高期望，那么学生就有可能产生良好的自我实现预言效应，从而向好的方向发展，并形成和谐的课堂气氛。如果教师对学生形成低期望，那么，

学生在这种低期望的影响下，就可能自暴自弃，学习成绩越来越差，并严重影响课堂气氛。

教师期待对学生的影响是一个师生互动的过程。布鲁菲和古德（Brophy & Good，1974）提出了一个教师期待能在课堂上实现的模型，这个模型包括以下几个步骤：①教师预期某一学生有他所期待的行为和成绩；②由于对学生有不同的期待，教师对不同学生表现出不同的行为；③教师将对个人不同的行为和成就的期待，传达给每个学生，进而影响学生的自我概念、成就动机和抱负水平；④如果这种区别一直继续下去，那么这种期待就会影响学生的成绩和行为；⑤随着时间的推移，学生的成绩和行为越来越接近和符合教师对他们的最初期待。

布鲁菲和古德（1987）在进一步的研究中发现，教师对差生的低期望常常通过以下的行为表达：①当差生失败时，教师经常批评；②当差生成功时，教师很少表扬；③教师对差生的回答，常常不提供反馈意见；④教学过程中，教师较少注意到差生；⑤教师把差生的座位安排在远离自己的地方，或集中安排在一起。

如何建立恰当的教师期待呢？首先，教师不应无区别地对待每个学生，古德等人认为，对所有的学生都是平等的对待或高期待，忽视学生的个别差异，并不利于学生的学习，因此是不恰当的期待。其次，教师要了解每个学生的长处和短处，对每个学生建立适当的期待，在课堂中给予各人不同的机会。再次，教师要不断监控自己的教学行为，及时调整不适当的期待。例如，面对差生，不妨对照上述布鲁菲和古德的研究成果，问一下自己：我是否表现出这种行为，从而对差生传达了低期望呢？如果有，就要及时调整。

五、掌握熟练的课堂管理技术

美国教育心理学家康尼（J. S. Kounin）经过多年的研究认为，教师要实现良好的课程运作，必须掌握以下 6 个方面的技术。①

1. 洞悉

洞悉是指教师在教学的同时，能注意到课堂内发生的所有事情，并用语言或非语言予以适当处理的能力。具有洞悉能力的教师几乎能掌握课堂上发生的一切事件，能主动控制教学的进程和及时处理所出现的问题。康尼把洞悉描述为教师"脑后有眼"，他使学生在课堂上不轻举妄动，从而避免可能发生的扰乱课堂秩序的行为。

2. 兼顾

兼顾是教师在同一时间内注意或处理两个以上事件的能力。在上面介绍洞悉

---

① 参见 R. F. Biehler：Psychology Applied to Teaching，Houghton Mifflin Company，1993，pp，622~627.

时，我们主要是指教师能洞察教学中发生的一切，并分轻重缓急逐件予以处理的能力。而这里所说的兼顾就是在同一时间里，教师能把注意分配在不同的方面，并做出适当的反应。有经验的教师通常能够在不中断讲课的基础上，制止部分学生的违纪行为或处理其他相关事务。比如，一边上课，一边用眼神或手势提醒个别学生不要讲话、不要做小动作。康尼说过，如果你在一个小时内只能将注意集中在一件事上，那么你就需要锻炼在这方面的技巧，争取能在同一时刻处理不同的问题。

3. 保持教学过程的平稳与连贯

一些教学经验不足的教师有时会自己给自己增添麻烦。康尼就发现，有的教师会因为一些琐碎的事情而经常中断自己的教学过程，还有的教师不能很好地把握讲课的节奏，时而拖沓，时而又快得让人来不及思考。凡此种种，都会使教学过程失去平稳和连贯，结果引起学生思维的混乱和课堂的骚动。康尼建议，教师应该花点时间来回顾一下自己的课堂教学过程，包括：①对学生提出的要求是不是因缺少铺垫和准备而显得突然。②有没有因突发性的念头而中断课堂教学，有没有中断讲课而去评论一件与教学无关的事情。③有没有毫无必要地在教室里不停地来回走动。④有没有置多数人于不顾，而仅仅是在对个别人发出指示。康尼认为，凡是有上述情况的教师，都应该在接下来的课程中做出改进，以保持自己讲课的平稳和连贯。

4. 保持全班学生对课程的参与

康尼发现，即使一些出色的教师，在自己的课堂上也会出现这样的情形：引起教师注意并保持和教师沟通的始终是少部分学生，而大部分学生则是被动的"听众"。这些学生就有可能对课程感到厌倦并产生问题行为。为保持全班学生对课程的参与，教师可以采取以下方法：

第一，提出一个问题，停顿一会儿，让全班学生思考，然后随机指定一位学生来回答。这样的过程主要是让每一位学生都感到：老师有可能喊到我。

第二，如果你是让一位学生到黑板上做题目，那么同时就要要求全班学生一起在自己的座位上也做该题目，然后随机选几位学生将他们的结果和黑板上的进行比较。

第三，在让学生完成一个复杂或较长的作业时，应把该作业分解成几部分，让不同的学生来完成。比如读一篇很长的课文，就要让一个学生先读一段，然后再随机指定另一个学生往下读，这样就可以让全班都保持精力的集中。

第四，使用卡片或小黑板等教具呈现问题，让全班学生同时去完成，然后在相互核对或指定部分学生将自己的结果告诉大家。

5. 创设生动活泼的教学情境

教学形式的丰富多样、教学手段的生动活泼可以大大激发学生的学习情趣，对保持课堂高昂的学习气氛是非常有帮助的。

6. 批评学生避免"波纹效应"

波纹效应（ripple effect）是指教师批评某一个学生以后，对班级其他学生所产生的负面影响。如果教师对问题的处理缺乏公正，言辞偏激，有损学生的人格，这样非但不能使犯错误的学生受到教育，反而会引起其他学生对这个学生的同情，甚至产生对教师的反感。结果不仅没有达到批评的目的，反而对自己的工作带来了负面的影响。

六、维持适度的焦虑水平

在创造课堂教学气氛时，如果教师的焦虑过低，缺乏激动力量，则他对教学、对学生就容易采取无所谓的态度，师生之间很难引起情感共鸣，容易形成消极的课堂气氛；如果教师的焦虑过高，在课堂上总是忧心忡忡，惟恐学生失控，害怕自己教学失败，那么一旦学生出现问题行为时，就可能缺乏随机应变的能力，做出不适当的反应。并且，教师的高度焦虑会使学生受到"感染"，增加学生的焦虑度，从而使课堂气氛紧张。所以，过高或过低的焦虑，都不利于发挥教师的能力，只有当教师的焦虑处在中等程度时，他才会有效而灵活地处理课堂上出现的问题，创造出最佳课堂气氛。

另外，学生的焦虑也与课堂教学气氛的形成有关，作为教师应该对班级学生焦虑程度有个感知，并采取措施来调节学生的焦虑。对于焦虑偏低的学生，适于采用有较大压力的教学措施和测验类型，以促使其焦虑水平处于中等；对于焦虑程度偏高的学生，宜采用压力较低的教学措施和测验类型，以促使其焦虑水平由高趋于中等。因此作为教师不光要自觉维持适度的焦虑水平，更要采取适当措施促使学生也维持适度的焦虑水平。

七、形成良好的班风

班风也是影响课堂教学气氛的一个重要因素，作为班主任和教师们在进行纪律教育的同时，要努力培养学生的合作精神和集体主义观念，学会与同学和教师积极沟通，分工协作。这样，在课堂教学这种集体活动中，学生就会把自己作为一分子主动融入其中，形成既纪律严谨又团结向上的班级氛围，从而顺利完成教与学的任务。

第十一章

提高自主学习效率的策略与方法

自主学习（Self – Regulated Learning）是当今教育研究的一个重要主题。联合国教科文组织在《学会生存——世界教育的今天和明天》中指出："未来的学校必须把教育的对象变成自己教育自己的主体。受教育的人必须成为教育他自己的人，别人的教育必须成为这个人自己的教育。""新的教育精神使个人成为他自己文化进步的主人和创造者。自学，尤其是帮助下的自学，在任何教育体系中，都具有无可比拟的价值。"① 自主学习无论对于社会发展、教育变革还是个人终身学习，都具有极为重要的意义。

第一节　自主学习概述

在我国，自主学习的系统研究起始于 20 世纪 70 年代末 80 年代初，随后成为新一轮国家基础教育课程改革大力倡导的学习方式之一而得到全面推广。《基础教育课程改革纲要（试行)》中明确指出："注重培养学生的独立性和自主性，引导学生质疑、调查、探究，在实践中学习，促进学生在教师的指导下主动地富有个性地学习。"自主学习不仅有利于学生提高学习成绩，而且是个体终身学习和毕生发展的基础。

一、自主学习的内涵

"自主学习"是针对学习的内在品质而言的，与之相对的是被动学习、机械学习、他主学习。国内外教育学者对自主学习进行了大量研究，但自主学习还没有一个一致的定义。

---

① 联合国教科文组织. 学会生存——世界教育的今天和明天［M］. 北京：教育科学出版社，1979：218. 274.

1. 国外学者的主要观点①

自主学习的思想可谓源远流长。继古希腊的苏格拉底、柏拉图、亚里士多德之后，卢梭、第斯多惠、杜威等都是自主学习思想的倡导者。20世纪中叶以后，信息加工心理学迅速发展，维果斯基的言语自我指导理论在西方得到了确认，人本主义心理学也开始兴起，心理学领域内的这些发展推进了自主学习的研究。

（1）以维果斯基为代表的维列鲁学派

这一学派主要是从儿童言语发挥来论述自主学习的。他们认为，自主学习本质上是一种言语的自我指导过程，是个体利用内部言语主动调节自己学习的过程。他们把儿童的语言发展分为外部言语、自我中心的言语和不出声的内部言语来控制。去除言语这一外在依附，可以发现，维列鲁学派认为自主学习是一种自我指导的过程，它是通过模仿外界和不断地自我练习来达成的。

（2）以斯金纳为代表的操作主义学派

这一学派认为，自主学习是一种操作性行为，是基于外部奖赏或惩罚而做出的一种应答性反应。具体来说自主学习包含三个子过程：自我监控、自我指导和自我强化。自我监控是指学生针对自己的学习过程所进行的一种观察、审视和评价；自我指导是指学生采取那些致使学习趋向于学习结果的行为，包括制定学习计划、选择适当的学习方法、营造学习环境等；自我强化是指学生根据学习结果对自己做出奖赏或惩罚，以利于积极的学习得以维持或促进的过程。操作主义学派比维列鲁学派更为详尽地论述了自我学习中的细节，提出了人在自主学习过程中的三个具体阶段：自我监控、自我指导和自我强化。但这一理论在强调自我作用的同时，却相对忽视了外界和社会对学生自主学习的影响。

（3）以班杜拉为代表的社会学习理论

班杜拉及其追随者们是从行为、环境、个体的内在因素三者之间的交互作用来解释自主学习的。他们认为，自主学习是学生基于学习行为的预期、计划与行为现实之间的对比、评价来对学习进行调节和控制的过程，是自我观察、自我判断和自我反应的过程。社会学习论强调人有使用符号和自我调节的双重能力，人不是消极地在接受外界刺激，而是积极地对外界刺激进行选择及重新组织，并据此来调节自己的行为。比前两个学派更为进步的是，他们既注意到了外界与个体在自主学习过程中的交互作用，也较为详尽具体地论述了自主学习的内在发生过程。

（4）以弗拉维尔为代表的认知建构主义学派

① 庞维国. 自主学习—学与教的原理和策略［M］. 上海：华东师范大学出版社，2003：30～38.

该学派诊断自主学习实际上是元认知监控的学习。所谓元认知是指人对活动的自我意识和自我控制，而元认知监控下的学习就是学生根据自己的学习能力、学习任务的要求，积极主动地调整学习策略和努力程度的过程。这一学派的重大贡献在于它发现了元认知，为自己学习理论的不断深入提供了更为坚实而丰富的理论基础。

2. 国内学者的主要观点

庞维国认为，充分的自主学习应具备如下特征：[①] （1）学习动机是内在的或自我激发的；（2）学习内容是自主选择的；（3）学习方法由自己选择并能有效地加以利用；（4）学习时间由自己进行计划和管理；（5）对学习过程能够进行自我监控；（6）对学习结果能够主动组织进行自我总结、评价，并据此进行自我强化；（7）能够主动组织有利于学习的学习环境；（8）遇到学习困难能够主动寻求他人帮助。他认为，如果学生完全不具备上述特征，他们的学习就不能称为自主学习。

程晓堂认为自主学习有以下三方面的含义：[②] 第一，自主学习是由学习者的态度、能力和学习策略等因素综合而成的一种主导学习的内在机制，也就是学习者指导和控制自己学习的能力。第二，自主学习是指学习者对自己的学习目标、学习内容、学习方法以及使用的学习材料的控制权。通俗地讲，就是学习者在以上这些方面进行自由选择的程度。从另外一个角度讲，就是教育机制（教育行政部门、教学大纲、学校、教师、教科书）给予学习者的自主程度，或者是对学习者自由选择的宽容度。对教育实践者来说，培养自主学习就是在一定的教育机制中提供自主学习的空间以及协调自主学习与总体教育目标的关系。第三，自主学习是一种学习模式，即学习者在总体教学目标的宏观调控下，在教师的指导下，根据自身条件和需要制订并完成具体学习目标的学习模式。当然这种学习模式有两个必要前提，即学习者具备自主学习的能力和教育机制提供自主学习的空间。

关于自主学习的概念，尽管学者们对它的界定仁者见仁、智者见智，但概括起来主要包含以下内容：第一，明确学习目标。学习者能够根据自己及其他方面（如教师、学校、大纲、社会）的要求，明确学习目标、分清主次，将远期目标分割成几个短期目标，并以对学习成果的评估为基础确定新的目标。第二，确定学习内容。目标明确之后，学习者要对学习内容建立总体印象。不仅能充分吸收、消化学校规定的教材内容，而且能结合自己的实际情况，尽可能利用现有条

---

① 庞维国. 论学生的自主学习［J］. 华东师范大学学报（教育科学版），2001（2）.
② 程晓堂. 论自主学习［J］. 学科教育，1999（7）.

件，收集相关的课外学习材料，拓宽语言输入的方式和渠道，把探寻自己的兴趣作为重要的教学资源。第三，运用合适的学习策略。学习策略适当与否直接影响学习者的学习效果。不同的学习者在不同的学习阶段，可能会运用不同的学习策略。同一种学习策略也会根据不同的情况而在具体使用时有所变化。学习者应根据客观条件和学习目的不同，对自身已有的学习方式进行有意识的摸索和总结。依照语言学习规律，掌握一套适合自己的快速有效的学习策略。第四，监控学习过程，自我评估学习效果。学习者要能随时控制自己的学习时间、地点和进度，了解和认识自己的学习情况。自己制定学习计划，并依照自己的能力和计划实施情况对学习情况进行反思，找出存在的问题，从而有意识地调整和控制自己的学习行为，自我评估学习成果。学习者能建立自己的评估标准，衡量自己的需要及学习进展情况。简而言之，自主学习能够对计划、监控和评估三大环节进行很好的控制。①

二、自主学习的特征

根据国内外学者的研究成果，我们可以将"自主学习"的特征概括为以下3个方面。

1. 自主学习是一种主动学习

主动性是自主学习的基本品质。学生在学习活动中表现为"我要学"。"我要学"是基于学生对学习的一种内在需要，而不是外在的诱因和强制，如物质的奖励和纪律的约束。学生学习的内在需要，一方面表现为学习兴趣，这使学习活动成为学生的一种享受和愉快的体验，另一方面表现为学习责任，即让学生意识到学习是谁的责任，"我对我的学习负责，就是对自己负责，对家人负责，对社会负责"，只有当学生把学习跟自己的生活、生命、成长、发展有机联系起来，自觉担负起学习的责任时，学生的学习才是一种真正的自主学习。

2. 自主学习是一种独立学习

独立性是自主学习的核心品质，在学习活动中表现为"我能学"，每个学生都有表现自己独立学习能力的愿望，也都有相当强的独立学习的能力，他们在学校的整个学习过程其实也就是一个争取独立和日益独立的过程。在传统的教学中我们往往低估或漠视了学生独立学习的能力，忽视或压抑了学生独立学习的欲望，从而导致学生独立性的不断丧失。因此，为了培养每个学生终身学习的愿望

① 李丽，高宪礼. 自主学习理论探析及对外语教育环境构建的启示［J］. 内蒙古师范大学学报（教育科学版），2004（11）.

和能力，教师要充分尊重学生的独立性，积极鼓励学生独立学习，并创造各种机会让学生独立学习，让学生发挥自己的独立性，培养独立学习的能力。对于教师来说，要实现这一目标，要把握好"从教到学"的转化过程，在教学过程中让教师的作用不断转化为学生的独立学习能力。随着学生独立学习能力的由弱到强、由小到大的增长和提高，教师的作用逐渐减弱，最后实现学习活动中学生的基本甚至完全的独立。

3. 自主学习是一种元认知监控的学习

自主学习要求学生对为什么学习、能否学习、学习什么、如何学习等问题有自觉的意识和反应。它突出地表现在学生对学习的自我计划、自我调整、自我指导、自我强化上，即在学习活动之前，学生能够自己确定学习目标、制定学习计划、选择学习方法、作好学习准备；在学习活动中，能对自己的学习过程、学习状态、学习行为进行自我观察、自我审视、自我调节；在学习活动之后，能够对自己的学习结果进行自我检查、自我总结、自我评价和自我补救。

从上面的特征来看，自主学习其实就是建立在自我意识发展基础上的"能学"，建立在学生具有内在学习动机基础上的"想学"，建立在学生掌握了一定的学习策略基础上的"会学"，建立在意志努力基础上的"坚持学"。[①]

第二节　自主学习中存在的问题及成因

一、自主学习中存在的问题

自主学习承认并尊重学生的个体差异，允许学生根据自己的兴趣和需要，制定适合自己的学习计划和学习目标，选择相关的学习内容，并对学习结果做出自我反思和评估。但是由于目前还处在传统教育向新型教育的转轨时期，理论和实践还存在着一定的差距，实践中教师在引导学生课堂自主学习，培养学生自主学习能力方面还存在着不少问题。

1. 教师的教育理念落后

这主要表现在：一是面向全体不够。现在有不少课堂教学出现这样的现象：教师注重发挥学生的主体作用，而主体作用发挥得好的学生恰恰是接受能力较快、学习成绩较好的学生，他们往往能提出一些比较新的见解和主张，教师误以为自己引导得法，就跟着这些"主体作用"发挥得好的学生"走"，而中等生和

---

① 庞维国. 自主学习——学与教的原理和策略 [M]. 上海：华东师范大学出版社，2004：4~5.

相对比较差的学生则丧失了"发挥"的机会。造成这种现象的原因就是教师没有遵循大多数学生的认知规律，违背了教学要面向全体学生的原则，限制了大多数学生主体作用的发挥。二是学法指导不力，"教是为了不教"，教学的最终目的是教会学生学会学习。这就要求教师在课堂教学中应重视学习方法的指导，培养学生自主学习能力。但有的教师只注重学生主体作用的发挥，却忽视了学习方法的指导。学生的学习实际上仍然处于被动状态，依赖性强，离开了教师，还是不会学习，这在某种程度上也制约了学生主体作用的发挥。

2. 把自主学习等同于自由学习

这主要体现在：一是教学内容的自由化。有些教师在自主学习教学中，不知道哪些内容是让学生自主的，哪些内容应该是教师引导的；有些教师对"拓展资源"的理解有片面性，以至于把自主学习演变成无限度的资料交流。二是学习进程的自由化。有的教师在引导学生自主合作、讨论、思考、发言时，没有留给学生充足的时间与空间，未等学生对课文内容、结构有整体的了解，就告诉学生"可以有选择地自主学习"，这就很难使学生全面、准确、深刻地理解课文的知识点和思想内涵，自主学习成了"形式主义"。

3. 把自主学习等同于自己学习

有的课堂，气氛非常热烈，大家都抢着发言，把教师忙得不亦乐乎。但学生所讨论的问题，大多数是与教学内容、教学目标关系不大或无关的，甚至全是些无关紧要的问题。这样的课堂教学热闹非凡，但漫无边际，费时低效。教师在教学过程中充当了学生课堂交流的"旁听者"，整节课都是学生自己读书、吵吵闹闹地讨论，而教师过分超脱，课堂教学缺乏目的性、计划性，教学效率很低。学生汇报自主学习收获时，教师不置可否，听了就算，造成学生云山雾里地汇报，漫无边际地交流，以致学习的成果过于肤浅。正是由于教师不能正确地把握自己在课堂中的位置，才造成课堂上该引导的得不到引导，该深化的得不到深化，该训练的得不到有效的训练。教师在课堂教学中的这种"无所作为"的行为，导致学生素质难以得到实质性的提高。

4. 把自主学习等同于自愿学习

主要表现在两方面：一是学生不知道自主学习的目的和作用。自主学习的目的就在于使学生能够主动地去探索社会现实及自我成长的问题，重点是能力培养，而不是将书本中的内容作为教条来死记硬背。如果学生不知道自主学习的目的和作用，自主学习就只能是空谈，缺乏实效性。二是学生不会创造性地自主学习。有的学生抱有很强的依赖心理，更愿意听教师的讲述，不愿意独立思考，提不出问题；有的学生不会选择学习方法，必须在教师和家长的监督下才能完成，学习十分被动；有的学生在小组合作交流讨论中一言不发，没有主见，班级交流发言成了"自愿化"，"谁愿说谁就说"、"谁会说谁多说"。这种倾向在某些公开课上尤为突出，部分尖子生争先恐后，积极踊跃，在他们的侃侃而谈中，那些后进生往往成了"被遗忘的角落"。自主学习要求每个学生对知识的理解有自己独特的见解和主张，如果不会思考，没有自己的见解和主张，结果必然是"自主"成了"他主"，很难有真正进步。三是自主学习本身就是要求学生自己能主动地学习。有的同学在自主学习时，无论是个人独立思考、同桌讨论，还是小组合作交流，都没有主人翁的精神，缺乏积极主动参与的精神。他们的听、说、思维能力就得不到提高，也影响了自主学习的效果，最后不得不由老师来按照原来的教学方法进行灌输。

5. 学生自主学习有名无实

由于受传统教学观念的影响，有些学校和教师并不太重视对学生自主学习能力的培养。教师担心自主学习会影响教学任务的完成，影响教学成绩，在片面追求升学率、追求考试成绩的大环境下，教师在实际教学中往往背离自主学习的精神。在课堂上，学生的学习依然是被动接受性，学生极少参与到课堂教学活动中来，自主学习流于形式，以至于很多学生到了高中后，仍然在学习上有很强的依赖性，缺乏独立学习能力，学习十分被动。在这种情况下，自主学习就成了空口号，经常挂在嘴边，却不能实行。另外，也有的教师走向另外一个极端，他们片面追求教学民主，把课堂气氛搞得异常活跃，像菜市场一样轰轰烈烈、热热闹闹，以为这就体现了学生自主学习，实际上达不到应有的学习效果。

二、自主学习存在问题的原因分析

课堂教学实践中学生自主学习还存在很多问题，从上面呈现的问题看，我们可以大致从教师、学生以及评价机制方面来分析背后的原因。

1. 教师方面的因素

在进行课堂自主学习方面，教师和学生都存在问题，但主要问题还在于教师。因为不管怎样，教师依然是教学的引导者、组织者、协调者，教师依然处于教学主导地位。从教师方面来看，教师成为学生自主学习的一个主要障碍的原因，在于教师受传统教学观念的影响，认为教学的过程是教师为主的行为过程，教师是知识的代表。还有的教师把学生自主学习理解为学生自学，没有明白自学是学生自己学习，而自主学习是需要教师指导的学习。传统的教育侧重于"教"的研究，忽视对学习者学习活动的研究，现代教育不仅强调"教"的研究，更重视"学"的研究。教师不仅要研究教的学问，更要研究学习者，要引导他们学会读书、学会分析、学会归纳、学会推理、学会交往等，就是我们常说的学会学习，这一点是目前教师们较缺乏的。由于教师对自主学习的教学模式探索不够，研究不够，认识不到位，影响到学生自主学习的效果。

2. 学生方面的因素

多数学生习惯了"填鸭式"的教学方式，学习主动性无从发挥。以自主学习为主的教育形式，它需要三个条件：一是自学能力较强；二是自制力较强；三是学习目的明确，这是从主观上的要求。学生这三个条件的缺乏，是自主学习流于形式的重要原因。学生自身自主学习的意识没有树立，在自主学习中还存在一定的困难。自主学习是由学习者的态度、能力和学习策略等因素综合而成的一种学习机制，就是学习者指导和控制自己的能力进行自主学习，因此，学习者必须具有一定的学习条件和能力。学生要制定符合自己实际的学习计划，根据学习计划进行自学，通过学习小组在老师的帮助下开展交流，解决学习难题。但在实际的学习中，学生自主学习主观能力的缺乏，影响到自主学习有效的开展。一些学生学习基础差，一些学生学习目的仅仅是为了应试，一些学生习惯于传统的学习方式。学生的学习动机、学习能力、学习兴趣都影响到学习的效果，影响到自主学习能力的培养。

3. 评价方面的因素

现行教育的评价机制制约着学生自主学习能力的发展。从我国目前的教育状况来看，衡量一个学生能力的高低仍然是以分数的多少为标准，这种不合时宜的教育评价机制迫使教师在课堂上丝毫不敢放松向学生系统地传授知识。这主要体现在以下几个方面：一是重终结性评价，轻形成性评价。现行评价方式由平时、期中和期末三部分考试组成。在此评价方式下，应试成为学生学习的主要动机，导致学生养成不良的学习习惯，部分学生逐渐对学习失去兴趣，部分学生产生焦虑甚至出现失眠等健康问题，这一切都不利于学生身心素质的全面发展。二是评价内容局限于认知领域，忽视对学生的全面评价。评价中，平时成绩在操作中难以保证评价的客观、准确；期中、期末考试只是以纸笔测试形式进行，侧重评定学生在学科知识方面的考核，对解决实际问题等其他能力和态度观念难以做出全面的评价，致使学生轻视研究性学习、探究活动等自主性较强的活动。三是评价主体单一。评价中，教师是唯一评价者，学生习惯于根据老师发出的指令被动地行动，对教师的评价全盘接受，导致学生思维惰性大，学习自主性差。

第三节　提高自主学习效率的策略与方法

自主学习是一种相对较为宽松的学习方法，它允许学生自己有不同于他人的学习目标、方法、过程和结果。但在现实中经常会发现，要真正贯彻落实它却非常困难，这主要是因为自主学习是需要一些外部支持条件的。这里，我们就从教师层面以及制度层面来探讨提高课堂学生自主学习效率的策略与方法。

一、激活身心，引发自主学习的内部需要

好的课堂教学给予学生的不仅仅是知识和技能，更多的是学习动机的唤醒、学习习惯的养成和思维品质的提升。在教学过程中，教师不再是教材的解读者和教案的执行者，而是一个善于创设教学情境、富有教学机智、充满教学智慧的人。教师首先关注的应该是学生的学习愿望、学习习惯，然后才是学科知识、学习能力；教师要用自己教学智慧的积淀和教学艺术的折射，引发学生的内部需要，激发学生的内部活力，促进学生获取知识、形成能力、提升品质、张扬个性。

1. 创设积极的课堂环境

大量研究表明，积极的课堂学习环境能激发并保持学生的学习兴趣，促进学生自主学习。自主学习的课堂，应该是学生情绪自然、心境放松的场所。而这是以和谐的课堂气氛、宽松的学习环境为前提的。怎样建立积极的课堂环境，一般认为需要以下条件：舒适的物理环境；民主、平等、和谐的师生关系；学生能参与到学习中来；学生和教师在课堂中能多一些合作；学生之间没有过度的课堂竞争；良好的课堂纪律等等。为此，教师首先应该创建适合学生学习的物理环境。这里的物理环境主要是指校园和教室的布局、清洁和美化等等，让人一走进校园和教室就感觉空气清新，身心舒适，精神抖擞。学生在这样的环境中学习，自然能将精神状态调整到最佳，并能很快地进入学习状态。其次，要建立民主、平等、和谐的人际关系。人总是有社会交往的需要，学生也不例外，成功的社会交往能使学生感受到安全感，频繁、有效的交往能更好地激发在群体中个人的学习动机。师生之间、生生之间的和谐是自主学习的必要条件。最后，要善于创设积极的课堂气氛，善于创设积极课堂气氛的策略。因此，在自主学习中，教师既要给学生创设美好的物理环境，更要营造和谐的精神环境，这样他们在学习中才能感到心境放松，心情愉快，学习效率也很高。

2. 引发学生的精神生活

自主学习的课堂，应该是学生放飞心灵的天地。教师的重要任务，就在于为

学生创造一个放飞心灵的园地，把学生知识的获取、能力的发展、情感的升华、个性的张扬尽可能地融于精神活动之中。

案例**1**①

"世纪宝鼎"（人教版小学《语文》第12册）介绍了"世纪宝鼎"的样子和含义。对这样的说明文，怎样唤起学生的情感体验，激发学生的精神生活呢？教师在引导学生初读课文、整体感知后，引导想象思考："同学们，为表达我国政府和人民对联合国、对世界人民的良好祝愿，'世纪宝鼎'这一珍贵礼品集中了哪些人的智慧和心血呢？"从而引出了"设计者、铸造者、装运者、赠送者、介绍者"等一批人物，继而让学生选择某一角色，凭借课文和以往积累，明晰角色任务（设计者的精心设计、装运者的安全准时、赠送者的现场发言、介绍者的现场介绍……）。在此基础上要学生选择充当某一角色，并假想国家领导人接见的情境，要他们想象自己面对国家领导人时的激动心情和真心表白。学生有的说："这是国家对我的信任，是人民对我的期望，我一定会竭尽全力，完成国家和人民交给的任务。"有的说："请首长放心，请祖国放心，我一定圆满完成任务，请祖国等待我们胜利的消息吧！"

接着，教师建议大家根据自选角色，细阅课文，认真准备。学生神情激动，全心投入，教师行间巡回，及时指导。在各自准备后，教师又建议学生按角色分组交流，完善计划，然后选派代表登台介绍。"设计者"是这样设计的：我是"设计者"的代表，作为"世纪宝鼎"的设计者，能在"世纪宝鼎"设计成功后的今天，向大家介绍设计过程，真有一种说不出的快慰和轻松。接到国家交给的为联合国50周年设计礼品的任务，我激动得几天睡不着觉。向联合国赠送礼品，不仅要能表达良好的祝愿，而且要能展示国家的形象。对苏州刺绣、杭州丝绸、景德镇陶瓷等工艺品，对名字、对名画，我都先后有过考虑……那次，我到大街散步，想去寻找灵感，在市建行大厅内，看到了鼎，我不禁眼睛一亮。是啊，"鼎"在远古的时候，是中国先民的一种炊具，后来又发展成为礼器。从成语"钟鸣鼎食"和"一言九鼎"就可看出鼎在中国古代社会生活中的独特地位。而且鼎作为一种重要礼物，象征着团结、统一和权威，是代表和平、发展、昌盛的吉祥物。因此，以鼎作为礼物，不仅意义深远，而且可露天存放，供众多人参观，使它产生更大影响。主意拿定了，我就准备设计了。（叙述设计宝鼎的大小含义略）你看，最终设计定型的就是今天出现在你们面前的鼎。我们的整个设计

---

① 于永正. 于永正老师课堂教学精品录 [M]. 南京：中国矿业大学出版社，1999：215.

过程就是这样，我们认为，靠自己的努力为祖国争得了荣誉，我们感到了无比的自豪。谢谢大家！（掌声）（其他学生发言略）

上述案例告诉我们，一个没有激情的教师，难以创设充满激情的课堂；一个没有激情的课堂，难以引导学生充满激情地学习。为激发学生的探究需要，教师重视了情感状态的创设，为学生精神世界的展示提供了情感场，从而变语言的学习为情感的参与，变语言的阅读为精神的活动，有效激发了学生对祖国真诚的爱。可见，如果把知识的感知、理解和运用寓于充满情感的精神生活中，给学生一个充满情感的课堂，这样的教学就一定能激起学生的生命需要，开发学生的生命潜能，让学生心情愉快、心胸开阔、心灵自由、情绪放飞。"登山则情满于山，观海则意溢于海。"可见，"精神活动"是学生自主学习活动的"情感场"，"情感"是激发学生自主学习的"催化剂"。

3. 激发学生学习的积极性

在课堂教学中，教师要把学生作为学习的主人，充分发挥启发、点拨、设疑、解惑的主导作用，激发学生学习的积极性，充分发挥学生在学习中的主体作用。

案例 2 [①]

教学"三角形面积计算"，课前让每个学生自己准备完全一样的钝角三角形、直角三角形和锐角三角形各一对及几个平行四边形纸片。课堂上让他们先用每对三角形、平行四边形进行摆一摆，拼一拼，剪一剪，看看能不能通过拼、摆、剪，形成以前学过的平面图形。通过自己动手去寻找和推导三角形的面积计算方法。有的学生用一对三角形拼成了平行四边形、长方形和正方形；有的用一个平行四边形剪成两个完全一样的三角形；也有学生只用一个三角形通过割补方法，也能转化为长方形或正方形。教师引导学生观察，拼成的平行四边形的底和高与三角形的底和高有什么关系。通过观察，动手操作实验，发现平行四边形的底相当于三角形的底，平行四边形的高相当于三角形的高，推导出三角形的面积公式。

案例中，在教师的启发、引导下，学生自己通过一步步地探索，边操作边观察，比较、讨论、总结，激活学生已有的知识和经验，以旧引新，发现规律，获取新知识。教师在教学中应大胆放手，更多地提供学生参与机会。

二、开放课堂，创设自主学习的外部条件

教学是不断摆脱社会、技术、自然与他人的各种压制的过程，这一过程应当是面向学生、强调学生参与和自觉的过程，因而也是反对权威的过程。教师要尽

---

① 方兰珍. 小学数学教学培养学生自主学习能力之我见［J］. 教育评论，2002（3）.

力创设具有接纳性、支持性和宽容性的课堂氛围，创设富有开放性的教学情境，促使学生全身心投入学习，真正做到动眼、动手、动耳、动口。

1. 开放时空，展示自主学习的广阔空间

通过情境的创设，使课程与教学由一系列时间来整合、贯通，并不断产生张力，这是引导学生自主学习中重要的外部条件之一。教学内容表面上看是抽象的，但实际上来源于生活。把教材内容本来的样子呈现在学生面前，就能使教学内容动态化、情境化，就能在课堂里为学生创造出学习、探索的时空。譬如在数学的教学活动中，教师可以尽量安排一些与生活密切相关的数的问题抛给同学们。生活中的数的概念无处不在，只要教师用心，就可以找到激活数学课堂的钥匙。又如地理与学生生活联系十分密切，大多可以在生活中找到适合学生接受的原型。

案例3

《各种交通运输方式》一课中，引入真实故事：山西省陵川县有一个叫西崖沟的小村，四周全是山。住在村里的人和外界基本隔绝，过着自给自足的生活。村子里的物产很丰富，有多种水果、药材等，水果运不出，也吃不了，每年烂了后只能做肥料；党参没有收购的，最后干了当柴烧掉，人们生活非常贫困。1962年～1991年历经29年，终于把公路修通了，想一想，他们为什么一定要把道路修通？①

只有当教师用心为学生营造学习与生活有机融合的情境时，学生也就有了自由生活、自由学习的空间，他们的自主学习也就有了可靠的保证。案例中，教师真实的引言，留给学生广阔的思维空间——问题自己提，规律自己找，结论自己总结，既有利于调节学生的心理状态，让学生产生好奇心、跃跃欲试、急于探索，通过学习，也使学生体会到地理的价值与魅力，感受到地理是生活的一部分，地理充满趣味。

2. 开放心灵，创设平等对话的自由氛围

新课程把教学过程看作是师生交流、积极互动、共同发展的过程。教学是一种"沟通"，一种"对话"，而前提是地位的平等、关系的和谐，关键则在于情感的沟通、气氛的融洽。在教学"对话"中，教师的重要责任在于有的放矢地选择话题，灵活有效地拓展空间，适时适度地进行点拨，还要通过积极有效的学习评价为学生的学习探究提供潜在的动力。请看下面的案例：

---

① 林香妹．为学生自主学习创设空间［J］．中学地理教学参考，2004（9）．

案例 4

在教学《行道树》一课时，我就安排学生自己提问、共同解决的交流方式。例如，有学生提出：为什么说"神圣的事业总是痛苦的，但是，也唯有这种痛苦能把深沉给予我们"？有学生说：有句话不好理解——"如果别人都不迎接，我们就负责把光明迎来。"既然是"别人都不迎接"，为什么"我们"去了？还有学生问：为什么说"我们是一棵忧愁而又快乐的树"？"忧愁"和"快乐"好像有点矛盾。大家针对同学提出的问题展开讨论，通过交流讨论，深入理解了课文，明白了文章正是通过行道树内心世界的独白，抒写了奉献者的襟怀，赞扬了奉献者的崇高精神。①

在这里，课堂气氛轻松，学生就能做到精神愉快、直抒胸襟、真诚对话。教师充分尊重和信任每一位学生，为他们提供充分的交流与互动的时间和机会，教学过程是学生、教师、文本之间交流互动的过程。学生自主学习才能真正落实，而不至于成为一句空话。

三、师生互动，建构自主学习的调控机制

自主学习是一种潜能释放的学习，它赋予学生学习的主体地位，使学生能够自动、自控地展开求知活动。与被动接受式学习相比，自主学习的教学情境更充满张力和复杂性，更需要师生双方的互动。

1. 转变教师角色

教师要从"台上"走到"台下"，从"台前"走到"台后"，给学生创设一个具有吸引力的学习情境和正确有效的引导途径，成为学生学习和发展的促进者，与学生积极互动、共同发展。在师生活动过程中，教师与学生要分享对方的思想、经验与知识，交流彼此的感情、体验和观念。

2. 实行有效控制

在课堂教学中，如何使学生做到放开而不放任，自主而不自流，这是自主学习理论和实践研究中不可回避而又比较棘手的问题。我们要把握"自主"与"自流"、"放开"与"放任"的界限，有效地实施自主学习中的调控，以避免出现"一放就乱"、"一统就死"的现象。

为此，首先要实行目标导向。自主学习中的目标控制，就是引导学生始终围绕教学目标进行学习探究。这里的教学目标既包括预设的目标，也包括生成的目标。每个学生都有自己的兴趣爱好，而且兴趣各不相同，当他们遇到自己感兴趣

---

① 郑道晓. 把课堂还给学生，让学生自主学习 [J]. 教学与管理，2006（6）.

的东西时，他们的探究心就很容易长时间地停留在那里。教师要时刻注意学生在探究场景里是不是掉队或者迷路。如果教师害怕出现这种情况而让学生紧跟自己的方向，又容易挫伤学生探究的积极性和主动性，这就要求教师能够把握好其中的度。请看下面的教学案例：

案例5

在组织《挑山工》（人教版小学《语文》第9册）一课的教学时，教师以目标的"发现、尝试、实施、检测"为主线，引导自主学习。通过分析课题，浏览预习提示，剖析课后作业，引导尝试目标；通过重点指导，难点突破，疑点清晰，引导实施目标；通过总结学法，梳理程序，叙谈收获，引导检测目标。这样引导，既可最大限度地调动学生自主学习的积极性和主动性，还主体于学生，使他们成为自主学习的主人，又可避免学生在自主学习中信马由缰，游离目标。[①]

这个案例中，教师很好地驾驭了课堂，既让学生自由地探索和学习，同时又不是无限制的，是在教师的引导下自主学习。所以，各科目的自主学习，都应该加强目标控制。面对开放的场面、面对课堂活跃的气氛，面对学生不尽的兴奋，忘情的欢呼，教师始终要保持冷静的头脑，以驾驭课堂、控制全局。同时也要细心分析学生是不是始终沿着自主学习的目标在进行有效探索。一旦发现问题，不妨采取"提示"、"收缩"、"调整"等诸多方法，拉一拉学生的手，指一指学生的路。这样才能保证学习目标的达成，保证自主学习的效率。

其次是实行程序控制。自主学习的目标达成需要一个过程，各学科都有自身的学习规律，我们既要根据这些规律安排学习程序，引导学生进行有序的学习探索，又要根据课堂教学实际，进行必要的超越和调整。

再次是要实行灵活调控。组织学生自主学习，不仅要根据学科特点和学生实际，选择相对一致的学习方式，而且要善于根据不同学生的特点，提出不同的教学目标，运用不同的教学手段，提供必要的学习支撑。课堂教学中的师生互动，不仅是形式上的互动，更是心灵上的默契；不仅是表面上的依存，更是实质上的互信。

3. 实行问题管理

在课堂教学中，怎样鼓励学生踊跃提出问题并逐渐提高问题的质量，怎样应对学生可能提出的各种稀奇古怪的问题，怎样设计切合学科实际、课堂实际和学

---

① 黄桂林．围绕"不解"，发散训练：第9册第10课《挑山工》课堂实录片段与评析［J］．辽宁教育，2001（1）.

生实际的问题，引导学生学习，这是组织学生自主学习必须回答的问题。

（1）要鼓励提问。教师在教学过程中，要创设这样一种氛围：学生怎么想就怎么说，怎么疑就怎么问。为此，教师要以亲切的微笑、温和的语气、和善的目光使学生消除疑虑，以鼓励的语言、明白的手势、适时的点头使学生放开胆子，以及时的表扬、随时的赞叹、灵活的竞赛使学生亮开嗓子，以情境的创设、优生的引路、差生的亮相使学生坚定信心，从而让每个学生都能在课堂教学中以平和的心境、稳定的心态提出自己的问题，表示自己的异议，叙述心中的疑惑。还要打开学生提问的话匣子，要求全体参与，全员提问，不断设问，使整个学习过程成为学生质疑问题、不断探究的过程。

（2）要灵活处理。每个学生都希望自己提出的问题受到重视并得到回应，但要在有限的时间里处理众多问题是有困难的。教师须对众多问题全面把握，迅速权衡，确定哪些问题由学生独立探究，哪些问题让学生合作探究，哪些问题需要教师适时提示。另外，学生提出的问题折射了他们先前存在的观念和思维方式，教师要追问和反思学生为什么提这样的问题，从中挖掘出学生思维的闪光点。这就要求教师不能停留在学生原始的个人兴趣与爱好水平上，而要引领他们走向更广阔的认知世界，并使这些兴趣与心愿发展为稳定的心理倾向，最终变成美好人格的一部分。

四、学会学习，教会学生自主学习的策略

自主学习必须以学生掌握一定的学习策略做保障。面对既定的学习任务，如果学生缺少相应的问题解决策略，即使具有较强的学习动机，学习也不可能得到顺利进行。因此，教师应在教学中注意培养学生的自主学习能力，让他们学会学习，学会思考，学会创新，为步入社会后的自身可持续发展奠定良好的基础，这也正是教育的最终目标。[①] 学习策略可分为两类，一类是一般性的学习策略，它适合于任何学科的学习，如分解学习目标、管理学习时间、理解学习内容、调控学习时的情绪等；另一类是具体的学习策略，适用于具体的学习内容，如作笔记、复述、列提纲、作小结、画示意图等。自主学习既需要一般性的学习策略，也需要具体的学习策略。

1. 教学生学会质疑

质疑是深入思考的结果，也是自主学习的表现。在具体的教学中，教师可以通过设置悬念，引起学生认知上的冲突，对所学知识表现出极大的关注，并发挥

---

① 张淑玲，张之红．刍议学生自主学习能力的培养［J］．教学与管理，2007（10）．

自主意识，在不断地发现、分析、解决问题的过程中获得新的感悟。教师要教给学生发现问题的方法，培养学生质疑解难的能力。让学生围绕学习内容充分质疑，提出自己不理解或有异议的地方，充分体现学生的自主性。

2. 教学生学会确定学习目标

学生要学会自主学习，确定学习目标是十分重要的。学习目标对于学习具有激励和导向作用，但传统教学的学习目标多数不是由学生自己提出来的，而是教师提出来的，所以往往不被学生认同。让学生自己确定学习目标是学生自主学习的一种表现，能有效地促进学生自主学习意识和自主学习能力的提高。

3. 教学生学会自我评价

评价，尤其是自我评价是对自己的认识，也是对自己的反馈，它是自我调控的前提。它不仅是自主学习的表现，也是促进自主学习的动力。教师必须给予积极的引导。

五、多元评价，改革自主学习的评价体系

评价具有导向与激励的功能，在实施素质教育的过程中，为了使学生能够全面主动地自主学习，改革评价方法也就成了必然。只有彻底摒弃应试教育的传授、灌输教学模式，真正实施素质教育，才可能实现学生的自主学习。为此，新的课程改革纲要就指出："基础教育课程改革的具体目标即是，改变课程过分强调甄别和选拔的功能，发挥评价促进学生发展、教师提高和改进实践的功能。"

自主学习是一个复杂的过程，我们必须避免用简单的标准来评价复杂的任务。自主学习评价的内容包括学生的学习观、学习动机、学习策略、自我监控能力、学业求助能力、学习反思能力等。对于采用自主学习这种高度策略化的学习方式而言，单一的评价方法已不大可行，必然要对现行的教学评价体系进行改革。我们认为构建新的自主学习评价体系应把握以下几个方面：一是评价的价值取向上，应该立足于学生的终身发展；二是在评价的标准上应该多元化；三是在评价主体上应该多元化；四是在评价方式、方法上应该多样化；五是量性评定与质性评定相结合，并注重动态、纵向的形成性评价。

第十二章

提高合作学习效率的策略与方法

合作学习（Cooperative Learning），是目前世界上许多国家普遍采用的一种富有创意和实效的教学理论和策略，也是我国新一轮课程改革所倡导的一种学习方式。与传统的班级授课制相比，合作学习在培养学生的自学能力、发现问题与解决问题的能力方面，在改善课堂内的社会心理氛围等方面都具有显著实效，而且能促进学生之间的相互交流、共同发展，被誉为是"近十几年来最重要和最成功的教学改革"。[①]

第一节　合作学习概述

合作学习兴起于 20 世纪 70 年代初的美国，并在 70 年代中期至 80 年代中期取得实质性进展。我国从 20 世纪 80 年代开始引入合作学习并进行实验研究，90 年代在一些学校中开始采用，但真正在我国引起重视还是在新世纪国家基础教育课程改革启动之后。2001 年，国务院下发《关于基础教育改革与发展的决定》，指出"鼓励合作学习，促进学生之间的相互交流、共同发展，促进师生教学相长"。至此，合作学习成为新一轮国家基础教育课程改革大力倡导的学习方式之一得到全面推广。

一、合作学习的基本含义

迄今为止，合作学习已有几十年的研究历史，关于合作学习的实践也已遍及世界许多国家和地区。但是，对于合作学习的概念，目前还没有一个统一的认识。纵观世界各国的合作学习研究与实践，我们认为，合作学习是以学习小组为基本组织形式，系统利用教学动态因素之间的互动来促进学习，以团体成绩为评

---

① Vermette, P.（1994）. Four Fatal Flaws: Avoiding the Common Mistakes of Novice Users of Cooperative Learning. The High School Journal – Feb/March.

价标准，共同达成教学目标的活动。① 其内涵包括以下几个方面。

1. 合作学习的基本形式是小组合作

合作学习的根本特色在于小组活动的科学组织与展开，这种小组学习不同于传统教学中的小组活动。主要表现为传统的小组，如兴趣小组，往往是同质分组，而合作学习通常采用异质小组，这种小组是由性别、成绩、能力、背景等方面具有一定差异的成员构成，具有互补性。同时，全班各合作学习小组之间又具有同质性，这样组内异质为互助合作奠定了基础，而组间同质又为保证在全班各小组间展开公平的竞争创造了条件。

2. 合作学习的动力资源是教学动态因素的互动合作

合作学习要求所有的教学动态因素都应当保持互动，动态因素主要包括教师（或教师群体）和学生（或学生群体），其中特别强调动态因素之间的合作性互动，由此推进教学过程。

3. 合作学习的前提条件是有共同的目标导向

合作学习注重突出教学的情意功能，是一种目标导向的教学活动，追求教学在认知、情感、技能和人际关系目标上的均衡达成。因此，所有的合作学习活动都是围绕着达成特定的共同目标这一前提条件而展开的。

4. 合作学习的评价标准是团体成绩共同取得进步

合作学习通常是以各个小组在达成目标过程中的总体成绩作为评价与奖励的标准，这种机制可以把个人之间的竞争转化为小组之间的竞争，从而促使小组内部的合作，使学生各尽所能，得到最大程度的发展。

二、合作学习的基本要素

目前，实践中所运用的合作学习方法或策略种类繁多，异彩纷呈。合作学习的重要代表人物约翰逊兄弟认为，任何一种有效合作学习的基本要素都包括以下5个。

1. 积极互赖

在合作学习的情景中，积极互赖指的是学生们要认识到他们不仅要为自己的学习负责，而且还要为其所在小组其他同伴的学习负责。小组成员之间是沉浮与共、休戚相关的关系。学生具有"人人为我，我为人人"的意识。

2. 面对面的促进性互动

促进性的互动是指学生相互鼓励和支持，彼此为取得良好成绩、完成任务、得

---

① 王坦. 合作学习——原理与策略 [M]. 北京：学苑出版社，2001：11.

到结论等而付出的努力。在课堂上通常表现为：个体相互提供足够和有效的帮助；交流各自所需的信息和材料；互相提供反馈信息；对彼此的结论进行质疑，等等。

3. 个人责任

要求每个学生都必须承担一定的学习任务，并同时掌握所分配的任务，分工明确，责任到人。个人任务的明确有利于避免有些学生不劳而获的"搭车"行为，同时也是对后进学生的鼓励，使他们正确认识自己，感觉到自身对于集体的价值。

4. 社交技能

在合作学习中，教师如果把一些不善于和他人相处的学生安置在同一个学习小组，常常会使组内冲突不断，造成小组学习的内耗，这主要是由于学生缺乏基本的合作技能。教师必须教会学生一些社交技能，使他们彼此认可，相互信任，准确交流，实现高质量的合作。

5. 小组自评

小组必须定期地评价共同活动的情况，保持小组活动的有效性。这种自评能够使学习小组成员维持良好的工作关系；有利于合作技能的学习；使组员对自己的参与情况有所了解；保证学生在元认知水平上，同样也在认知水平上进行思维；为强化小组成员的积极行为和小组合作学习的成功提供手段。

三、合作学习的基本理念

合作学习的基本理念与传统教学有着许多质的不同，并形成鲜明的对比。只有真正理解、明确掌握合作学习的基本理念，才能做到在教学实践中加以灵活运用，逐步走向形神合一、真正有效的合作学习。

1. 突出生生互动，强调师师互动

合作学习视教学动态因素之间的互动为促进学生学习的主要途径。相比传统课堂教学，合作学习认为教学过程不仅仅是教师与学生之间双边互动的过程，它还涉及诸如单向型互动、多向型互动、成员型互动等多种互动过程，是多种互动过程的有机统一，是一种复合活动。合作学习将教学互动推延至教师与教师、学生与学生之间的互动。特别是把生生之间的互动合作提到了前所未有的地位，将其视作教学系统中尚待进一步开发的宝贵的人力资源，为课堂教学注入了新的活力。关于师师互动，合作学习认为教师之间在知识结构、智慧水平、思维方式、认知风格等方面存有重大差异，即使是教授同一课题的教师，在教学内容处理、教学方法选择、教学整体设计等方面也存在明显差异，而这种差异也是一种宝贵的教学资源。因此，合作学习将师师互动作为教学的前导性因素纳入教学系统，扩大了教学系统的外延，并将之视为教学过程不可或缺的一个环节。

2. 营造合作情境，形成相互依赖

以往我们的中小学教育教学都带有浓厚的竞争色彩，是一种竞争教育。在这样的学习氛围中，学生们大都缺乏合作意识，更少有利他行为，缺乏与他人相处和交往的基本技能。合作学习的倡导者认为，在合作、竞争和个人三种学习情境中，"合作学习是三种学习情境中最重要的一种"，[①] 与此同时，并不否认竞争与个人活动的价值，而是将其纳入教学过程之中，使它们兼容互补，相得益彰。在营造合作情境时，合作学习特别强调在小组活动中必须明确每个组员的个人责任，要让学生们认识到，他们不仅要为自己的学习负责，而且还要为其所在小组的其他同伴的学习负责，小组成员之间必须互相依赖，以实现小组成员之间的良性互动和合作。在合作学习小组中，往往通过角色、资源等的分配来明确小组成员的个人责任，使他们相互依赖。

3. 培养合作意识，训练社交技能

合作学习强调动态因素之间的合作性互动，并藉此提高学生的学业成绩，培养学生良好的非认知品质，因而它更具情感色彩。在教学目标上，合作学习追求均衡地实现认知、情感和技能上的目标。合作学习将教学建立在满足学生心理需要的基础之上，使教学活动带有浓厚的情感色彩。在小组合作活动中，小组成员之间可以互相交流，彼此争论，互教互学，共同提高。同学之间通过提供帮助而满足了自己影响别人的需要，同时，又通过互相关心而满足了归属的需要。合作学习还十分注意人际交往的技能目标，并将之作为一种重要的教学目标予以遵循和追求。在合作学习中，学生需掌握三种类型的社交技能：一是组成小组的技能，包括向他人打招呼问候、介绍自己、介绍别人等；二是小组活动的基本技能，如表达感谢、对别人感谢的回应、注意倾听他人谈话、鼓励他人参与、用幽默活跃气氛等；三是交流思想的技能，包括提建议、对别人建议的应答、询问原因、说明原因、有礼貌地表示不赞同、对别人不赞同意见的应答、说服他人等。

4. 不求人人成功，但求人人进步

合作学习的评价观与传统教学竞争性的评价有很大不同。合作学习将常模参照改为标准参照评价，把"不求人人成功，但求人人进步"作为教学所追求的一种境界，同时也将之作为教学评价的最终目标和尺度。在合作学习中，引入了"基础分"（指学生以往学习成绩的平均分）和"提高分"（指学生测验分数超过基础分的程度），目的是尽可能地使所有的学生都有机会为所在的小组赢得最大

---

① Johnson, D. W., Johnson, R. J., & Hulubec, E. J. (1990). Circles of Learning: Cooperation in the Classroom, p. 5.

的分值，指导学生的着力点定位在争取不断的进步与提高上，自己与自己的过去比，只要比自己过去有进步就算达到了目标。同时，合作学习还把个人计分改为小组计分，把小组总体成绩作为奖励或认可的依据，这样就把个人之间的竞争变成了小组之间的竞争，形成了"组内成员合作，组间成员竞争"的新格局，使得整个评价的重心由鼓励个人竞争达标转向大家合作达标。

5. 转变教师角色，更新师生关系

合作学习提倡教师当好"导演"，学生当好"演员"，而不再像传统教学所强调的那样，教师为了保持所谓的权威，教师既"导"且"演"，结果是"导"不明，"演"不精，事倍功半，苦不堪言；与此相应，学生在传统教学情境中只能跑跑龙套，敲敲边鼓，充当着配角或背景，甚至是旁观者。[①] 因此，要使学生学会合作学习，教师首先要学会合作学习，有意识地提高自己的合作能力与技巧。在合作学习中，教师要充当"管理者"、"促进者"、"咨询者"、"顾问"和"参与者"等多种角色。教师不再把自己视为工作者，而是合作者，要对各个小组的合作学习进行现场观察和介入，为他们提供及时有效的指导；要对小组中每一个学生的学习情形做到心中有数，以此判断小组合作成功与否，并将结果反馈给各个小组的每一个成员，让每个人都感到自己与其他人成功合作学习的重要性，也知道谁需要支持、鼓励和帮助。这样，在合作学习中，教师与学生之间原有的"权威—服从"关系逐渐变成了"指导—参与"的关系。

四、合作学习的价值内涵

作为当代最有影响的教学改革成果之一的合作学习，其意义绝不只在于教学方式上的标新立异。从某种意义上说，合作学习不只是一种教学方式，更是一种价值理念，蕴涵的是一种价值取向。

1. 合作不只是教学方式，还是一种生活态度

如同杰克布斯等人所说的那样："合作学习是一种价值观，这是最重要的合作学习原理。换句话说，合作并不只是一种学习方式，而是一种生活方式。我们希望学生能接受作为一种价值观的合作。"[②] 如果教师仅仅把合作学习看作教学方式，那么他对于合作学习的使用必定是机械的套用，合作小组只是课堂教学的点缀。而对于视合作学习为人生态度的教师，他们更加注重的是学生合作品质的培养、合作精神的养成，而不仅仅是运用讨论、交流等外在的形式。

---

① 王坦. 合作学习——原理与策略 [M]. 北京：学苑出版社，2001：83.
② Geroge M Jacobs, Michael A Power, Loh Wan Lun. The Teacher's Sourcebook for Cooperative Learn - ing：Practical Techniques, Basic Principles, and Frequent - ly Asked Question：[M. Corwin Press, 2001.

2. 合作不只是学习方法，还是一种学习内容

在合作学习中，真正的合作意味着彼此接纳欣赏、互相取长补短和共同携手进步。这是合作的本质，同时也是合作的最高境界。因此，合作并不单纯是一种学习的方法，更是学习的内容。在异质学习小组中，学生可以学会接纳别人，学会协同努力，在接纳别人的同时，学会悦纳别人、欣赏别人。通过合作学习，学生还要学会承担责任，不仅是对自己负责，同时也要对小组同伴负责。每一个小组成员都必须承担起相应的责任，协同努力，为小组目标的实现而竭尽全力。此外，通过合作学习，学生要掌握合作技能，学会与人沟通。

3. 合作不只是双向互动，还是一种资源共享

合作学习通过鼓励生生合作与交流，创设出具有活力的合作情境，潜移默化地向学生灌输了一种社会观念，即每个人都是一个丰富多彩的世界，每个人都有他自己的独特的、过人之处，我们身边的每一个人都是自己不可多得的宝贵的学习资源。同时，这种同伴学习资源不仅是对学生而言，对教师来说，也有一个充分利用同伴的学习资源的问题。教师也应该向自己的同伴学习，实现教学资源的充分共享，促进教师共同发展。

第二节　合作学习中存在的问题及成因

"合作学习"作为我国新课程所倡导的一种新的学习方式，被广泛应用于中小学课堂教学。随着课程改革的不断深入和合作学习方式的逐渐推广，许多问题随之产生。

一、合作学习中存在的问题

反思当前课堂教学中的合作学习，普遍存在着生搬硬套、摆空架子、缺乏实效等现象。更有甚者，合作学习已演变成观摩课中包治百病的"灵丹妙药"，逢课必用，成了"课改标签"，开课必贴。在教学实践过程中，合作学习显得"有名无实"，常常不如预期的理想。

1. 重"学习"轻"合作"，学生"作"而不"合"

合作学习的目标不明确，部分教师只是把合作作为手段，认为合作学习的目标就是获得知识，忽视了学生合作意识的培养与合作技能的训练。在开展合作学习时，学生们往往缺乏合作协同的精神，他们虽然在教师的要求下在同一个"小组"里就有关的问题或内容进行着"学习"，但学生的合作并不是积极主动的。学生所谓的"合作"往往表现为：

（1）各自为政。小组成员接到任务后，不商量不讨论，各自埋头干，不去关心别人怎么做，做什么，只想通过自己的努力独立完成任务。还有一些不合群的学生，他们不喜欢与人交往，常常游离于合作团体之外，好像一个局外人，事不关己，高高挂起。

（2）局部合作。合作不能在整个小组中实现全员互动，少数学生想到完成任务离不开成员间的合作，却没有能力使全小组的人形成合力，因此，在操作时，不可能形成小组合作完成任务的最佳策略，所以合作只是两人或三人间合作。

（3）盲目随从。在合作学习中，有些学生没有经过深入思考、分析，就盲从于合作小组中其他成员（尤其是优生）的观点，随波逐流，成了名副其实的墙头草。

2. 重"形式"轻"实效"，合作徒具其形

合作学习的实施与开展中，由于许多教师不理解合作学习的实质，只注重了表面形式，追求表面热闹，对合作学习的内容及时机缺乏认真设计，不管内容的难易，也不管有无合作的必要，便盲目、勉强合作，似乎不让学生合作就没有体现新课程的理念，导致合作学习的实效性低。这些所谓的"合作学习"，往往将合作能力的培养、合作学习方式的实施窄化成为对课堂教学行为改变的追求：变教师讲授为小组讨论，变个别提问为小组汇报，变课堂桌椅的"秧田式"排列为"圆桌会议式"摆放。教师们热衷于一些操作层面的内容，对于学习小组，教师并没有认真地划分，而是随意地把前后桌或邻近的同学划在一个组，因此也起不到互相帮助的作用。也有些教师只鼓励学生热烈讨论或共同完成作业，一堂课下来虽然课堂气氛热烈，但仔细回想一下，学生并没有真正学到有用的知识，同时也并没有充分考虑到学习目标、学习过程、学生收获、教师从中起的作用等。这样的合作学习更多的是摆"花架子"、"走过场"，徒有其"形"而不具其"神"，甚至只是某些教师用来表演的"道具"而已，不是新课程所提倡的真正有效的合作学习。

3. 重"结果"轻"过程"，学生合作不充分

在合作学习中，有的教师只注重结果，而忽略了过程，只注重集体，而忽视了个体。在实践操作中，学生在合作学习中的参与度通常不均衡。小组合作学习确实增加了学生的参与机会，但只是部分学生参与的机会更多，一部分学生则成了听众，往往得不到独立思考的机会，而直接从另一部分学生那儿获得信息，更谈不上发表个人意见。一些教师在对合作学习进行评价时，往往把评价和奖赏过多地放在小组整体上，而忽视个体的发展，只重视对合作成果的评价，而忽视对

合作过程中情感、态度、价值观的肯定。有的教师在组织小组合作活动时，没有给学生充足的思考和讨论的时间，问题提出后马上组织小组交流，不给学生独立思考的时间，往往部分学生还未进行思考，其他同学已经说出了答案，这样既不利于学生独立思维的发展，也不可能有真正的互动和启示，合作成了无源之水，无本之木。或者学生才开始"合作学习"两、三分钟，有的才刚进入状态，有的还在"尝试错误"，教师就急着让小组展示汇报，只要一个小组完成任务，教师马上结束"合作"，进入下一个教学环节。这样的合作显然不是教学要达到的目的。

4. 重"学生"轻"教师"，教师"放"而不"导"

合作学习，本来应该是在教师精心的组织下，学生间有序进行学习的一种学习方式。合作学习中，教师们一改过去那种师生互动为主体的形式，过分强调生生互动的形式。有的教师上课便让学生合作，没有指导、检查，也没有反馈，似乎合作学习就是学生的事，而忽视教师的指导、组织，导致课堂教学中的混乱局面。在一些精心设计的合作学习中，每一个学生个体都在合作，都在参与，做教师的却未尽职责，学生们仿佛是在一种"无教师"状态下进行学习。实际上，合作学习比传统的学习更强调师生之间的合作关系。师生之间在合作过程中，一旦产生了深厚的感情，就有了精神上的融通，师生之间就可以建立起一种真实地接受和理解的人际关系，由此而产生的和谐的课堂气氛决定着教学的成败得失。如果在合作学习中过分地强调生生互动的形式，没有教师的正确引导，学生自身又缺乏理性认识，就达不到合作学习的目的。在教学中，教师能有意识地使用各种合作方式，则更有利于培养学生良好的合作能力。因此，教师指导的缺位在很大程度上影响学生合作学习的有效进行。

二、合作学习存在问题的原因分析

由于受传统学习方式的长期影响，广大中小学教师对新型学习方式的形式、实质理解不够深入，同时，在变革学习方式的过程中对新的学习方式的研究与探索不够。在教学中往往过于简单化地理解与运用合作学习方式，导致许多课堂合作学习还停留在形式化的表面，并没有发挥其特有的作用。导致这些问题的原因主要归结为以下三个方面。

1. 教师未能把握合作学习的精髓

（1）教师没有真正领会合作学习的内涵。许多教师对合作学习的认识含混不清，未能把握合作学习的精髓。例如，利用小组的形式开展合作学习是目前教师们普遍采用的一种形式，但很多所谓的小组合作学习，仍停留在传统的"小组讨论"的层面上。大多是让学生以小组为单位坐在一起，教师布置一个问题让学生分组讨论，然后汇报一下学习结果就算完成任务。教师没有意识到，仅让学生在距离上靠近，不一定能促进学生认知和情感的变化，也不一定能形成一种合作学习的精神和意识，从而获得有效的合作学习。

（2）教师缺乏指导合作学习的知识和技能。在合作学习中，教师是总体设计师，也是主要组织者。教师必须对合作学习进行精心设计，从学生分析、目标设置、分组策略、任务选择到教学过程的设计与评估等都要进行全面设计，同时要事先让学生知道所要解决的问题，让学生去搜集资料，提前思考，使学生对问题有一定的独立见解。除此以外，在实际操作中，教师还必须给予及时、适度的组织和调控，以保证小组合作学习顺利进行。但是，在实践中教师显然没有充分起到应有的"指导者"的作用，教师自身缺乏指导合作学习的技能，具体表现为：

第一，合作小组划分不恰当。合作学习的方式既可以是全班式的，也可以是小组式的，但用得更广泛的还是小组式的合作学习。要进行小组式的合作学习必然涉及对学生进行分组的问题。实践中，相当多的教师对学生的分组通常是随心所欲、简单化地进行的，或是让同桌或前后座位的学生组成小组，或是在打散了的班级同学中圈定组成小组，令他们就有关问题进行合作学习，而不考虑他们各自的学业成绩、能力倾向、性格特征等因素。这种主观随意的分组，虽然开展小组活动简便易行，但人员搭配不合理，不利于不同特质和不同层次的学生优势互补、相互促进，必然导致组与组间的不均衡性，组内结构的不合理性。不仅如此，组内成员也往往缺乏明确的分工，从而常常使小组合作学习成了少数几个绩优生的学习，其余学生往往是插不上嘴、插不上手。[①]

第二，合作任务选择不明确。内容的选定是合作学习成功运用的关键。较之竞争性的学习和个体学习，合作学习有着更大的复杂性，因为组内学生同时进行两种活动：一种是作业活动（学习学科内容），另一种是小组活动（使小组有效地发挥其功能），并且在作业活动中培养合作的精神，在合作学习中学习合作。但是，实践中，教师对于合作学习的内容、任务，并没有深入的思考、选择，设计学习任务只考虑教材、教参，而不考虑所确定学习内容能否使小组发挥其功能，密切组员的联系，使他们荣辱与共、同舟共济。因此，他们确定的学习问题要么过于简单，激不起学生合作的兴趣；要么问题太难，学生也同样合作不出有意义的思考。

---

① 张伟平，赵凌. 新课程中的合作学习：问题与思考［J］. 教育发展研究，2005（7）.

2. 学生合作意识淡薄，缺乏必要的合作技能

学生合作意识淡薄。由于现今学生大多为独生子女，很多人从小娇生惯养，养成了以自我为中心的不良心态与习惯，从而使得他们在合作学习中的自行其事甚至唯我独尊。这种缺乏合作意识，不愿倾听他人的看法，不懂得如何与他人商榷，遇到不顺己意时便对同伴指责与埋怨等情况的存在，无疑也是合作学习不能顺利开展的原因之一。

学生缺乏合作学习的技能技巧。学生的合作行为，按照合作交往过程表现为：倾听（尊重与信任）、交流（理解与沟通）、协作（互助与竞争）、分享（体验与反思）。在开展小组合作学习时，由于教师在进行小组合作之前，没有对学生进行适当的培训，使学生领会基本的合作规则，因此有的学生不知道怎样才能与其他人进行有效的合作。主要表现在：（1）小组讨论时，不善于倾听别的同学的发言，只关注自己有发言机会，不在乎别的同学在说什么。（2）小组在完成共同性学习任务时，学习好的同学成了小"权威"，充当指挥者的角色，他们使用较多的语言是"你真笨"，出现不礼貌的言谈举止，特别是瞧不起学习困难的同学。（3）以自我为中心，不关心周围的人和事。只关注自己的学习行为，当同学有困难时（如忘带学具文具），不能主动帮忙。（4）在小组间进行竞争时，缺乏群体精神，将小组内认为妨碍获胜的同学排斥在外。无明确的活动程序及策略安排，比赛竞争失败后互相指责埋怨。① 这样，合作学习中学生相互之间就显得生疏，他们不会意识到合作学习将给他们带来的好处，结果导致小组合作学习低效。同时，由于学生缺乏自制力，合作当中常出现不专心、注意力不集中、易受干扰、爱做小动作、爱跑题、讲一些与主题无关的话题，或过于喧闹，影响了小组合作学习的效果。

3. 合作学习评价不到位

教师是合作学习评价机制的主要制定者和引导者。建立合理的合作学习评价机制是为了不断调整小组成员的各种行为和活动规范，引导小组成员向更有利的方向发展。但我们在实践中常常看到，其一，许多教师对学生合作学习的评价常常有"重个体轻群体"的现象。在课堂中可见，教师对小组汇报的评价常常是"你说得真好"，"你的见解真不错"。诸如此类的评价易使学生认为教师只是评价最后发言的同学，似乎最后的成果都是发言者的功劳，那么学生只"作"不"合"，各行其是也就不足为怪了。其二，一些教师对合作学习的评价还存在重结果、轻过程的问题。偏重对小组合作学习结果的评价，对每个小组的总结发言

① 裴娣娜. 合作学习的教学策略［J］. 学科教育，2000（2）.

或作业（调查报告、小论文等）打上一个团体分数，而忽略对学生合作学习过程与方法的评价，尤其是很少对合作学习中学生的学习态度、学习习惯、参与程度以及创新意识、实践能力进行应有的评价。这样有偏颇的评价不可避免地会使得学生产生一种错觉：以为只要小组能有一个答案或是作品便可，而这个答案与作品的获得是否需要"合作"则是无关紧要的，于是也在无形中挫伤了部分学生参与合作学习的积极性与主动性。而在这个过程中，只有少数学生能够获得鼓励，体验成功的快乐，大多数学生都成为失败者。

第三节　提高合作学习效率的策略与方法

合作学习，不仅是一种学习形式，更重要的是作为一种教学思想和教学方式。为避免课堂教学中那种仅仅是形式上的合作学习，关键在于教师深刻领会合作学习的思想内涵，在教学中采用灵活多样的教学策略。总结课程改革以来合作学习实验研究的经验，要保证合作学习较高的实效性，应当注意以下几方面的策略。

一、合理组建合作学习小组

合作小组的内部构成如何，是学生合作学习成败的关键因素之一。因此，教师必须在充分了解学生个体情况的基础上，优化学生的组合，并且让小组成员明确各自的分工。在划分学生合作小组时，教师应进行"异质分组"，并注意"组间同质"的问题。异质分组，即教师在划分小组时，除考虑学生座位编排的因素以外，还应依据学习成绩、性别性格、特长爱好、家庭背景等，将不同层次、不同特质的学生编成合作小组。注意组间同质，就是在划分小组过程中，教师在重视对学生异质分组的同时，还须注意各小组之间的相对均衡和同质，尽可能使各小组都在同一起点上进行公平竞争，这样的学习小组才能体现"组内合作、组外竞争、促进发展"的理念，达到合作学习的预期目标。按照"组内异质、组间同质"的原则，一般每个小组可以 4～7 人划分，小组座位编排的空间格局可以为"T"型、"马蹄"型、"田字格"型等（如图 12-1）。

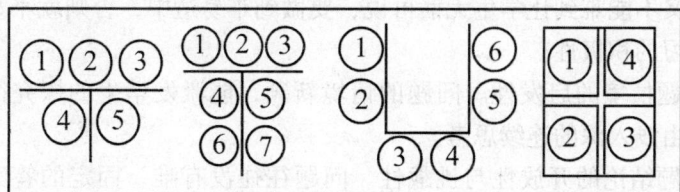

图 12-1

表 12 – 1　合作学习小组成员角色所需的技能或任务①

角色	技能/任务	范例
领导者	引导小组活动,确保指定作业都能全部按时完成	"我们正在完成主题,估计有 10 分钟剩余。"
激励者	激励所有小组成员参与活动(确保没人垄断讨论和没人被忽视),要求小组成员各抒己见	"某某,你对我们全员参与活动感到愉快吗?" "某某,你对我们的问题有何看法?"
记录者	分发小组练习材料 记录小组讨论成果	"我们今天要做以下内容……" "这是我们小组对这个问题的所有看法,大家同意它代表本组的讨论结果吗?"
检查者	检查小组中每个成员的掌握程度	"让我们花点时间单独在纸上写出选择的理由,然后比较答案。"

说明:如果小组人数超过 4 人,则小组中将会增加一些角色;如果小组人数为 3 人,则可将 4 种角色中的 2 种进行合并,如将领导者与激励者合二为一,也可把记录者的职责整合进检查者的任务范围内。在 2 人组的合作学习小组中,角色就简单地分为操作者和检查者,如"你说,我听"这一典型的策略。

分组完成后,还应引导学生进行明确的组员分工及合作意识启发,既要使组内每一个成员都明确自己的责任,又要让他们知道作为小组的一员,自己的所作所为不仅要对自己负责,还要对小组其他成员的学习进行配合,懂得学习中相互依存、相互补充、相互促进、共同提高的道理。

二、精心安排合作学习内容

教师在设计合作学习内容时,要深入研究教材,精心安排。合作学习的内容要灵活、开放,也要有一定的探究和讨论价值、有一定难度。实践证明,并不是所有的问题都值得学生用合作的方式来解决,适当的、有价值的合作学习内容应具备以下几方面的特性:

(1)问题难易程度的适宜性。问题要有一定的难度,肤浅的问题不值得讨论,但问题又不能难到让学生无话可说,要做到难易适中,否则就不易调动学生参与合作学习的积极性。

(2)问题情境的启发性。问题的情境新颖,能激发学生的探究欲望,可以启发学生做由浅入深的连续思考。

(3)问题结论的开放性与挑战性。问题往往没有唯一固定的答案,学生可

① 余慧娟,赖配根.开展合作学习的有效策略〔J〕.人民教育,2002(10).

从不同的角度运用不同的理论知识加以探讨。富有开放性与挑战性的问题，能在很大程度上激励学生参与合作和解决问题的内心需要，从而达到预期的教学效果。

三、把握合作学习最佳时机

合作的目的是使学生对问题的理解更清晰、全面。合作学习并不是在任何时候都可以用的，教师应当正确把握合作时机，合理分配合作时间。关于合作学习中认知过程的研究认为，合作性知识建构要经历两个阶段：一是个体知识建构阶段，二是合作性联合建构阶段。也就是说，合作者只有在形成自身个体知识建构后，才能通过小组集体讨论来有效协调在个体知识结构上的差异。[①] 因此，合作学习首先必须以学生的个体学习为基础，在学生自主探究后形成较成熟的、个性化的见解基础上进行。这样，小组交流才会出现不同观点的碰撞，产生认知冲突，最终导致高质量的理解。因而，教师让学生合作之前务必要留给他们独立思考的时间，使学生有了各自初步的认识后再共同讨论，提高合作的有效性。

此外，教师要善于及时捕捉合作时机，以便充分调动小群体的智慧，使合作学习水到渠成。一般情况下，可以在以下几种情形适时进行合作。

1. 在教学重点、难点处

教学的重点难点往往是学生理解掌握的难点。一般说来，只有当学生遇到了个人难以解决的问题而处于跃跃欲试的"愤悱"状态时，交流才有意义。在这样的时机加强合作，有助于教学目标的达成。

案例 1

有一位教师在教学《苦柚》一课时，大约三分之一的学生在自主阅读时不理解课文中的一个重点句："孩子，凭着你这颗善良的心，诚实的心，苦柚子也会变甜的。"教师便安排了一次合作学习，让学生在合作学习小组里互帮互学，体会这个重点句的含义。这样，教师较好地发挥了合作交流的效能，顺利地解决了教学重难点，达成了本节课的教学目标。[②]

2. 在学生迷惑、混沌时

教学过程中，当学生思维处于混沌、迷惑状态时，组织学生相互交流、辩论，有助于帮助学生澄清概念，加深理解。

---

① 丁桂凤. 合作学习研究的基本走势［J］. 南京师大学报（社会科学版），2005（4）.
② 左昌伦. 促进学生有效地合作学习［J］. 中国教育学刊，2003（6）.

案例2

在"在生活中的轴对称"一节中,当教师提出两个图形成轴对称的概念后,学生对轴对称和轴对称图形两个不同概念感到迷惑、混沌。这时,教师适时提出学生心中的困惑:"这两个概念一样吗?有什么区别呢?又有什么联系呢?下面各组先组内讨论,得出结论,再组间进行辩论。"随之展开小组合作探究……学生在激烈的语言交流中"自检"和"学他",经历由模糊到清晰,螺旋渐进,分化整合的过程,最终对这两个比较抽象的概念有了正确的认识,能从图形的个数、对称轴的条数等方面区别两个概念,也认识到它们的许多联系,合作学习充分发挥了它的作用和实效。①

3. 在出现分歧、矛盾处

当学生对问题产生歧见时,教师不马上给出答案,而是让学生进行合作学习,可以形成较浓厚的研究氛围,有助于扩展学生的思维,激发学生的灵感,形成独特的认识。

案例3

向滴有酚酞的稀 $NaOH$ 溶液中通入 SO_2 气体,红色褪去。有的学生认为是 SO_2 具有漂白性,与红色的酚酞作用,使其褪色,原理与 SO_2 使品红溶液褪色相同。另一部分学生认为 SO_2 是酸性氧化物,能与碱反应生成盐和水,碱消耗掉了,所以红色褪去。双方争论热烈,教师没有简单地下结论,而是抓住有利时机,合作学习。在人员分配上,持相同观点的人分在同一小组,这样就形成了像辩论赛中的正方和反方,要求各组设计方案证明本组的观点是合理的,然后根据自己的方案进行实验,揭示褪色的本质。②

4. 在需要协作、繁忙时

在学生的学习任务比较繁忙、需要协作时开展合作学习。

案例4

高一绪言"化学——人类进步的关键"这节课内容多,教材简单概括了古代化学、生命科学、材料科学、能源、化学基础理论研究、环境科学等方面取得的成就及发展趋势,体现了化学是一门中心学科,是人类进步的关键这个论点。课前将学生分组,每个小组分到一个问题,这些讨论题分别围绕以下内容展开:

---

① 张正华,安国钗. 初中数学课堂合作学习实效性的探究 [J]. 数学通报,2006 (7).
② 沈坤华. 合作学习—— 一种有效学习的策略 [J]. 学科教育,2004 (7).

（1）我国古代化学成就；（2）化学基础理论研究现状；（3）生命科学成就及研究现状；（4）材料科学成就；（5）能源现状及发展趋势；（6）环境污染现状及化学对策等。教师要求各小组通过课外阅读教材、教参及其他科普读物和上网找资料等途径完成问题，课上各小组推荐一人上台演讲，时间不超过 5 分钟，有的小组把演讲稿做成多媒体课件，让全班学生共同享受本组的学习成果。最后，教师根据学生演讲情况补充完善，总结提高。通过小组合作学习，真正体现了"1 ＋1＞2"的效果。[①]

四、及时进行监控和指导

让学生进行合作学习，并非意味着教师可以做旁观者。相反，在合作学习过程中，教师的监控与适时指导是十分重要的。

1. 教师要扮演好"调控者"的角色

在开展合作学习初期，有的合作学习小组可能缺乏组织，小组成员之间不能相互配合，出现冷场的局面。另外，合作学习小组在讨论问题时，有时也可能会出现冷场的尴尬局面。教师应当分析冷场的具体原因，采取灵活措施激活学生的思维，鼓励学生大胆表达。

在合作学习的过程中，教师要尽量多走动和观察、倾听，密切关注各合作小组的活动状况，对学生的合作学习实施监控，必要时可进行干预。如合作学习小组在开展讨论时，当学生思维的闸门打开后，有时可能会偏离讨论的主题，[②] 以及发现个别学生不认真参与交流，做与合作学习无关的事情，或个别小组交流不认真时，教师都要及时加以引导，把学生的讨论引到主题上来。在合作学习中，学生难免会发生矛盾与冲突，教师要适时变换角色，参与其中的学习、合作、交流，鼓励学生去协调合作中的认知冲突，让他们感受到是在一种轻松、和谐、民主的氛围中进行合作学习。

在合作学习的过程中，教师还要关注消极学生，防止小组个别成员的过度依赖。国外研究合作学习的代表人物穆里安认为，合作学习中存在 6 种类型的消极学生：沮丧的学生、未被承认的学生、灰心的学生、缺乏动机的学生、厌烦乏味的学生、炫耀聪明的学生。[③] 教师对这几种类型的学生应予以关注，避免他们在合作中被遗忘，对他们要加强监控和指导，为他们提供情感动力，使他们在合作学习小组中积极主动地与同伴合作。还有一些学生由于学习能力或学习态度等方

---

① 沈坤华．合作学习——一种有效学习的策略 [J]．学科教育，2004（7）．

② 郭思乐．教育走向生本 [M]．北京：人民教育出版社，2001：148.

③ 陶志琼等译．透视课堂 [M]．北京：中国轻工业出版社，2002：94.

面的原因，可能会过度依赖同伴的帮助，自己却不积极主动地做出努力。对这样的学生，应当让他们明确个人责任，引导其发挥自己的主观能动性，同时鼓励他们积极创造条件，在合作学习小组中去帮助同伴。尽可能地使每一个学生都成为真正意义上的"合作者"，能够以主人翁的姿态，积极主动地投入到合作学习中。

2. 教师要担当起"指导者"的角色

有效的合作学习离不开教师的指导。在学生合作学习过程中，教师要进行必要的"巡视"，认真倾听学生的意见，了解他们合作的效果、讨论的焦点、思考的疑难点，适时地对学生的合作交流给予指导，适量地提出引起学生思考的问题，引导学生提出自己的见解、观点。在学生出现错误时，为其指明方向，并在方法与策略上给予指导，唯其如此，才能使合作学习得以顺利且富有实效地进行。

教师对学生合作学习的指导，主要包括两个方面：一是合作技巧的指导。学生往往缺乏经验和技能方法，不能有效合作。教师"不能只是把学生们放到一起，然后告诉他们要合作"，应当"在适当的人际交往及小组合作技巧方面指导学生"。① 因此，教师要重视对学生合作方法的指导和合作技能的培养，以实现多向交流、多元思考、相互启迪的合作效应。主要包括：指导合作学习小组如何分配学习任务、如何分配学习角色、如何向同伴提问、如何辅导同伴。对学生进行合作技巧的指导，应当循序渐进，专门训练。同时，要培养学生养成耐心倾听、分析重点，并做出自己的判断的习惯，要尊重别人，善于采纳别人的意见，修改、补充自己的观点，敢想敢说、条理清楚、言简意赅、突出重点等。二是学习困难的指导。在合作学习的背景下，教师的角色是合作者，教师应当参与到不同的合作学习小组的学习活动中去，与学生平等对话。当合作学习小组遇到学习困难时，教师可以适时点拨、指导，提供必要的帮助。

五、建立合理的合作学习评价机制

合理的评价机制是提高合作学习效果的重要保障。当合作学习活动结束时，教师应当根据对合作学习的监控情况和合作学习小组对合作学习的反馈情况（包括口头的反馈和书面的反馈），采取一定的措施，对学生的合作学习进行评价。合理的评价机制应将学习过程评价与学习结果评价相结合，将小组集体评价与小组成员个人的评价相结合，即教师除对小组学习结果进行恰如其分的评价外，还要对学习过程中学生的合作态度、合作技能、参与程度等进行评价，对表现突出

---

① 陶志琼等译. 透视课堂［M］. 北京：中国轻工业出版社，2002：379～389.

的小组和个人及时给予充分肯定。评价的形式也不应仅限于教师的评价，还可进行自我评价，同伴评价，组与组间的评价等，从而使学生个体的情感、态度、能力在原有的基础上得到提升，学生在不断碰撞、融合中，得到合理的启迪和情感的交流，使学生认识到合作学习的价值和意义，并更加关注合作学习的过程。

评价机制包括以下几类：（1）定期评价小组共同学习的情况，检查小组功能发挥的程度，以便学生了解自己小组的学习成果，让他们在合作学习的过程中认识合作学习的方式。对于合作学习任务的完成要有清晰的评价标准，让学生明白老师将如何评估他们的学习成绩，如何评估小组和个体的努力。（2）以学生的自主学习、参与程度、团结合作、完成任务、学习效果等指标评价各组学习行为和效果，让学生认识到小组合作成员是一个学习的共同体，只有每个成员的共同参与才是合作学习所要实现的目标。（3）教师进一步反思自己的引导、调控和组织能力，调整教学内容和教学策略，以保证在教学质量稳步提高的同时，使学生在小组合作学习的过程中学会团队合作，提高学生自我表现的自信心，培养学生的自尊心以及一定的社交能力，真正发挥"合作学习"的优势和价值。

第十三章

提高探究学习效率的策略与方法

探究学习（Inquiry Learning），在国外已有几十年的开发和研究历史，但在我国仍属新生事物。新一轮国家基础教育课程改革的一个重要而具体的目标，就是要改变至今仍普遍存在的学生被动接受、大运动量反复操练的学习方式，于是开始大力倡导学生主动参与的探究学习。探究学习作为一种重要的学习方式，能使学生在获得知识和技能的同时，受到科学方法的训练，体验探究的乐趣，形成和发展探究的能力。

第一节　探究学习概述

探究学习是1964年由美国教育家、芝加哥大学的教授施瓦布首先提出的，至于"探究"的思想古已有之。

一、探究学习的概念

汉语中，"探究"就是"探索、研究"，而"探索"的解释是"多方寻求答案，解决疑问"。"研究"的解释是"探求事物的性质、发展规律等，考虑或商讨"。[①] 英文 inquiry 一词起源于拉丁文的 in 或 inward（在……之中）和 quaerere（质询、寻求）。按照《牛津英语词典》中的定义，探究是"求索知识或信息特别是求真的活动；是搜寻、研究、调查、检验的活动；是提问和质疑的活动"。因此，从其最原初的含义上看，探究就是"寻找"（"寻求"、"探索"），寻找所需的信息，寻找目标物体，寻找对某种现象或对某一疑问的解释，寻找解决问题的答案，寻找符合要求的设计。

从关于探究的界定中可以看出，探究本身是一种非常复杂的活动，因此对于探究学习的界定也存在比较大的争议。研究者仅从自己研究需要的角度提出各自的界定。有的重在强调"自主地参与获得知识的过程"，如施瓦布将探究学习定义为这样的一种学习活动："儿童通过自主地参与获得知识的过程，掌握研究自然所必需的探究能力；同时，形成认识自然的基础——科学概念；进而培养探索

---

① 汉语词典［A］．北京：商务印书馆，2001：957.1134.

未知世界的积极态度。"① 有的重在强调在探究学习过程中教师的指导作用，如徐学福认为探究学习是指在教师指导下，为获得科学素养以类似科学探究的方式所开展的学习活动。② 有的重在强调探究学习的本质，如肖川认为："探究学习就是从学科领域或现实社会生活中选择和确定研究主题，在教学中创设一种类似于学术（或科学）研究的情景，通过学生自主、独立地发现问题、实验、操作、调查、信息搜集与处理、表达与交流等探索活动，获得知识、技能、情感与态度的发展，特别是探索精神和创新能力发展的学习方式和学习过程。"③ 有的认为探究学习是指学生在教师的指导下，通过自主地参与发现问题、分析问题和解决问题等一系列的探索活动（其中包括思维、情感和动作等方面的活动），来获得知识、技能、情感与态度的发展，尤其是创新精神和实践能力的发展的一种学习方式。④

总之，与传统的把学习建立在人的客体性、受动性和依赖性基础之上的接受学习相比，探究学习是从问题或任务出发，在探究学习中，学生不是面对现成的陈述性知识或程式化的练习题，而是具有一定挑战性的问题或任务。学生需要通过自主的、多样化的探究活动来回答问题或完成任务，并在此过程中获得知识和技能、发展能力、培养情感体验。因此，探究学习具有更强的问题性、过程性、开放性和参与性等优势特征。

二、探究学习的基本特征

1. 问题性

探究学习特别强调问题在学习活动中的重要性。一方面强调通过问题来进行学习，把问题看作是学习的动力、起点和贯穿学习过程的主线；另一方面通过学习来生成问题，把学习过程看成是发现问题、提出问题、分析问题和解决问题的过程。

2. 过程性

从学习论来讲，所谓学习的结论，即学习所要达到的目的或所需获得的结果；所谓学习的过程，即达到学习目的或获得所需结论而必须经历的活动程序。毋庸置疑，学习的重要目的之一，就是理解和掌握正确的结论，所以必须重结论。但是，如果学生不经过自己一系列的质疑、判断、比较、选择，以及相应的分析、综合、概括等认识活动，即如果没有多样化的思维过程和认知方式，没有

---

① 钟启泉编译. 现代教学论发展 [M]. 北京：教育科学出版社，1998：363.
② 徐学福. 探究学习的内涵辨析 [J]. 教育科学，2002（3）.
③ 肖川. 论学习方式的变革 [J]. 教育理论与实践，2002（3）.
④ 郭莲花. 探究学习及其基本要素的研究 [C]. 课程与教学论坛，2003.

多种观点的碰撞、争论和比较，结论就难以获得，也难以真正理解和巩固。更重要的是，没有以多样性、丰富性为前提的学习过程，学生的创新精神和创新思维就不可能培养起来。所以，探究学习不仅重结论，更重过程。

3. 开放性

探究学习强调开放性，通过创造一个宽松、和谐、民主的心理氛围，给学生一种心理安全感，而心理安全、心理自由正是学生主动、生动发展的摇篮。探究学习的目标具有开放性，使学生经历探究过程，以获得理智能力发展和深层次的情感体验，建构知识，掌握解决问题的方法，这也是探究学习要达到的三个目标。探究学习过程也具有开放性，它强调个性化的学习过程，学生可在此过程中自主独立地创造别具一格的活动内容。此外，探究学习的评价强调多元价值取向，鼓励问题解决方案的多样性，鼓励学生独辟蹊径，同样具有开放性。

三、探究学习的分类

1. 归纳探究和演绎探究

根据解决问题的思维方式，探究学习分为归纳探究和演绎探究。在归纳探究中，学生从某个或某类事例出发，经过探索得出一般结论。学生经历了从具体事实和观察到推理的过程。在演绎探究中，教师给出概念或原理，学生探索它们与具体事例的实质性联系，是个检验和应用概括化的假设或者定理，探索它们和具体要素、例子之间关系的过程。

2. 自由探究和定向探究

根据师生在探究活动中的作用程度，探究学习分为自由探究和定向探究。在自由探究中，学生自主独立完成各种探究活动，极少得到教师的指导和帮助。定向探究中，学生则要在教师的大量指导和帮助下，完成各种探究活动。但是，任何探究学习的每一种探究活动在学生自主程度上都是一个连续体，即自主程度最高者为自由探究，自主程度最低者为定向探究。

四、探究学习相关概念辨析

由于多种原因，当前教学理论研究与实践领域，对于探究学习的概念使用混乱，导致教师们在理解和实施探究学习中容易产生概念理解的偏差，因此有必要对相关概念进行辨析，以厘清探究学习的本质。

1. 探究学习与探究式学习、探究性学习

与探究学习类似的，有"探究式学习"和"探究性学习"两种提法。虽然单从字面看这三种提法都有"探究"一词，似乎没有什么差别，但它们各自所突出的重点却有所不同。

探究学习更强调探究活动过程本身，它从个体感受出发，强调个人经历的是探究活动，而不管受什么样探究思想指导，采用哪种探究活动形式，只有那种能

使学生获得探究体验的学习才是探究学习。美国《国家科学教育标准》中的科学探究定义便体现出这种倾向："科学探究指的是科学家们用以研究自然界并基于此种研究获得的证据提出种种解释的多种不同途径。科学探究也指的是学生们用以获取知识、领悟科学的思想观念、领悟科学家们研究自然界所用的方法而进行的各种活动。"[①]

探究性学习突出的是探究活动的可行性。传统的接受学习不能或不完全能使学生获得科学素养，因为科学知识、科学方法和科学精神从根本上说是在科学家的实践活动中产生和发展的。如果探究学习不能在实践中贯彻实施，那就不会发挥它的优越性，进而也无存在的必要。探究学习恰恰存在这方面的问题，表现在探究学习与接受学习在实践中并非绝然对立，而要以接受学习为基础，由接受向探究逐步过渡，学生在刚开始从事探究学习时尤其如此。换言之，纯探究学习是很难做到或不存在的。由于探究性一词包容了不同程度的探究活动，因而探究性学习这一提法更加切实可行。

探究式学习侧重于探究的方式或程式，即探究学习的模式或基本程序。从某种意义上说，把探究学习与其他学习直观区别开来的是程序，如能体现启发思想的学习方式有多种，而它们之间的明显差别就在于基本程序。而且只有程序明确，实施起来才有章可循，不致使广大教师茫然不知所措。很多研究者都采用探究式学习这一提法，并致力于探究学习模式的建构。国外的许多探究学习研究也特别关注具体层面，提出许多探究学习模式。

之所以用"探究学习"一词，因为它不仅是一种学习方式，同时还是一种教学理念，蕴含着学习的动态过程。避免过分关注具体操作而忽视其背后的思想基础，或只注重探究的可能性而将其泛化，出现新瓶装旧酒、换汤不换药的情况。

2. 探究学习与研究性学习

作为一种重要的学习方式，探究学习与研究性学习不同。在新颁布的《全日制普通高级中学课程计划（试验修订稿）》中，"研究性学习"是一种新的课程形态，而探究学习是本次课程改革倡导的一种主流学习方式。由此可见，探究学习是支持研究性学习课程的主体学习方式，但它同时也广泛应用于其他学科，不仅包括物理、化学、生物、自然、地理等科学学科，而且包括政治、历史等社会学科，也应包括语文、英语、数学、计算机等工具性学科。从学习目的来看，研究性学习强调对所学知识、技能的实际运用，注重学习过程和学生的实践与体验，并不刻意追求研究的结果；而面向学科课程的探究学习则除了强调对知识的

---

① [美] 国家研究理事会，戢守志等译. 国家科学教育标准 [M]. 北京：科学技术文献出版社，1999：23.

应用以外，更主要地还是为了帮助学生更好地理解所学的新知识。因此，在注重探究过程的同时，也重视探究的结果。实践中，有些教师将探究学习与研究性学习混同使用，或者认为进行探究学习就是要搞研究性学习课题，而忽略了探究学习对于改变学生学习方式的内在价值。

关于研究性学习和探究学习的关系，应注意以下几个方面：①

（1）探究学习是一种基本的学习方式，它与接受学习、体验式学习一起，构成人类的三种主要学习方式。

（2）作为一种学习方式，探究学习和研究性学习在本质上是相同的。它们都具有以下三个特点：第一，需要由问题或设计任务出发开展学习活动；第二，需要通过观察、调查、假设、实验等多种形式的探究活动，提出自己的解释，或者设计和制作自己的作品；第三，需要通过表达和交流，验证、修正自己的解释，或者改进自己的作品。

（3）研究性学习是探究学习的一种特殊形式，是指学生面对学习和生活中较复杂的问题，模仿科学研究的方法和过程来加以解决，并在解决问题的过程中获取知识、发展能力的学习方式。这种学习方式主要用于针对综合性问题的研究性学习课程中。

（4）在学习方式的意义上，研究性学习特指"研究性学习课程"中采用的探究学习方式，而探究学习则是适合于所有学科的学习方式。

第二节　探究学习中存在的问题及成因

一、探究学习中存在的问题

倡导探究学习，不仅仅是转变学生的学习方式，而且是通过转变学习方式促进每一个学生的个性健全发展。然而，探究学习在我国毕竟处于探索阶段，它所需要的教育环境条件，特别是对教师观念转变、理解水平的要求等都有一些滞后，因此实践中的探究学习必然会存在一系列问题。

1. 将探究学习等同于科学研究

我国当前的基础教育存在一种倾向，把"探究学习"等同于"科学研究"，把"探究学习"课程等同于"科技活动"课程，把学生引向运用理科知识探究科技类问题的轨道。如果一味地强调"科学研究"、"科技类活动"，就会造成探究学习内容的极度窄化。探究学习所涉及的知识包括科学、艺术与道德，涵盖的内容包括自然、社会与自我。自然、社会、自我作为课程开发的三个向度应当在

① 李亦菲，杨宝山. 探究学习与研究性学习的四个误区［J］. 中国教育学刊，2002（6）.

探究学习课程中达到均衡与整合。"惟科学主义"倾向使"理想自我"、"合作与竞争"、"珍惜生命"等更具生活意义和生命价值的主题被尘封或丢弃。同时，把探究学习的方法局限于只注重沿袭获得科学结论需要遵循的程序和方法，学生的个性化探究方式被封杀，探究学习中诸如思辨、畅想、感悟等丰富多彩的探索之路被中断，教育回归儿童本性的价值追求被架空，探究学习的存在价值被大大削弱。要改变这一现实，充分发挥探究学习的作用，全面实现其价值，必须摆脱"惟科学主义"的狭隘视阈，抛弃"探究学习＝科学研究"的狭隘模式，回归尊重儿童本性的价值追求。

2. 将获得知识与结论作为探究学习的目的

探究学习不仅在于获得问题解决的结果，更注重学习的创造性及主体性人格培养，并以此作为探究学习的主要目的。探究是无限探索的过程，其目的在于培养学生主动探究的能力，引导学生发现未知。而现在学校的一些探究往往都是阶段性、任务性的，一项学习活动结束，探究随之告一段落，忽略对学生继续探究的引导。这样，探究就不能深入下去，学生所学到的只能是一些皮毛，求证一些常识性的、规范的知识，这对培养学生的创造性思维是不利的。在探究学习活动中，"问题"往往被视为探究学习的核心。然而，"问题"在探究学习中的重要性主要体现在它对学生合适与否，而不在于它是否一定是由学生探究得来的。然而，在现实教学中，往往进行的是形式化的探究，提出假说的环节即使有也只是走走过场，对假说求证的过程则更是被误导为纯粹的证实，而更能反映科学研究活动真实的证伪则不见踪影。这样的教学，不仅不利于培养学生的探究能力，更会误导对科学本质的理解，在学生头脑中形成不正确的科学形象。因此，要实施真正的探究学习，就不能省掉假说这一环节以及为催生假说而精心设计的活动，直接以追求预设结论、掌握知识为目的探究并无意义。

案例1

有一套根据《科学课程标准》编制的新版小学科学教材，在第三册中有关摩擦力的主题知识内容。首先，让学生结合生活实际，概括出摩擦力的概念。其次，让学生思考摩擦力的大小与什么因素有关，书中列举两个因素：物体的重量；接触面的光滑程度……后面列出两个空序号，意在填充学生想到的其他因素。再次，让学生利用小推车、木板、砂布、砝码、弹簧秤等材料进行实验，学生用弹簧秤拉动小车在木板或者砂布上匀速运动。书上画有两个表格，一个表格是有关物体重量的，便于学生记录物体重量值、弹簧秤的读数；另一个表格是有关接触面的光滑程度的，便于学生记录摩擦面材料与弹簧秤读数，每个表格留有三空行，意在让学生实验三次。最后，学生总结各次实验的数据，推出规律，验证假设。学生推导出了书本上的知识：摩擦力的大小与物体的重量有关，物体越重，摩擦力越大；与接触面的光滑程度有关，接触面越光滑，摩擦力越小。①

案例中，学生知识遵循课本上正确的推理逻辑、预定的探究程序和表面的实验操作，所做的实验仅限于动手，是外显、肤浅的"探究"，并未真正触及学生深层内隐的观念，并未促使学生动脑思维。这样的学习流程是依据科学知识的体系安排的，没有基于学生的体验和感受，没有真正触动学生的先前经验、引发学生的高层次探究思考，以至于学生获得的是表面的、惰性的知识，并没有真正相信这些科学知识。

3. 忽视学生自主性的探究

从学生生理、心理特点来看，学生有探究和创造的潜能，探究学习本身可激发学生学习的兴趣和动机以及求知欲。在以学生发展为本的探究学习中，学生不是外部刺激的被动接受者和知识的灌输对象，而是信息加工的主体、探究学习意义的主动建构者。但许多学校在探究学习的实践中，跳不出学科化的概念框架和逻辑体系的束缚，甚至存在着教师包办和代替探究学习的现象。探究内容原本应由学生自主选择，却变成了由教师设计或依据现已出版的"学习包"作为教材。而探究学习的学习目标，本应是学生在与教育情境的交互作用过程中所产生的目标，教学内容也本应是学生自主选择的课题，但在实施之初，教师为统摄活动过程往往预先设定教学的目标和探究的主题，而且在实施过程中不允许学生偏离设定探究学习的研究方向。

4. 探究学习的学科化倾向

探究学习既是一种学习方式，也是一种课程形态。长期以来，许多中小学教师缺乏课程改革的权利和意识，往往把课程等同于学科和教材。因此，当探究学习在课程改革中以一种课程形态呈现的时候，就出现了探究学习学科化的倾向。此外，由于教学习惯的作用，常常出现以学科教学形式实施探究学习的现象，甚至出现了"语文探究学习"教材、"数学探究学习"教材等将探究学习学科化、教材化的情况，导致忽视学生学习的过程，以及在过程中所产生的丰富多彩的、活生生的研究性体验，大大加重了学生的学习负担，这在根本上是背离探究学习的价值追求的。

二、探究学习存在问题的原因分析

导致这些问题的原因主要归结为以下两个方面：

1. 教师方面的因素

在探究学习的实施过程中，教师们普遍感到自己的知识和能力有限，无法指导学生的探究学习，显得力不从心。

---

① 刘儒德等．从验证性探究学习到探索性探究学习的转变［J］．上海教育科研，2004（6）．

第一，教师过分追求追赶潮流，在理念上认为新的教学方式就是合理的，从而将与探究学习相对的接收学习彻底予以否定，没有辩证地思考二者的关系。接受学习和探究学习虽是两种不同的学习方式，但它们是相互联系、相互制约和相互促进的。如果不能正确把握二者的关系，深刻领会两种不同学习方式的独特优势，也就无法领悟探究学习的"神"之所在，只是追求探究学习具其"形"，甚至机械地生搬硬套。例如，将探究学习神化、泛化，不管什么内容都让学生进行探究；或将探究学习形式化、符号化，让学生从事表面的事务性的活动，将高层次的脑力劳动变为一种简单的体力劳动。

第二，教师自身素质局限。探究学习是学生自主独立的学习活动，不受教材和大纲的限制，也没有一般学科所具有的相对稳定的核心内容，只是以当时当地学生的需要来决定学习的课题；不强调严密的体系框架，只是根据学习环境的改变和学生情况的变化随时调整活动。探究过程不需要教师预先安排好，所谓"提出问题、进行假设、制定计划、收集数据、整理分析、得出结论、评鉴预测"等，只是探究过程的要素而不是固定的模式。事实上探究学习也没有统一的套路或者固定的模式，因此，探究学习的这些特点决定了对教师自身的综合素质要求更高。特别是在后喻文化社会中，教师不应以权威者自居，对学生在探究学习过程中遇到的问题，教师只有平等地与学生一起开展探究学习，才能恰如其分地发挥其作用，并且教师也应根据学生的课题补充许多相关的知识。只有拥有相关的知识，教师才有发言权，才有资格和能力指导和帮助学生。

总之，教师必须有丰富的知识储备，才能灵活自如、驾轻就熟地运用探究学习，引导学生学会主动探究，培养学生的探究能力。而满足这样的要求对于实践中的教师们而言，仍然需要一个长期的过程。

2. 学生方面的因素

作为一种学习方式，探究学习是渗透于学生的所有学科、所有活动之中的。学生的学习方式要完成从接受学习方式向探究学习方式的转换，首要的问题是完成从旁观者到参与者的转换。然而，长期以来，被动应付、机械训练、死记硬背、简单重复已成为学生在学习中所面临的客观现实，只唯书、只唯上已成为学生习惯的学习方式。要使学生从被动聆听和接受的学习中苏醒过来，归还学生应有的主体地位，不是一个简单的过程。探究学习是一个比较复杂的认识过程，从提出研究的问题，到完成研究过程是一个整体，不仅需要学生思想活跃、勤于观察、善于思考，而且需要学生掌握一定的探究技能与方法，如分析、推理、决策和解决实践问题的能力，这样才能使探究性学习活动深入持久地开展下去。大多数的学生在探究过程中都遇到过失败和挫折，有的学生因选题过大而无从下手；有的学生面对浩瀚的资料和众多研究部门，不知如何获取与自己的研究课题相关的信息资料。只有教给学生进行探究学习的方法，才能保证探究学习的顺畅进行。学生的探究学习能力还需要慢慢训练。

第三节　提高探究学习效率的策略与方法

一、转变教师角色，提高探究学习效果

在探究学习的实施过程中，教师应明确自身角色定位，以适应探究学习所提出的新要求。在探究学习中，教师的角色将从主要是知识的传授者变为主要是主题探究的指导者。探究学习强调，教师是学生学习的合作者、引导者和参与者，教学过程是师生交往、共同发展的互动过程。交往意味着人人参与，意味着平等对话，教师将由居高临下的权威转向"平等中的首席"，传统意义上的教师教、学生学，将不断让位于师生互教互学，彼此将形成一个真正的"学习共同体"。探究过程也将不再只是忠实地执行课程计划的过程，而是师生共同开发课程、丰富课程的过程，教学真正成为了师生富有个性化的创造过程。

二、合理制定学习方案，做好探究准备

制订方案是有效教学的关键环节，尤其对于探究学习这种新的学习方式的开展更应精心设计。首先，应制定明确的探究目标，使学生既能掌握教学大纲所规定的教学内容，又能发展各种探究能力，形成探究精神和态度。就教学内容而言，并非所教知识都应该或都适合采用探究学习，因此，哪些内容让学生探究，开展哪些探究活动，教师要心中有数，而不能盲目或随意而为。其次，教师要选择或补充恰当的教学内容，使它们适应学生的兴趣、知识水平、理解力以及他们的经历。教师在确定具体的教学内容和探究活动时，要考虑学习这些内容的学生。不论是安排教学大纲所规定的内容与活动，还是补充社会问题等内容或新颖独创的活动，它们都应适应学生的特殊兴趣、知识水平和现有技能，都应从学生以前产生的问题和形成的理念出发来设计教学。探究内容和活动的确定主要是靠教师对学生的了解，了解他们的认识潜能、行为动机以及他们是怎样学习的。最后，选择正确的评价方案，使之有助于提高学生对知识的理解、有助于把学校变成学生积极参与学习的场所。这包括：教师要设计一些活动，在探究开始之前用这些活动对学生所具有知识水平和种种能力做评估；教师要设计出一些适当的方法，用来监测学生们在完成探究活动的过程中在知识、理解和种种能力上有什么进步。

三、科学指导学生选择探究主题

探究学习的内容是广域性的，主要是以主题为载体，而主题的形式是多种多样的，目前大量新编教材中都会给出探究学习的若干范例，教师要很好地组织利

用好这些范例来引导学生进行探究。同时要因地制宜，发掘资源，适时将探究主题延伸到课堂教学外，触及到学生学习和生活的方方面面。在具体的选题过程中，主题内容应坚持兴趣性原则，要注意把文献资料的利用和对现实生活中"活"资料的利用结合起来。要引导学生充分关注当地的自然环境、人文环境以及生活环境，从中发现需要探究和解决的问题。启发学生根据自己的兴趣、爱好和社会热点来选取探究主题，并从现代高科技发展方向出发，密切注意高科技成果与工农业生产及日常生活的联系。

探究性的学习活动是培养学生推理、思维、决策和解决问题能力有效途径。发现问题和提出问题是探究的前提，探究主题的确立是学生探究的动因和目标，建构有价值的主题是深入开展探究性学习活动的有效保证。选择主题时，应当注意以下几点：

1. 主题要有趣味性和挑战性

学生对主题的探究动机往往来自对新事物的好奇。枯燥的知识激不起探究的愿望，教师需要把枯燥的知识转化为趣味性问题让学生探究。

案例2

对学生进行环保教育，仅仅选择一些环境污染危害的事例和数据灌输给学生，对学生来说是把知识装进了"容器"，要学习记住这些知识更是一种负担；我在组织环保教育中，让学生研究一个个主题鲜明的小课题，如"废电池浸出液对生物的危害"等，有的学生选择了"废电池浸出液对泥鳅的危害"，他们把泥鳅分成两组，其中一组加入浸出液，当他们观察到加入少量浸出液泥鳅躁动不安，加入高浓度浸出液泥鳅狂乱挣扎时，他们对泥鳅的最后命运会怎么样激起了强烈的探究兴趣。当他们观察到泥鳅的颜色由深黑色变成枯黄色，身体表面光滑的黏液全部退去，直到奄奄一息时，他们感到像泥鳅这么生命力强的鱼类也会受到这么大的危害，无不感到震惊。[①]

学生对这一问题的探究完全是出于对问题本身强烈的探究兴趣，并且这一问题对小学生也具有一定的挑战性，因此学生愿意也有能力承担起这一小课题的探究。

2. 主题要体现现实性和真实性

对问题的要求仅仅具有趣味性还不够，还需要使所探究的问题具有现实性和真实性，设计的主题要尽可能在实际生活中找到原型。

---

① 韩自念. 探究性学习中问题的构建策略 ［J］. 科学课，2002（9）.

案例3

在进行《百分数应用题》教学时，从旅游问题中取材，为学生提供了这样一些信息：某校校长暑期将带领该校市级"三好学生"去杭州旅游。甲旅行社说："如果校长买全票一张，则其余学生可享受半价优惠。"乙旅行社说："包括校长在内全部票价按6折优惠。"若全票为240元，你选择哪家旅行社？并说明理由。[①]

生1：甲旅行社便宜，因为半价就是打5折。

生2：不对，甲旅行社校长要买全票。

生3：乙旅行社便宜，他所有的人都能打折。

生4：我觉得还跟"三好生"人数有关。

师：假设"三好生"是5人。

（生计算）

生：甲旅行社便宜，因为甲旅行社的总价为：$240 + 5 \times 240 \times 50\% = 840$ 元；乙旅行社的总价为：$240 \times 6 \times 60\% = 864$ 元。

学生之间思维不断碰撞，对选择旅行社的问题，进行去伪存真、由表及里的分析，将实际问题建立了两个数学模型：$a + b \times c \times d$ 和 $b \times c \times d$，从而转为数学问题，通过对数学问题的解决，解决了实际问题，培养了学生的应用意识。

这样的问题特点是学生在现实生活中碰到的，确实需要解决的，具有强烈的现实性。当然，现实性的问题并不一定都是真实性的问题。问题的真实性是指问题的探索正好处于学生的最近发展区。对需要探究的问题，教师要把握适当难度，让学生尽可能在现有的认知水平基础上进行探究。特别在课堂教学中，要探究的问题必须有前面基础知识的铺垫。对于课外探究的问题，可以把难度适当提高一点，这样可以满足一部分智力水平比较好的学生的探究欲望。

3. 主题的创造性与准确性相结合

探究性学习主要是为了培养学生的创造能力，要求学生探究的问题在一定准确性基础上，更需要一定的创造性。问题的准确性有利于学生有目标地探索，有利于学生发现规律，形成解决问题的科学思想和方法。但是过于简单明确的问题反而会约束学生的创造性思维。因此，在设计主题的过程中要兼顾问题的创造性和准确性。

案例4

"水的浮力"问题的设计很有讲究，当教师给学生提供一组结构性的材料如

---

① 钱朝霞. 旧教材、新教法［J］. 学科教育，2003（8）.

石块、泡沫、橡皮泥、回形针等，如果仅仅提问哪些物体会下沉，哪些物体会上浮，对于学生来说很简单，只要把这些物体放入水中即可见分晓。我认为应该设计成开放性问题更有利于培养学生的创造能力，可提问"物体的上浮和下沉与什么因素有关"，关键是让学生在探究这一问题的过程中能够观察分析和推理，从纷繁复杂的现实数据中找出一定的规律来。通过一定的指导归纳到这两个问题上来：1. 体积相同的情况下，物体的沉浮与什么有关？2. 重量相同的情况下，物体的沉浮与什么有关？[①]

　　这样开放性的问题给学生提供了运用不同方法解答的机会，提供了广阔的探索和创造空间，提高了问题的探究价值，同时问题也更容易转化为学生的科学探究活动。

四、营造轻松自由的课堂气氛，激发学生主动探究热情

　　教师应该在明确教学内容的基础上，突破教材对学生的禁锢，创造性地使用教材，既要凭借教材，又要跳出教材，教师要善于在课堂上让学生以教材为例子，尝试让学生发现问题、提出问题，在解决问题的过程中，通过不同观点的相互碰撞、交流，主动求得真知。充分考虑学生的已有经验，有意识地创设出符合需要的情境，以使学生的问题意识在一个清晰的状态下延伸，并让他们能获得一种探究的满足而主动参与到教学过程中去。

五、合理调控，引导学生顺利开展探究学习

　　在探究学习过程中，教师对学生探究过程的调控至关重要。教师要善于给学生主动发展的空间，引导学生主动探究，勇于质疑。给学生留有继续思考和探索的时间、空间，拓展、深化已解决的问题，营造一种完而未完、意味无穷的境界。使学生有明确的学习目标和自觉积极的学习态度，对学习活动能进行自主支配、自我调节和控制，充分发挥自身潜能，主动去认识、学习和接受教育，通过逐步自主地"做"和"悟"，学会探究、学会创造，从而学会生存、学会发展。教师要重视并利用学生在学习中提出的疑惑和问题，引导他们相互解疑，让学生更多地体验探索，自己解决问题的过程。在学生集体讨论时，或自主过程中，教师要及时地做出引导，适时介入。在实际教学中有时因教师介入过早，致使学生丧失了本可以自主发现的机会，有时因教师介入过晚，以致让学生过久地处于无助状态甚至陷入危险之中。所以，在学生探究过程中教师如何引导，何时介入，介入程度如何，都要求教师在教学实践中不断摸索和总结，针对不同的探究活动，进行不同的指导。在学生集体讨论的基础上，教师对学生通过交流仍未解决

---

① 韩自念. 探究性学习中问题的构建策略 [J]. 科学课，2002 (9).

的疑惑点要加以重点启发，进行巧妙点拨，恰当地启迪他们的创新意识。

六、融合接受学习，有效发挥各自的优势

新课程改革中，虽然大力倡导探究学习，但并不意味着对接受学习的彻底否定，而是强调要改变传统教学中过分注重学生被动接受的学习方式，突出培养学生的主动探究意识与能力。接受学习和探究学习虽是两种不同的学习方式，但它们又相互联系、相互制约和相互促进。一方面，探究学习以接受学习为基础。有效的探究学习必须是主动而有意义的。学生要主动而有意义地进行探究学习，必须具备一定的知识和技能基础，否则就不可能积极主动地参与到探究过程中去，把经过探究得到的知识加以内化而赋予知识以意义。而探究中所需要的这些基础知识和技能，主要来自于教学效率较高的接受学习。另一方面，探究学习是促进接受学习的重要条件。中小学生的接受学习往往需要一定的具体经验作为支撑，而探究学习是学生获得具体经验的一种重要途径，而且探究学习中要用到接受学习中已获得的知识，能够促进对这些知识的理解和巩固。① 因此，教学中，教师必须以教学实效为目标，以促进学生发展为本，充分利用现有条件，将科学探究与有意义的接受学习有机结合，以充分发挥各自的优势，实现优势互补，促进学生素质的全面发展，提高教学的效果和效率。

七、对自己的教学、学生的学习不断进行评价

评价工作是教学工作的有机组成部分，教师在探究学习过程中要对那些与学生学习情况有关的依据认真地加以选择并充分加以利用，以达到改进自己、指导工作的目的。因此，教师要使用各种方法手段收集有关学生发展情况的数据。例如，学生的调查研究汇报、书面报告、图表模型等。教师应对这些数据认真分析评价，以期进一步明白自己应该怎么教、学生应该怎么学，从而改进探究学习方案，使之更加适合学生的不同情况和要求。

在探究全过程中都要指导学生进行自我评价。教师要把客观评价标准提供给学生，并让学生把它应用到自己的和他人的探究学习检验之中。这有助于他们认识客观标准，并升华为自己的认识，对他们现在和今后开展探究也是至关重要的。因此，教师要引导学生弄清自己学习的目的，让学生在此基础上制定自我评价方案，并且给他们以能够提高自我评价能力的机会。同时，教师还应不断探讨、总结和改进自己的教学实践。教师要以探究的态度对待自己的工作，审度自己的教学工作，从自己的教学实践中认识自己和提高自己。②

---

① 邓永财．试论探究学习与接受学习的融合［J］．中国教育学刊，2003（11）．

② 蔡明星．论探究学习［D］．福建师范大学，2004．

第十四章

提高问题解决教学效率的策略与方法

　　提高学生分析问题和解决问题的能力是新课程的重要目标。苏联教学论专家马赫穆托夫认为，问题教学是一种发展性教学。在问题教学中，学生不仅要掌握科学结论，还需要掌握这些结论的途径和过程，其目的在于形成思维的独立性和发展创造能力。[①] 问题解决教学，有助于激发学生的学习动机，能充分挖掘学生内在潜能，培养学生的思维能力，并在探究问题中，向学生传授科学方法并提高学生应用科学方法解决实际问题的能力，从而使素质教育真正落到实处。因此，要努力提高问题解决教学的教学效率。

第一节　问题解决教学概述

一、问题解决教学的内涵

　　"问题解决"教学是指依据教学内容和要求，由教师创设问题情境，以问题的发现、探究和解决来激发学生求知欲和主体意识，培养学生的实践和创新能力的一种教学模式。[②] 其中，教师创设问题情境是教学设计的中心环节。在问题情境的引导下，学生收集素材、资料，深思酝酿，提出假设，引发争论，进行批判性思考和实验探究，得出结论，通过应用又产生新的问题，使学生思维不断发展、升华。

　　"问题解决"教学是一种高效和发展性的教学，这是因为：第一，思维活动产生于问题；第二，解决问题的教学能使学习者的思维具有明确的目的性；第三，解决问题的学习能使学习者在已知知识和未知知识、旧知识和新知识之间做出联系，建立自己的知识系统；第四、学生不仅掌握了科学结论，更为重要的是学生通过亲身探究和实践，参与了知识的发生、形成和发展过程，"像科学家一样工作"地学习，培养了创新精神和创造能力。

---

① 吕传汉，汪秉彝. 中小学数学情境与提出问题教学探究［M］. 贵阳：贵州人民出版社，2002：2.
② 陶西平. 课程改革与问题解决教学［M］. 北京：首都师范大学出版社，2004：31.

二、问题解决教学的路径

分析已有的问题解决教学模式，我们可以发现，各种模式都包括了以下三个环节：（1）教师讲解教学问题提出的理论或实际背景，学生明确学习目的的要求；（2）教师出示问题系列，学生展开认识活动；（3）教师总结问题系列解决过程，学生系统强化认识过程。

其基本教学程序如下：

1. 创设情境，引入问题

教师引入精心设计、难度适当而又有助于学生形成认识冲突的问题，让学生产生一种认识的困惑，以形成积极的探究动机，创设最佳的问题情境。

2. 学生探索、尝试解决

着眼于充分调动与发挥学生的主动性，引导学生运用实验、观察、分析、综合、归纳、概括、类比、猜想等方法去研究、去探索，在讨论、交流中发现新问题、新知识、新方法，逐步解决所设计的问题。同时，教师作为参与者应主动参与学生的讨论、交流，起到促进和调节的作用，使问题不断引向深入。

3. 信息交流、揭示规律

引导学生根据探索、尝试所得，归纳、总结出有关的知识与规律等方面的结论，然后教师通过必要的讲解，揭示这些结论在整个知识体系中的地位和作用，使学生在知识系统中理解知识。

4. 运用规律、解决问题

教师可以通过精心设计的问题，引导学生尽可能独自地思考、分析、探索问题（鼓励讨论与交流），从中感悟基础知识和基本方法的应用，教师再通过针对学生存在的问题，借题发挥，进行示范性讲解、分析，在重联系、重转化、重本质中概括提炼出规律，由例及类，教给学生分析问题与解决问题的方法。

5. 变练演编、深化提高

"变练"是指通过对概念、图形背景、题目的条件或结论、题目的形式等进行全方位多角度的引申，编制具有探索性、开放性的问题，让学生讨论、交流、解答，以加深学生对问题的理解；通过学生对问题和知识理解的加深，让学生自己模仿或编拟试题，供班级同学研究或解答。这样的演、编实践，有助于学生概括能力、创新能力、实践能力的提高，也是丰富课堂内容的有效方法。

6. 信息交流、教学相长，反思小结、观点提炼

在师生共同研究、共同提高的基础上，引导学生对本节课所学内容进行反思、对知识进行整理、对规律进行总结，并对思想方法进行提炼，形成自己的观点，并通过课堂的小结进一步巩固和强化。

三、实现"问题解决"教学设计的中心环节——问题情境的创设

在实施"问题解决"教学模式的过程中，教学设计的中心环节是"问题情境"的创设。因此，"问题情境"创设是教师准备和实施"问题解决"教学的着力点，必须花大力气进行深入的研究。

1. 问题情境的构成要素

问题情境是指个人自己觉察到的一种"有目的但不知如何达到"的心理困境。问题情境就是一种心理状态，一种当学生接触到学习内容与其原有认知水平不和谐、不平衡时，学生对疑难问题急需通达解决的心理状态。它与问题不同，问题指的是个人不能理解的事物与确定的客观世界的矛盾。问题与情境是两个不同的概念，但又有联系。问题情境的产生必须依赖于问题。没有了问题，学生也就不会产生心理困境。

问题情境应该具备三要素：第一，新的、未知的事物（目的），这是产生问题情境的核心要素。为了在教学中设置问题情境，必须要求学生完成某种任务，把需要掌握的知识放在未知事物的地位上。未知的事物反映了思维对象——内容方面。第二，思维动机（如何达到），即对未知事物的需要。正是学生的已有知识和经验与新知识或新问题的矛盾冲突激发了学生对新知识的需要和探索的愿望。心理学研究表明，人都有填补认知空缺、解决认知失衡的本能。所以，对未知事物的需要是产生问题情境的基本条件。第三，学生的知识能力水平（察觉到问题），包括学生的创造能力和学生已达到的知识水平。所提出的问题必须能让学生在已达到的知识水平上能觉察得到，这是思维的开端，然后学生必须具备一定的能力才能使思维进行下去。学生具有的觉察和解决问题的可能性越大，也就是他们的知识能力水平越高，未知事物与学生认知差距就越小，他们可能完成解决问题的思维步子就会迈得越大。学生的知识能力水平是进行思维的重要保证。

2. 创设问题情境的原则

（1）诱发性原则。在创设问题情境时，一定要保证所设情境能诱发学生的认知冲突，造成学生心理上的悬念，从而唤起学生的求知欲望，激发学习兴趣，把学生带入一种与问题有关的情境中去，进行有效的学习。研究表明：在"新旧知识结合点"上产生的问题，最能激发学生的认知冲突。因此，问题情境的创设，必须基于对学生已有知识经验和教材内容全面科学的分析，这样才能找到"结合点"，有针对性地进行教学。

（2）展示性原则。在问题情境创设时，必须充分运用形象化的材料和实验，揭示化学知识的发生、发展和发现过程，展示内在的思维过程，使学生掌握知识的思维轨迹清晰可见。这既体现了现代教学的基本要求，也反映了学生的认知规律。

（3）适度性原则。教师在创设问题情境时，应根据特定的知识内容和教学目标，将学生已有知识经验与将要学习的知识联系起来，设置难易适度、有助于学生形成"心求通而未得"的认知冲突的问题。什么样的问题才是"难易适度"呢？根据维果茨基的"最近发展区"理论，那些与学生已有知识经验有密切的联系，具有一定的思维容量和强度，学生经过努力思考能够解决的问题，即"跳起来"或"架设阶梯"能摘到的"果子"，就是创设问题情境最适度的问题。

（4）层次性原则。教师在创设问题情境时，应尽可能设计科学的、有梯度的、有层次的问题链，考虑好问题的衔接和过渡，用组合、铺垫或设台阶等方法提高问题的整体效益，还要注意在教学中及时引导学生把问题讨论结果进行有机整合，形成系统的认知结构。

（5）共振性原则。如果只是教师来提问题，引导学生得出既定答案，即"以教师的思路引导学生的思路"，学生的思维会被限制在教师的思维框架之中，学生被动地学习，思维的发展将会受到限制。因此，问题情境的创设应有利于学生自己去发现问题，学生提的问题越多、越深入，说明其思维越活跃。教师通过学生所提问题能及时了解学生的思维动态，在和学生的讨论交流中，二者的思维相互碰撞、启发、引导，最终达到和谐共振。

（6）延伸性原则。该原则指的是在所创设的问题情境中，既构建着当前教学应当解决的问题，又蕴含着与当前问题有关，让学生自己回味、思考的问题，营造出一种完而未完、意味无穷的境界，让学生迫不及待而又兴趣盎然地去继续学习。目的在于激发学生循着教师讲课的线索去阅读资料、思考问题、进行课外实验，甚至进行自主、独立、系统地自学，使课堂教学具有延伸性，达到提高课堂教学效率的目的。

四、问题解决教学应遵循的理念

1. 教学要帮助学生形成观念

观念是人们对事物的基本看法和整体认识，是人类思维的重要特征之一。教育只有把落脚点放在形成学生的观念上，才能将教学活动真正纳入到素质教育的轨道上来。"问题解决教学"把培养学生的思维能力摆在了教学的突出位置，注意观察、归纳学生在学习过程中思维活动的规律，研究思维活动的发展过程，把观念的培养和教育纳入到了知识的学习、思维的训练、能力的提高和情感教育等过程中去。教育本质上是理性思维的教育，它使人们在社会生活中面对纷繁复杂的实际问题能够进行理性的思考。因此，不能把教育仅仅看成是计算和推理的工具、科学技术的基础，而且要考虑它对于形成尊重真理、讲究科学的思维习惯和严肃认真的生活态度，进而形成学生辩证唯物主义世界观和方法论方面的作用。这是基于观念层面上的教育，是注重学生的可持续发展的教育，是着眼于提高国民素质的教育。

2. 学习的过程是学生主动建构知识的过程

建构主义学习理论认为，学习过程不是学习者被动地接受知识，而是积极主动地建构知识的过程。从本质上讲，是关于客观世界模式和秩序的科学，数、形、关系、可能性、数据处理等，是源于人们对现实世界的把握，并反过来不断地接受客观事实的检验和矫正中发展起来的。而过程则是在人们对客观世界定性把握和定量刻画的基础上，逐步抽象、概括，形成模型、理论和方法的过程，这一过程是一个充满探索性和创造性的建构过程。[①]"问题解决教学"的过程，是基于不同教育功能和不同建构策略的实践过程。让学生体验到知识源于生活和经验，通过对业已形成的知识进行加工、改造，向更高层次推进，并反作用于更为广泛的现实，对其做出解释和应用。以"课题"形式组织课程内容，着眼于系统认知结构的整体建构，更加趋于信息的条理化，适应学生思维存储和提取的需要，提高教学效率。

3. 重组教学内容，让学生在再创造中学习

以现成的体系来教，虽然在较短的时间内也能向学生传授较多的知识，但因为内容枯燥、乏味而使学习容易失去应有的魅力。"问题解决教学"提倡通过对课程内容进行重组，以"课题"的形式组织教学，倡导学习过程的探索性，让学生在再创造过程中学习，使学习过程充满生机和活力。这是一个再创造的过程，这个过程不仅涉及学生学习的知识目标、过程目标和情感目标，而且涉及后人在前人的基础上的发展。因此，教学应重视知识的系统结构，重视问题的发现和提出过程、问题的解决策略与方法。

4. 情感注入是开启学生心扉的钥匙

情感教育理论认为，良好的情感可推动人趋向学习目标，激发想象力，使创造性思维得到充分发挥，反之，则会压抑人学习的主动性和创造性。人本主义教育心理学家罗杰斯认为，真实的问题情境和活动是最能引起态度和个性情绪的学习方式。[②] 关注学生的情感体验，精心设计问题，创设适宜的教学情境，使学生的情绪受到感染，利用学生的兴趣、内在动机来引导学生学习，产生为达到目标而迫切学习的心理倾向，学生的创造性潜能就常常会有异常的表现。总之，让学生从整体上理解认识结构和系统建构过程，在强调自主探索和学生理解性思维活动的同时，加强教师情感的注入，关注学生情感的变化，尊重学生的个性，让学生积极主动地进行探索式学习，是进行"问题解决教学"教学的基本指导思想。

---

① 王雁编. 普通心理学 [M]. 北京：人民教育出版社，2002：73.
② 王雁编. 普通心理学 [M]. 北京：人民教育出版社，2002：74.

5. 让学生学会合作与交流

学会与人共处，学会合作，学会交流，是生活在信息社会的人应具备的基本素质。合作的有效性往往取决于合理分工、有团队精神、民主决策等，而发展学生的交流与沟通能力需要提供适宜的机会、环境，满足主体展示自己的愿望。"问题解决教学"强调用问题启动学生思维，让学生在探索中学习，与传统的教学方式相比，学生合作与交流的几率大大增加了。另外，以合作小组和书写课题反思性学习报告的形式，开展师生之间、生生之间的多边活动，使学生有了更多的讨论、交流和表达的机会，这种多边合作互动，有利于激发集体创造力，培养学生的合作能力和群体创造意识。

第二节　问题解决教学对教师提出的挑战

一、教师在问题解决教学中的角色

1. 平等、开放的"问题"情境的营造者

在传统的教学中，教师的职责就是传授和再现人类固有的经验，以此培养学生的谋生能力。教师永远是高高在上的给予者，学生被教师、教材、课堂的圈子束缚着，永远处于被动接受的位置。教学过程缺乏师生间的平等、互助和心灵的自由。以学生主动探索为内容的"问题教学"，使教师的角色发生了根本性的转变，教师要尊重学生、理解学生、关爱学生，鼓励学生表达内心的想法，真诚地欣赏和赞美学生，为学生创建一个利于发现问题、质疑问难的平等、开放的发展空间，激励他们大胆提问，自主发现问题，并引导他们去寻求解决问题的方法，让学生成为教学的主人，开发学生的创造潜能。[1]

2. 教学过程中"问题"的激发者

以问题为中心的"问题教学"，使教师不再是将固有的知识按部就班地按照预定的教学设计传输给学生，而是在师生旧有知识的基础上，共同寻求发现问题、并借助于新的知识和经验谋求解决问题的方法。在师生积极交流和合作的过程中，迸发创造的火花。很多时候，作为老师，我们希望学生能够解决所有未知的问题，为自己的学习画上一个圆满的句号。但课堂的学习，不应只是一个圆满的句号，而是给学生一个充满遐思的省略号，让学生自由地播种希望。教师要通过课堂教学中的自学、讨论、辩论、竞赛、交流等活动，激发学生发现问题的欲望，并在相互释疑中寻求方法、解决问题。同时，能根据教学情境对教学安排做出必要的调整，并将问题引向更广阔的空间。

---

① 王威. 浅析"问题教学"中教师的角色 [J]. 成才之路，2008（1）.

3. 问题解决的合作者

问题解决是培养学生应用能力的重要途径，但不是对解题模式的简单应用，而是要真正让科学知识与现实联系，让学生学会用科学的眼光、科学的思维、科学的方法去认识世界，去主动解决所碰到的现实问题。问题解决将成为培养学生实践能力和开展探索、合作、交流的重要载体。[①] 教师不仅是知识的讲授者和权威的发布者，更主要的应该是学生解决问题过程的设计者、引导者和合作者。教师要营造一个适于发现问题、提出问题的宽松的教学氛围，与学生一起运用所学的知识去解决生活中的问题，鼓励学生大胆质疑，敢于标新立异，赏识、期待和鼓励学生，给学生以展示自己、探索创新的机会，理解学生独特的体验和感受，促进学生的主动发展，为他们终身学习打下基础。

4. 动态的问题研究者

教师要由静态的知识占有者成为动态的问题研究者，通过对教材和教学案例的反思、研究和改进，提高教师提出问题的合理性和有效性，增强时态性，进而实现教师的自我发展和自我提高，在成为动态的研究者过程中，既培养了教师自觉的反思行为，又密切了教师群体间的合作关系，使动态研究成为促进教师开展"问题解决"教学的持久动力。

二、"问题解决"教学对教师的挑战

从教师在"问题解决"教学模式的角色中可以看出，教师不仅要有娴熟的教学技术，还要在教学实践中不断反思自己的教学角色，促进自身教育意识的觉醒。要把外界的知识不断融入自己的教学实践，适应以学生为主体的教学实践的不断完善。将对教育教学独到的理解和觉悟，转化为自己独具魅力的教学艺术。因此这就向教师素质提出了挑战。"问题解决"教学至少向教师提出了三个方面的挑战。

1. 对教师的教育理念的挑战

在传统教学活动中，师道尊严，教师高居讲台，与学生之间存在着事实上的不平等。这种不平等性表现在教学中就是教师向学生发问，让学生来回答，很少由学生来发问，让教师来回答。因为，学生的发问可能给教师带来麻烦，造成尴尬，甚至影响到教师的尊严。而"问题解决"教学是一种反传统教学的教学，这一教学活动是学生自己学习、思考、活动、探究的过程。在这一过程中，学生始终处于主体状态，倒是教师反而要被学生牵着鼻子团团转。当问题一经确定，不仅学生要按照教师的部署去进行一系列学习活动，而且教师也别无选择地要积极主动地思考研究学生们的那些问题。这些问题中的或多或少的部分，都将挑战

---

① 严海燕．"问题解决"教学中教师角色的定位思考［J］．课程教材教学研究，2006（11）．

教师的水平、能力和威信，这是万万懈怠不得的。不仅如此，教师还得顺着这些问题去紧张思考一系列与之相关的话题和连类而及的问题，于是，传统教学的单向交流变为双向交流，学生的被动学习转为主动学习，从而实现师生互动、教学相长。

因此，作为教师应该首先接受挑战，要把学生看成教育的主体，并不是被动地接受教育，而是学习和教育过程的主动参加者，是活生生有意识的人，是学习的主人，是正在发展的个体。这样才能发挥学生的主体性、创造性、积极性。教师要成为学生学习的合作者，要"放下架子，蹲下身子"，不以高高在上、唯我独尊的权威形象出现在学生面前。这样，才能培养学生发现问题、思考问题、解决问题的能力，教会学生学会学习，消除畏惧，活跃思维，发展个性。对学生大胆的设想回以包容，要在民主的教学气氛中把教师的正确要求变成学生自觉的要求，最终变"要我学"为"我要学"。只有当教师不再是教学活动的主宰者，学生不再是被迫服从者，师生处于"双主体"的平等地位时，师生才能在和谐的气氛中间互相沟通、质疑问难，彼此形成一个真正的"学习共同体"，从而达到共识、共赏、共享，以实现师生的相互改造、相互学习和共同发展。

2. 对教师知识存量的挑战

"问题解决"教学是一种开放式的教学，这种教学鼓励学生发散性思维、创新思维，在这种教学活动中，学生从他们的心灵世界中可能向教师"发射"出很多问题，甚至是一些离奇古怪的问题，这些问题往往是对教师知识存量的检验。

当前社会是一个知识激增的时代，信息化已成为当今世界发展的时代潮流，教师不再是知识资源的垄断者，在新的知识增长点面前，教师与学生站在同一起跑线上。在这样的时代面前，面对学生的各种问题，作为教师应怎样去应对呢？作为一个教师不可能成为"百科全书"，也不可能回答学生的"十万个为什么"，但是，我们可以通过学习，不断地丰富我们的心灵世界。作为一个教师，广博的知识是进行"问题解决"教学的基础，在进行"问题解决"教学中，作为一个教师必须学会自我培养，不断地拓展和丰富三种知识，提高自己知识资源的增量。

（1）综合性知识。从宏观角度看，知识在向着边缘化和综合化的方向发展。比如，比如初中思想政治课，就是一个综合性强、开放性强的学科。它涉及心理学、法律，社会发展史，政治经济，地理、历史、哲学，甚至有关的科学技术和文学艺术知识。

（2）前沿新知识。由于新的科学技术不断涌现，因此，作为教师应该关注新的科学技术对社会生产、生活方式和人们的伦理道德可能会产生的深远影响，有意识地收集与教学内容有关的知识资源、信息资源，建立自己的知识资源库。

（3）潜在知识。比如初中思想政治课教学中，有关我国改革开放的内容涉及许多潜在知识。如改革的背景、前景和一些深层次的矛盾，这就需要从事思想政治课教学的教师多看书、看报、上网，了解改革开放的形势，分析改革开放的发展过程，并联系本地改革开放的成果，对学生可能产生疑问的地方和感兴趣的问题，就会有所预见，做到胸有成竹。

获得以上知识的一个重要途径就是学习、学习、再学习，坚持每天看书、看报、看新闻联播，并将资料剪贴在资料本上，分类成册，日积月累，就会储存较为丰富的教育资源，当然还可以利用互联网获取丰富的信息资源。总之，在"问题解决"教学中，只要准备充分就会游刃有余。

3. 对教师教学能力的挑战

知识不等于智慧。在"问题解决"教学中，光有较为丰富的知识还不够。因为有的教师可能"茶壶里煮饺子——肚里有但倒不出来"。在"问题解决"教学中，教师要善于把知识转化为智慧，把知识转换为能力。笔者认为，在"问题解决"教学中，教师至少应该具备以下几种能力：一是巧妙设问的能力，二是思维思辨能力，三是随机应变能力，四是语言组织表达能力，五是调控能力，六是学生学情的预测能力。

"问题解决"教学的一个重要特征，就是以问题作为课堂的载体，通过问题的解决来推进教学过程和建构知识。教师如能巧妙设问就能激发学生的好奇心，就能激励学生的创造性思维，就能拓展学生的思维空间。教师不仅要善于设问，还要激励学生大胆提问。面对学生各种各样的问题，教师必须思维敏捷，用通俗易懂、生动活泼、机智幽默的语言来回答。对学生提出的问题，有的可作开放式的讨论，有的需要用实践来回答。在问题解决教学中，教学的主体是一个个富有生命活力而又有不同个性的学生，这就决定了教学过程绝非教师简单的执行既定方案的过程，而是复杂和多变的过程，这要求教师具有较强的自控能力，包括对课堂节奏的自我调控和对教学失误的自我调控。还要有对学生的调控能力，时刻关注学生行为变化情况，及时做出处理，努力唤起学生对问题的兴趣，使他们的身心处于最佳状态。另外，教师在问题设计前必须清楚学生正处在一种什么样的认知状态，以此来确定合适的问题，使教学活动始于学生的"现有发展区"，避免盲目性。

三、教师在应用问题解决教学模式时的误区

"问题解决"教学对传统教育观念、教学方法、教学评价等都产生了深远的影响。在各学科教学实践中都取得了较大的突破和较多的成果，受到师生的欢迎。但从现实情况来看，很多教师在操作中就难免会出现一些问题，比较突出的

表现在以下三个方面。

1. 重问题数量，轻质量

问题的数量不等于教学的质量，课堂表面上的热闹气氛并不代表学生真正理解了教学内容。有些教师误认为问题设置越多，学生参与程度越高，学生的学习就越努力，学会的东西也就越多，教学质量也就越高，没有意识到"问题"只是教师鼓励学生积极参与学习的一种方式，而不是唯一的方式。有些老师为了课堂教学的深入，往往希望借助于问题把学生步步引向深入。然而，过多的问题使得思维的空间变得窄小，思维的长度变得短促，"满堂灌"变成了"满堂问"，学生只能在教师的步步紧逼中，认同似的回答问题。"问题"设置的目的不仅仅是帮助学生产生短暂的学习兴趣，接受知识，建构知识，启发思维和反馈教学，而且还是为了呈现问题情境，让学生发现问题、探索问题，从而培养学生良好的科学素养，促进身心发展，培养他们终身学习的愿望以及创新精神和实践能力。过于精细的问题缺乏张力和弹性，同时也堵塞了文本的每一个空间，最终是教师的理解代替了学生的理解，教师的解读代替了学生的解读。

2. 重结果，轻过程

在"问题解决"教学的实践操作中，许多教师往往偏重、看好学生对解决问题结果的错与对，而忽视解决问题的过程和解决问题后的反思。认知心理学从信息加工观点出发，将问题解决过程看作是对问题空间的搜索过程。所谓问题空间是问题解决者对一个问题达到的全部认识状态，它是由问题解决者利用所包含的信息和已储存的信息主动构成的。问题解决的过程并非一个按照事先确定的顺序机械地予以实行的过程。随着问题解决活动的深入，已有的想法很可能会改变，并产生一些新的想法。教学中我们应常引进一些辅助问题、先解决一个与此有关的问题、一个更容易着手的问题、一个更普遍的问题。对整个问题解决过程做到心中有数，要进行自我分析和自我调整。问题解决后应对所完成的工作自觉地进行反思，不能仅仅满足于用某种方法求得了问题的解决。实践中需进一步提出问题、解决问题。如：这种方法正确吗？还有其他方法吗？哪种方法更好呢？有没有更好途径呢？能解决其他问题吗？有何经验教训呢？获得成功的原因呢？为何失败？等等。

3. 重问题提出，轻主动学习

学习是从认识到问题的存在而开始的。要进行问题解决教学，首先要有问题，以问题为素材，问题解决的教学实践才能展开，教学思想才有依托，教学目的方能落实。然而，由于对"问题解决"的片面理解，传统的"传授－接受"式教学思想在"问题解决"教学中表现得还很突出，即学生是被要求去解决由他人所提出的问题，在问题解决过程中没有突出学生主动学习，从而就不可避免地处于一种被动的地位。在教学实践中，教师总是绞尽脑汁搜索或设计相关问题展现给学生，但是往往却忽视甚至无意识地占有了本应让学生思考和提出问题的机会。整个教学过程仍然是学生围绕着教师所提出的问题而进行的思考或讨论，而这种讨论在本质上却是被动的，结果是无法激发学生的学习兴趣，提高学生的学习成绩。究其原因是由于问题来源于教师而不是学生，甚至不是学生所感兴趣的问题，不是与学生已有的内在认知结构能够产生一定碰撞、冲突和矛盾的问题，学习效果和学习兴趣自然不能改善。因此教师应该在教学中注意鼓励学生提出问题，清楚学生正处在一种什么样的认知状态，然后为学生创造一个能够鼓励他们自主探索、分享失败和成功、互相质疑的环境。允许学生"标新立异"、"无中生有"、"异想天开"和"纵横驰骋"。

第三节 提高问题解决教学效率的策略与方法

在教学实践中，如何才能有效培养学生解决问题的能力？怎样才能走出"问题解决难学难教"的误区？这既是困扰教师教学的一个实际问题，又是令教学心理学家和教学设计专家们煞费苦心研究的理论问题。根据建构主义理论，问题解决教学应充分重视和利用课堂讨论、交流等社会交互作用来促进学生更好地成为问题解决者；要在有意义的情境中呈现问题；要为学生提供发现问题的机会；要为问题解决的新手设置认知支架；要教给学生一般的解题策略。研究问题解决的目的是提高学生解决问题的能力。研究者主张，结合学科教学进行思维策略训练，应该把思维策略的教学贯穿于教学内容之中，同时还要注意不同学科以及解决问题的不同思维阶段，其思维策略可能有差异，教学必须加强其训练的针对性。此外，思维策略训练必须与元认知策略训练紧密结合，同解决问题的认知动机、情感激发相结合，才能收到预期效果。

目前，以上论述还停留在理论层面，那么如何在课堂教学中恰当地用好问题解决教学策略，提高问题解决教学的效率，最终达到优化课堂教学的目的呢？

一、提出"好"的问题

"好"的问题首先应当具有一定的探索性，解决它没有现成的方法和程序，而需要发挥学生的思考和创造；其次，问题应具有一定的现实性和趣味性，既非人为编造的，又能激发每个学生的好奇心；第三，解决问题的途径和策略往往是多种多样的，需要学生综合应用所学知识，并发挥多种的思考；第四，问题应当具有一定的启示意义，有利于学生掌握重要的思想方法和解决问题的策略，而不是搞所谓的"偏题"、"怪题"；第五，问题应具有适当的开放性，这种开放并不一定表现在答案的多样性上，更为重要的是问题能使所有的学生都尝试解决，不同的学生在解决问题的过程中都能获得发展。要设计出完全符合上面标准的题目是比较困难的，但这是我们的追求。

二、多设计开放性问题，提高解决实际问题的能力

著名数学教育家弗赖登塔尔认为，教学的核心是学生的"再创造"。学习的"再创造"过程并非机械地去重复历史上的"原始创造"，而应是根据自己的体验并用自己的思维方式去创造出有关的知识，学生的创造性思维是在学习的"再创造"过程中逐步得到发展的。

在过去的问题解决教学中，一般都是教师先教，然后学生根据教师提供的方法和结论模仿例题做一些类似的题目，不注意培养解题策略，创造精神得不到培养。如果教师能结合教学内容设计开放性问题，就会给学生一定程度的思考自由和选择余地。这时学生所探究的已不只是靠模仿和套用教师已教过的例题就可以解答的问题，而是一种需要创造性地应用自己所学过的知识来解决的问题。问题解决的过程就成了学生"再发现、再创造"的过程。如一位小学数学教师将习题与解决问题有机结合，用问题改进习题，设计了这样一道开放题：一位外地的小朋友来老师家做客，老师刚好有一张50元的游乐券，请你帮助老师设计几个游乐方案。游乐项目如下：每人每次摩天轮8元，过山车10元，碰碰车5元，水族馆20元，科学馆35元。① 这样的训练使学生感到有新意，乐于思考，不但巩固了知识，同时也培养了学生应用知识解决实际问题的能力，且对克服思维定势，培养创新意识和提高创新能力十分有益。

三、创设贴近生活的问题情境，激发学生的学习兴趣

发现和探索是学生在精神世界中的一种特别强烈的需要。创设问题情境正是为了满足学生这一需要。因此，在教学过程中，创设情境、依托情境，对学生在情境发生发展过程中解决问题至关重要。

创设问题情境主要是使学生感知问题的存在，关键是使学生碰到问题后能主动进入积极思考状态。在创设问题情境的同时，还要注意创设情绪情境。当学生碰到带有挑战性的问题时，大家能一起讨论，开展辩论，甚至争论，刺激学生真正进入知识世界去求知，这时，学生成了主动的学习者，教师只扮演教练的角色。如果学生在问题的"迷宫"中迷失方向，教师应适时给以揭示和引导，引导学生运用学过的知识，应用已有的思维，方法和策略去解决问题。如：在教圆的面积时，结合教材内容，创设问题情景。拿一张长8厘米、宽5厘米的硬纸板，问学生能剪出几个直径是3厘米的圆？有的同学马上列式计算，回答说是5

---

① 乔连全. 基于问题解决的数学教学研究［M］. 厦门：厦门大学出版社，2007：59.

个，因为 8×5 里面包含 5 个的 $3.14 \times (3 \div 2)^2$。但是，一些思维能力比较强的同学，马上发表反对意见，他们认为最多只能剪 2 个圆，因为纸板长 8 厘米，最多只包含 2 个多一点的以 3 厘米为直径的圆。同学之间开始争论，这就形成了问题情境，这时，老师就让学生自己动手剪、比、思考，然后组织小组讨论，同学通过探究，最后形成结论：最多只能剪 2 个直径是 3 厘米的圆。① 可见，问题是思维的起点，有了问题，思维才有方向，有了问题，思维才有动力。创设最佳问题情境，能引导学生乐于学习、自主学习。通过问题解决，同学们学会了探索的方法，激发了进一步学习的兴趣，培养了思辨能力。

这样使枯燥无味的教学内容转化为妙趣横生的学习材料，激活了学生探求知识的欲望，使学习变成学生的精神追求，变"要我学"为"我要学"。当然，问题情境的创设要立足于学生的现实背景，形象直观而又蕴含一定的趣味，使学生有更多的机会从周围熟悉的事物中学习、理解，不断提高解决问题的能力。

四、尽量营造自主探究的机会，培养自主创新学习能力

中国古代教育家孔子认为学习的过程是由"学、思、习、行"四环节组成的。心理学家布鲁纳也认为：知识的获得是一个主动的过程，学习者不应是信息的被动接受者，而应是知识获取过程的主动参与者。学生是学习的主人，因此教师应从学生学的角度出发来设计教法，为学生提供充分的自主探究的时间和空间，把培养学生自主创新学习的能力贯彻始终。按照传统的教学方法，如在小学数学教学"$27 + 5 = ?$"时，应让学生通过摆小棒的方法去理解满十进位，然后再进行计算训练。有人认为，用摆小棒方法强化满十进位，就会把学生的思维定格在这一种方法上，不利于学生探索精神、创新意识的培养。因此，把教材中"讲解式"的呈现形式改变为自主探究的"问题发现式"。设计了这样一个环节（电脑演示）：妈妈让小红计算"$27 + 5 = ?$"小红冥思苦想了一会儿，向同学们请求帮助：小朋友，你们有什么巧妙的方法来计算"$27 + 5 = ?$"学生的注意力一下子集中起来，在小组讨论的基础上，学生想出了多种方法：有一根根数的；有把 5 分成 3 和 2，用 $27 + 3 + 2 = 32$；有把 27 分成 25 和 2，用 $25 + 5 + 2 = 32$；有把 27 看成 30，用 $30 + 5 - 3 = 32$；有用竖式计算；有把 27 分成 20 和 7，用 $7 + 5 + 20 = 32$；还有把 27 分成 22 和 5，用 $5 + 5 + 22 = 32$，等等。这就拓宽了思路，扩展了学生的思维，有利于自主创新学习能力的提高。布鲁纳说过：探索是数学的生命线，没有探索，便没有数学的发展。② 教师在教学中要想方设法把数学课堂变成一个磁场，把数学教材变成一块大磁铁，吸引学生主动地参与到探索数学知识的

① 葛泽华. 小学数学问题解决策略教学初探［J］. 法制与社会，2007（10）.
② 马云鹏. 重视培养学生解决问题的能力［J］. 湖南教育，2004（23）.

过程中去；要有意识地采取各种有效措施，创设问题情境，设计开放性问题，提供自主探究的机会，以此促进学生思维的发展、创新能力的提高，为学生的可持续发展奠定良好的基础。

五、加强学习策略训练，优化知识结构

问题解决是一种认知性的心理操作，需要用新的方式运用已知的信息而不是已有知识经验的再现。当代认知心理学把知识分为陈述性知识、程序性知识和策略性知识三类，只有在策略性知识指导下，陈述性知识和程序性知识才能更有效地、更自觉地获得，并转化为能力。因此教师应加强学生策略性知识的掌握。如：在教学分数应用题时，就设计这样一道题目"张师傅加工一批零件，头5天平均每天加工12个，刚好完成总数的1/4，问余下的还要几天加工完？"学生按常规解题思路是：$12 \times 5 = 60$（个），$60 \div 1/4 = 240$（个），$240 - 240 \times 1/4 = 180$，$180 \div 12 = 15$（天）。显然这样的解题思路清晰，但缺乏创造性。就向学生提出一个问题：总数除了用240个表示外，还可以用什么表示？问题和条件之间有什么特殊关系？能从整体上考虑还要用的天数吗？学生围绕这个问题马上展开热烈的讨论，形成新的解题思路：5天加工总数的1/4，那么20可以完成整体"1"，可以用$5 \div 1/4 - 5 = 15$（天）。[①] 通过这样的训练，学生学会创造性地开展学习，对同一问题，能从不同角度、用不同方法进行全方位的思考和揭示。学生的思维能力提高了，逐渐培养了多元化解决问题的策略。

六、发展学生思维水平，培养解决问题的能力

要提高学生解决问题的能力，关键是加强对学生思维策略的指导，要教学生解题策略和思想方法，如对应思想、化归思想、转换思想、统计思想等，同时教给学生一些方法，如观察法、实验操作法、归纳和演绎、联想和想象等。联想和想象是学生学习的一种重要的思维方法。在教学中有意识地指导学生运用联想和想象，促进学生举一反三，触类旁通。如由男生与女生人数的比是4:5，可以联想到男生是女生的4/5或80%，女生是男生的5/4或125%，或者男生比女生少1/5或20%，女生比男生多1/4或25%，男生占全班的4/9……这样的联想使学生对分数、百分数之间的相互联系理解得更透彻，提高了学生解答较复杂分数、百分数应用题的灵活性，也提高了他们解决问题的能力。可见，加强对学生思维策略的指导，让学生学会根据提出的问题进行探索，去分析问题、解决问题，可以更好地发展学生的直觉思维、辩证思维和形式逻辑思维等，更好地优化思维结构，培养学生的创新意识和解决问题的能力。

---

① 王维花．新加坡小学数学教育中的问题解决及其启示［J］．课程．教材．教法，2001（11）．

七、重视调动问题解决需要的非智力系统

教师的对话和指导应突破认知领域而延伸到情感等其他领域。在课堂教学中，要动态地对学生进行指导和评价。要善于发现学生的闪光点，及时地给予鼓励和肯定；当学生思维受阻时，教师应用一些充分肯定、具有明确指导意义的过渡语给予学生评价和引导，这样既指出了思考、讨论的方向，又教给学生学习的方法，增强了学生战胜困难的信心，形成了良好的学习态度；面对学生的"失败"过程，教师也应肯定"失败"的思维价值，用"想法很好"、"要发现真理就要敢于失败"、"尽管失败，但再想一想是否还有别的办法，"等春雨般的语言来滋润学生"愤"、"悱"之心，使学生的感情需要得到满足，面对挫折还能保持乐观的态度。课堂教学中，教师热情洋溢的赞美、肯定、鼓励和褒奖，是学生创新精神和能力的生长剂，无疑会使学生受到极大的鼓舞，会使学生认识到自己的潜能和才智。这种积极的评价和引导，不但会有利于问题的解决，而且会使学生增强战胜困难的勇气和努力学好的决心，学生在学习过程中形成积极的心理影响会使他们终生受益。

八、引导学生形成解决问题的一些基本策略，体验解决问题策略的多样性

解决问题活动的价值不只是获得具体问题的解，更多的是学生在解决问题过程中获得的发展。其中重要的一点在于使学生学习一些解决问题的基本策略，体验解决问题策略的多样性，并在此基础上形成自己解决问题的某些策略。

这里需要指出两点。第一，教学中要重视对学生解决问题策略的指导，将"隐性"的解决问题的策略"显性化"。例如，在具体求解问题前，教师可以鼓励学生思考需要运用哪些解决问题的策略；在解决问题的过程中，教师可以根据具体情况，适时使学生注意是否要调整解决问题的策略；在解决问题之后，教师要鼓励学生反思自己所使用的策略，并组织全班交流。总之，教师要将解决问题的策略作为重要的目标，有意识地加以指导和教学。

第二，学生所采用的策略，在老师的眼中也许有优劣之分，但在孩子的思考过程中并没有好坏之别，它们都反映出学生对问题的理解和所做出的努力。只要解题过程及答案具有合理性，就值得肯定。这为树立学生的自信心和培养他们的创新精神提供了很有价值的机会。

九、促使学生反思解决问题的过程及策略，逐步形成评价与反思的意识

为了调动学生的积极性，对学生的学习应进行及时评价。评价的重心不再只

是放在学会知识上，而应该转移到学会学习、掌握方法和培养能力上。因此，教师不仅要对学生的基础知识进行评价，更重要是要对学生的综合能力等因素进行评价。在实践中发现，学生提问时存在的主要问题有：（1）提出的问题质量不够高；（2）有些学生受心理因素影响，总是掩饰自己的一些问题，害怕由于问题简单，受到同学的嘲讽；（3）极少数学生抄袭其他同学的作业；（4）课堂讨论时，个别同学没有进入讨论状态，参与性不强。

为此，教师可以采取以下鼓励措施：

（1）对能够大胆发言、提出问题的学生，要及时给予表扬，对于提出有价值问题的学生，采取奖励的方法。

（2）对于提出比较浮浅问题的学生，在课堂上，教师不应批评学生，而应鼓励学生，维护学生的自尊，保护学生的积极性、主动性，保护学生的勇气和胆识。激励他们在今后的学习中能提出高质量的问题。

（3）在解答问题时，甚至有的学生答非所问，教师不应指责学生，也不应立即更换学生，应提示他，起个抛砖引玉的作用，缓解学生的尴尬局面，帮助他增强自信心，让他从心里感觉到你是一位好教师。

（4）对那些既不提问也不回答问题的学生，应尽量从任课教师、其他同学处多了解他们，找他们谈话，听听他们的心声，了解情况以后再做相应的思想工作。给他们多些理解和关爱，争取他们，不能放弃他们，时间久了，自然就降低了他们的畏惧心理和自卑感。

（5）在课堂讨论时，为了增强学生的参与性，教师应给小组的每一位成员发言的机会，让他们作为小代表向全班报告他们讨论的结果。

实践发现，通过引导学生大胆质疑，主动探究，积极思考，把"教"与"学"、"学"与"思"有机结合起来，以"教"促"学"，以"思"促"学"，逐步培养了学生乐于思考、善于思考、勤于思考的良好学习习惯，提高了学生自主学习能力，并引导学生体验发现问题、解决问题的思维历程，从而激发学生深层的求知欲望，培养了学生的问题意识。对教师来说，学生提出的问题反映了学生个体对知识的理解和领会水平的不同，因此他们所提的问题对教师是一笔宝贵的教学财富。

需要说明的是，上述问题教学方法应根据教材的具体内容、教学要求、学生的实际情况等方面恰当运用。当然，在实践过程中，还存在着一些问题，还有待于进一步探索。

第十五章

提高运用教学媒体效率的策略与方法

新课程要求，要大力推进信息技术在教学过程中的普遍应用，促进信息技术与学科课程的整合，逐步实现教学内容的呈现方式、学生的学习方式、教师的教学方式和师生互动方式的变革，充分发挥信息技术的优势，为学生的学习和发展提供丰富多彩的教育环境和有力的学习工具。毫无疑问，以信息技术为主的多种教学媒体的运用使课堂教学形式发生了重大变革，有效地增加了课堂教学的信息传输容量。但是科技是把双刃剑，作为新生事物的多媒体教学虽然带来了一系列的益处，在实际应用过程中也出现了很多偏差。只有正确认知多媒体教学，努力寻求它和传统教学手段之间的结合点，各施所长，才能有效地提高教学效率，促进学生更好地发展。

第一节 教学媒体运用概述

一、教学媒体的含义和作用

媒体这一术语来源于拉丁语"medi – um"，意思是"两者之间"，是指信息传播过程中，从信息源到接受者之间传递信息的物质载体。教学媒体，是指教学活动中交流、传递信息的技术工具和手段，用于教学信息从信息源到学习者之间的传递。教学媒体（teaching media）有广义和狭义之分。从广义上看，凡是教学活动中信息传递、交流的载体或凭借物，不论其形态如何，都可以视为教学媒体，包括教学使用的一切材料、手段，甚至课本、教学语言；从狭义上看，教学媒体专指教学活动中信息交流、传递的技术工具和手段。我们平时所说的教学媒体主要指狭义的教学媒体。[①]

教学媒体被广泛地用于各种教和学的情境，对实现具体的教学目标，发挥着各自不同的作用。教学媒体的作用主要表现在以下几方面：

第一，辅助师生的教与学。就常规教学来说，使用教学媒体就是为了帮助教

---

① 沈建平著，现代教学媒体应用 [M]．北京：知识出版社，1999：1.

师的"教"，当然，正确选择与设计的教学媒体，不但能辅助教师的教，而且能很好地强化和促进学生的学，这种双重作用的发挥依赖于教师。

第二，提供学生训练或实践的机会。一些媒体特别适合于学生的训练和实践。例如，在各种实验室、多媒体网络教室等以学生为中心的学习环境中，各种教学媒体主要是为学生的自我训练和实践服务的。

第三，有利于发现学习。教学媒体有助于在教学中使用"探究式"和"发现式"的学习和教学方法。例如，让学生观看一段资料影片、一个演示实验或一定的网上资源，然后让学生去"探究"和"发现"其中的关系、原理等。

第四，有利于个性化教学。个性化教学被认为是一项重要而有效的教学策略，教学媒体的发展促进了个性化教学的发展。以计算机和网络为核心的教学媒体能为所有学生提供适合于他们个人兴趣、能力和经验的学习材料，让他们进行自主的选择。

第五，有利于教学互动。计算机网络教室等现代教学媒体，能实现师生、生生间的教学互动。教师不仅可以利用媒体来向学生传递信息，也可以利用媒体来分析、解答和纠正学生在学习中出现的问题，可以与多个学生就同一问题进行相对封闭式的讨论，或进行一对一的交互式的教学，从而更好地因材施教。

二、教学媒体的类型与选择

1. 教学媒体的类型

对教学媒体可以从不同的角度进行分类。

根据信息作用的感官通道的差别，可以将教学媒体分为视觉媒体、听觉媒体和视听媒体3类。

（1）视觉媒体。视觉媒体指信息传递主要作用于接受者视觉器官的媒体。这类媒体通过形象、生动、逼真的画面，为学习者提供感性材料，为进一步学习理性知识打下基础，从而加快教学的进程，提高教学的效率和效果。这类媒体主要有挂图、标本、幻灯、投影等。

（2）听觉媒体。听觉媒体指信息传递主要通过声音作用于接受者听觉器官的教学媒体。这类媒体能提高抽象的经验，有利于接受者了解对事物分析、综合、概括的训练，特别有利于语言的训练和学习。听觉媒体主要有录音、唱片、无线广播、激光唱机（CD盘）等。

（3）视听媒体。视听媒体指通过视觉、听觉两种感官通道传递信息的教学媒体。这类媒体能为接受者提供更为全面的信息，模拟事物及事物发展的真情实境，引起接受者更高的兴趣，因而取得更为理想的教学效果。随着科技的发展和科技成果在教学上更为及时的应用，视听媒体的种类越来越多，应用的前景也越来越广阔。这类教学媒体目前主要有电影、电视、录放像系统、激光视盘（光盘）、多媒体计算机及网络等。其中，以计算机和网络为核心的多媒体教学系统能够记录、存储、处理、传递和呈现文字、图像、图形、动画、声音等多种形式的教学素材，能够为师生提供视、听、说、读、写、算、画等多种感知与实践操作的平台，是一种既可以单独视、听又可以多种感官并用，既可以单向传递，又可以双向交互、多向交互的教学媒体。

按信息流动方式可以把教学媒体分为单向教学媒体、双向教学媒体和自学媒体3类。

（1）单向教学媒体。单向教学媒体指信息传递方向单一的教学媒体。这一类媒体传递的信息都是由传播者（即教师）流向接受者（学生），没有交互性。采用这一类媒体时，接受者（学生）很少有机会去影响或改变信息，因而接受者的活动（学习）往往处于被动的状态。这类媒体也称为表象媒体，通常有演示（实物）、投影、幻灯、电影、电视等，从实质上来说，教师的讲授、书本也是一种单向媒体。单向媒体具有一定的优点，如能大量传递信息，具有直观性、形象性、生动性，能不同程度地超越时空的局限，能在一定程度上去伪存真、去粗取精，因而在现今的教学实践中仍然得到较为广泛的使用。单向媒体的局限性在于不利于教学过程中师生的双向交流。

（2）双向教学媒体。双向教学媒体指可以双向传递信息的媒体。这一类教学媒体不但可以由传播者传递给信息接受者，接受者也可以将自己的认知需求及时反馈，从而影响信息源的输出。这类媒体允许并要求接受者主动积极参与信息的传递，因而有利于教学过程的双向互动、有利于学生的积极参与。同时，这种教学媒体也有利于教师从学生方面及时获取有关信息，从而不断调整教学状态，改进教学。但是，在单位时间内双向媒体信息的传送量显然不及单向媒体。这类媒体主要有语音实验室、网络教室等，传统的讨论、谈话、个别辅导、角色扮演等实际上也可以看成是双向作用的媒体。

（3）自学媒体。自学媒体指学习者自我控制的媒体。这类媒体的信息传递，从信息源到反馈均由学习者自我控制，或根据自我学习的需要选择信息的内容，或根据自我接受理解的能力程度选择信息传递的方式、速度等。

根据教学媒体的物理性能可以分为4大类：

（1）电声类教学媒体。这类教学媒体主要通过电、声的物理转换传递信息，主要包括收录机、语音实验室等。

（2）光学投影类教学媒体。这类媒体主要通过光学投影，把小的透明或不透明的图片、标本、实物呈现在银幕上，以此来传递教学信息。这些银幕上的投影可以是静态的，也可以是动态的；可以是无声的，也可以是有声的。光学投影教学媒体主要有幻灯机、投影仪、电影机以及与之配套的幻灯片、投影胶片、电影拷贝胶片等。

（3）电视类教学媒体。这类媒体是利用光电转换器材（如摄像头），把事物图像转化为电磁信号并存储记录在录像磁带上，然后又利用电光转换器件（如显像管）把电磁信号转换为光信号，再现原有图像传递的信息。电视类媒体包括电视接收机、摄像机、放像机及配套的录像带等。

（4）机读类教学媒体。这类教学媒体是利用电子计算机逻辑电路的存储、运算、控制功能，通过媒体终端，借助媒体程序或其他网上资源向学习者提供学习信息的媒体。计算机类教学媒体主要有程序学习机、计算机辅助教学系统、计算机网络教学系统等。

2. 选择教学媒体的依据

教学中选择教学媒体主要应考虑以下几个方面。

教学目标。教学媒体的选择和组合必须首先考虑是否有利于教学任务和教学目标的实现，教学媒体的选用不是教学的目的，只是教学的手段，不能很好地实现教学目标，不能有利于教学任务完成的教学媒体，无论多么先进都不应选用。

教学内容。教学内容本身的特点是选择教学媒体的重要依据。如果教学内容是进行语言教学，那么，录音机或语音实验室就应该是最佳选择。如果教学内容是化学或物理实验课，那么，直观演示或电影、电视、多媒体计算机课件就会成为理想的媒体选择。

学生特点。学生智力水平、经验积累、认知特点，学生的兴趣、爱好、年龄特点等对教学媒体的选择也很重要。不同种类的教学媒体对不同类型的学生有不同的适用性。例如，在小学低年级教学选择媒体时，应根据学生思维的直观形象性，多采用图形、动画和音乐之类的媒体，使图、文、声并茂。而到了小学高年级为适应学生由直观形象思维向抽象思维的过渡，在选择教学媒体时形象化的手段可以适当减少。

教学策略。教师在教学中采取何种教学策略，如何去控制教学活动，如何调节师生间的互动，这些教学的因素也是教学媒体选择时需要考虑的。一般说来，对于教学媒体大多学生都能有不同程度的感情参与。但各种不同媒体学生参与、支配程度及师生互动方式都是不同的。

此外，经济的因素、技术的因素也是选择教学媒体时不可忽视的。从经济上看，一方面，我国还是一个发展中国家，我们必须考虑硬件、软件、制作、维修、人员培训、材料消耗等各方面的费用；另一方面，还必须考虑教育投入和教育产出的效益。从技术因素看，教学媒体的技术质量、操作的难易，使用的适应性、兼容性、表现力也都是在选择时必须考虑的。

三、现代教学媒体的特点

现代教学媒体不同于传统的教学媒体，它具有以下鲜明的特性：

高表现性。现代教学媒体突破以往简单平面的信息传播方式，通过多种感知方式，更生动、更直观、更鲜明地传递教学信息，使之立体化、形象化。像幻灯、投影通过视觉渠道，使受教育者如见其形，录音机、收音机通过听觉渠道使受教育者如闻其声，而电影、电视、计算机模拟则通过多种感知渠道使受教育者不仅如闻其声、如见其形，而且使受教育者如临其境，感知动态的全方位的信息。

不仅如此，现代教学媒体还可以超越时空的限制，传递传统媒体不能或难以传递的信息，不仅可以传递眼前的信息，而且可以回顾以往，展示未来；不仅可以传递可以直接感知的信息，而且可以传递人们通常情况不能直接感知的信息，运用现代教学媒体既可以再现事物，还可以源于"事物"，又高于"事物"。可以根据教学的需要，人为地将所要表现的具体事物在虚实、大小、远近、快慢之间互相转换变化，从而引导接受者向更深、更广的领域发展。

可控制性。现代教学媒体可以通过技术手段的控制，调节时空因素，使原本难以传递和获取的信息更清晰地得到展示，从而更好地传递。原本稍纵即逝的难以捕捉的信息，我们可以通过摄影、摄像定格得到，从容地接受原本难以观察或只能平面反映的信息，并可以通过现代教学媒体的控制，运用技术手段多角度、多方位、多层面地展示。现代教学媒体这种可控制性，便于师生更深入地投入到教学活动中，使师生双方能更有效地发挥主导作用和主体作用，成为教与学的主人。

易接受性。由于现代教学媒体可以经过多种感知渠道将信息传递给接受者，使接受者同时通过多种感觉通道感知信息，多种感官协同参与，从而更易于接受、更易于理解，有利于提高认知的效率。现代教学媒体传递信息的方式不仅更具直观性、生动性、鲜明性，而且更具新颖性，因而接受者更易于集中注意，更感兴趣。

四、现代教学媒体的功能

随着高新科学技术在教学手段上越来越广泛的使用，现代教学媒体在教学上发挥了越来越多的作用。

第一，有助于提高教学质量。现代教学媒体比传统媒体传递的信息更为直观、生动、形象，能更深刻、更本质地反映事物本身的面貌，因而感染力更强。

同时，现代教学媒体比传统媒体更易于信息源流间的相互沟通，及时地得到反馈，更能引发接受者学习的兴趣，激发作为学习主体的积极性。因而，现代教学媒体首先具有提高教学质量的作用。

第二，有助于提高教学效率。利用现代教学媒体，一是可以增加教学过程中的信息量，使教师在单位时间里传输更多的信息，使接受者获得更多的信息；二是可以使接受信息者更好地将信息纳入自己已有的知识系统。如前所述，现代教学媒体多渠道的传输方式，能促进接受者多种感官协同活动。研究资料表明，人类的五官，不论是感知比率还是记忆比率，以视觉和听觉为最大，而视觉和听觉协同活动则感知效果最佳。现代教学媒体视听并用，因而能大大地加快学生的学习速度，从而提高教学的效率。

第三，有助于巩固教学成果。传统方式传播的信息往往是稍纵即逝，不可再现的。但现代教学媒体可以不受时空的限制，在需要的时候再现已经结束的教学过程，从而巩固教学成果。

第四，在培养学生全面发展和创新能力方面尤为突出。

（1）运用教学媒体有利于发挥学生在学习中的主体作用。以"教师为中心"的填灌式传统教育，使学生处于被动学习地位（被动地接受教师灌输知识），因此不可能发挥学生的学习主动性与积极性，学习的主体作用也不能够得到根本体现。教师是权威，书本是权威，学生不能怀疑教师与书本知识，也就不可能、也不敢质疑。这样学生创新思维能力开始的第一步就被挡住了，当然也就不可能进一步去发挥他们的创新意识与创新思维习惯。教学媒体的介入首先就为学生提供了一个宽松和谐的自主学习环境，学生运用计算机网络自由选择学习内容和途径，学生的学习主动性得到解放，有利于发挥他们的学习主体作用，有利于他们开动脑筋去思考问题，也就有可能逐步发展他们的质疑、探究、想象、发散等多种思维能力，从而有益于培养他们的创新思维能力，变"要我学"为"我要学"。

（2）教学媒体特别是多媒体网络环境提供了丰富的学习资源，大大活跃了学生的思维能力。多媒体网络环境能为学生提供一个个丰富多彩、生动活泼的、真实的、仿真的形象情境，活跃了学生的形象思维能力，有形、有情、有声、有色，可以让学生进入课文意境或进入课文角色之中，再加上形象情境跟抽象文字相结合，可以同时发展学生的形象思维与抽象思维能力，促进左右大脑功能协调发展。而且形象化情境更能充分启迪学生的揭疑、质疑、想象、发散等多种思维能力，从而形成创新思维能力。①

（3）教育技术为学生创设开放式的学习环境，有利于拓展知识领域。运用教学媒体环境下的学习不仅仅局限于书本知识内容，因此可以大大拓展学习资源；同时也不是局限于课堂教学，可以让学生进行网络上的学习。网上资源更多，因此学生可以学到书本以外更广泛的知识信息。

（4）运用教学媒体参与教学有助于学生的独立学习和协作学习，更有利于创新学习。多媒体网络环境下的教学，除刚进学校的一年级小学生通常用演示教学外，多数是用交互式或自主学习方式进行学习，学生利用计算机自己去发现信息，获取信息，选择信息，分析信息和加工信息；另一方面还可以利用网络跟同学、老师进行协作交流，大大发挥学生独立自主的学习能力。在这个过程中，学生必然要多动脑思考，尤其是"协作互动学习"，因此更有利于发展他们的质疑、问难、想象、发散及聚合等创新思维能力。

（5）多媒体网络环境大大激发学生学习兴趣，充分提高学习积极性，有利于促进创新。从许多信息技术课上看到，学生用计算机学习，兴趣特别浓厚，"兴趣是最好的老师"，这是爱因斯坦讲的一句话。有了兴趣，积极性提高了，思维也更活跃了。从平时经验看，学生学习兴趣越浓、积极性越高的课，教学效果也越好。同时也培养了学生良好的思维品质。

（6）运用教学媒体环境下的教学有助于促进学生的个性化发展。多媒体网络的图文并茂教学，有利于促进学生左右大脑的协调发展，也有利于发展学生学习中的个性化。在网络环境中，学习内容、学习途径与学习方法完全可以根据各个学生不同情况和需要自由选择。这样可以发挥每个学生自身的智慧和潜在能量。

（7）运用教学媒体环境下的教学有助于因材施教、分层递进，促进不同层次学生能力的提高。这种教学通常除了基础知识教学以外，多数还有拓展性资源或拓展性练习，教与学不需要像传统教学方法那样统一进行，因此不同层次的学生在学完大纲规定的基本知识外，还可以根据自己能力多学一些知识或多做一些练习，因而可以有效贯彻因材施教和分层递进原则，使优等生吃得饱，后进生吃得了，在不同层次上发展学生的能力。

① 张学敏．课堂教学技能［M］．重庆：西南师范大学出版社，2003：102.

第二节 课堂教学中媒体运用的问题分析

一、教师在使用教学媒体时的问题行为

使用多媒体对教材进行拓展、延伸、迁移，已是当今课堂的流行色。学生通过听、看、评、悟充分感知原先较为抽象的教学内容，适应了学生从具体到抽象的认识规律，从而保证了教学活动的顺利进行。虽然多媒体技术的发展对现代教育技术产生了巨大的推进作用，但是在教学实践中却存在令人担忧的问题和认识误区，主要表现在以下几个方面。

1. 公开课上"昙花一现"

在多媒体教学初步开展起来的学校，往往存在这样的现象：为了一节公开课，多名教师费尽心机苦战多日，方才"精制"一个课件，而在平时教学中则被束之高阁了，好的课件只是在公开课上"昙花一现"。在很多学校，多媒体资源和技术并没有得到充分利用，更多时候多媒体仅仅被当作"电子板书"的工具。这种"新瓶装旧酒"或"换汤不换药"的教学方法，只能是大材小用，难以摆脱低层次的徘徊。

2. 教学量不合理

教学课件信息量大，节奏快，可以减少教师画图、板书等方面的工作量，从而提高工作效率，但与此同时，由于运用多媒体呈现信息量的速度快，教师容易不自觉地加快课堂教学速度，忽视与学生思维节奏的合拍。学生还没有来得及接收完上一个信息，下一个信息就已经过来了，使学生目不暇接，耳不暇闻，无停顿和思考的余地，很容易造成学生没有时间记笔记或干脆不记笔记，影响学生对所学知识的复习和巩固，同时也容易导致授课量加大。多媒体成了代替教师向学生灌输知识的机器，变"人灌"为"电灌"。且多媒体教学过于直观，虽利于学生直观把握信息，但不太利于培养学生的抽象思维力和空间想象能力及分析能力，其教学效果有时适得其反。①

3. 过于追求形式

任何教学媒体和手段的运用都是为完成教学目的服务的。在课堂教学中使用多媒体辅助教学是为了更好地突出教学重点、突破难点，从而更有效地完成教学任务。许多教师制作的课件，本来教学效果已能很好实现，可这些教师偏怕课件

---

① 江铁. 当前多媒体教学中存在的问题及对策［J］. 警官文苑，2008（1）.

不够优美，在课件中过度采用与教学内容无直接关系的图像、音乐、动画等，界面繁琐、花花绿绿，使整个课堂热热闹闹，轰轰烈烈。① 比如，有位青年教师使用多媒体讲授朱自清的散文《春》，不仅盼春、绘春、迎春"春风满面"，就连花图、草图、雨图等也是"春系列大全"。而学生在百花绽放、绚丽夺目的动画面前呆若木鸡。尽管教师一而再、再而三展开召唤和启发，让学生们进行联想、想象、感受文中美景，但学生却如镜中看花，茫茫然不知所措，既无机会翻书，更不知道动笔。因为课件把平面世界的《春》已全部转化为"立体"图像和音乐，实实在在塞满了学生的"心眼口"。感官的冲浪虽说一时过瘾，却并未给教者的教学锦上添花，更未给求知的学生雪中送炭。② 受教者虽说走过了45分钟的漫长旅途，却并未进入近在咫尺的散文精品屋。

4. 过度依赖教学媒体

稍加透视，不难看出，多媒体作为"助手"已经变成了"主角"，而其课件华彩的表现效果又严重淡化了课堂神圣的知识主题。换句话说，教者虽在主观上把大量的精力花在课件的制作上，而在客观上，制作的课件又替代了"寻找、搜索、建构、备选教学方法的过程，同样也是一个体验、评价、挑选满意的教学方案的过程的——备课"。事实表明，不认真钻研教材，往往为了省心凭着电脑信息下载或拼凑；不潜心撰写教案，常常为了省事靠着科技进步推出和演示；不努力研究学生，动辄为了省时一厢情愿自演"独幕剧"。要知道，一旦丢弃了教法、学法的设计，无论你的课件怎样让人眼花缭乱，其效果都是不能从主体方面得到保障的。

二、对错误运用教学媒体的原因分析

以上问题产生的症结在于有些教师对教学媒体的作用、优势、劣势有着错误的认识。

1. 常规教学媒体过时观

常规教学媒体一般指挂图、标本、模型、录音机、投影仪、幻灯机等，与现代多媒体计算机技术相比，它们显然是落后的。但传统教学媒体具有其他媒体所不能替代的功能，如投影仪的静态展示功能、幻灯机的实景放大功能、模型的空间结构功能等。于是，很多学校视其为过时，弃之不用。此举错误。另外，经过多年的积累，很多学校在传统教具装备方面已经比较完善，不仅硬件配置齐全，

---

① 刘满，孔炎. 多媒体教学的研究与探索［C］. 2005年全国高校非物理类专业物理教育学术研讨会论文集，2005：20.
② 张秀玲. 浅谈多媒体教学中的误区［J］. 教育革新，2008（6）.

而且幻灯片、录音带、录像带等软件也很配套,如果让其闲置,实在是一种资源浪费。客观上许多学校现代教学媒体在软、硬件上也比较短缺,同时,很多教师操作技能也相对滞后,这就更加决定我们要脚踏实地,实事求是,不能盲目舍弃传统教具。

2. 教学媒体运用数量观

很多教师在思想上都存在着这样一种错误的认识,即在课堂教学中尽可能多地使用各种媒体,认为使用的媒体越多,表述就越清楚,学生就越能理解。实际效果如何呢?很多教育工作者都看到过这样的教学场面:教师在课堂上一会儿用投影仪,一会儿放录像,一会儿又摆弄计算机,忙得不亦乐乎。学生们自然也兴趣盎然,似乎都在积极参与。那些在课件中加入很多表现内容无关东西的老师其实也是由于这个错误认识在作祟。实际上,很多学生都在看热闹,并没有真正理解教师运用多种媒体进行教学的目的和所展示的内容。教育心理学认为,教师在课堂上运用的媒体过多,反而会分散学生的注意力,学生的无意注意越多,教学信息的传递过程受到的干扰也就越大,这很不符合教学卫生,教学效果自然会被打折。

3. 多媒体使用万能观

众所周知,多媒体技术是近年来兴起的现代计算机技术,它能将文本、图形、声音、视频、动画等各种信息进行综合加工处理,从而为教学服务,让学生学习的知识内容化抽象为具体,化复杂为简单,化微观为宏观,使学生易于理解和掌握,其功能可谓强大。有些人就认为多媒体是万能的。其实不然。多媒体计算机虽然具有多种媒体的综合功能,但从方便、灵活角度和教学效果上看,它并不能完全取代其他媒体,至少现在还不能。并且从教学成本角度来看,如果将一台高档次的计算机只作为单一的媒体来使用,这是教学资源的极大浪费。①

三、和谐地使用多媒体,获得最佳教学效果

多媒体教学生动形象,易被感知,吸引学生,具有其他教学手段不可比拟的优势;但若使用不当,则画蛇添足,效果往往适得其反。多媒体教学只有适时使用,恰到好处,才能获得最佳教学效果。

1. 和谐性原则是教学媒体选择的基础

媒体与教学目标、学习内容的统一性。在课堂中,一切教学活动都应该紧紧围绕教学目标来进行,只有认真研究教学目标与教学内容,选用与之统一的教学媒体,才能使和谐性原则得到落实。这样,教学目标成为媒体选用的一个基本标

---

① 孙先明,付艳锋. 多媒体教学中存在的问题及对策[J]. 教育探索,2006(9).

尺，在这个统一标尺的衡量下，恰当选用媒体，充分发挥各种媒体的优势，相互配合，教学效果才能提高。

媒体与学生年龄特点、认知规律的协调性。要想符合和谐性原则，在选择使用何种媒体时首先需要考虑学生的年龄特点及认知规律。例如，课文《回声》是一篇科学童话，通过小青蛙在桥洞里听到自己的叫声及和妈妈的对话，生动、有趣地说明了什么是回声和产生回声的原因。因此，能否理解回声的道理就成为关键。要突破教材难点，教师指导学生读课文，看插图，进行联想……特别是运用投影实验，取得了良好效果。教师将盛着小半缸水的玻璃缸放在投影仪上，把一颗小石子轻轻地投入水中，水的波纹一圈圈地向外扩展，碰到缸壁又马上荡回来。此情此景通过投影放大，清晰地映在屏幕上。通过做投影实验，学生一目了然，顿开茅塞。这样做拓宽了信息通道，提高了学生输入信息的量与质。教师对媒体选择真是独具匠心。可见，多种媒体与学生特点、认识规律相协调即可获得事半功倍的效果。

2. 和谐性原则是教学媒体组合的关键

（1）媒体和谐性使用，据反馈及时调控。要想取得良好的教学效果，使教师的施教与学生的学习活动处于动态平衡之中，在课堂教学过程中需要根据教学反馈情况不断地对各种媒体的使用进行调控，使其符合和谐性原则。

（2）媒体和谐使用，使信息传输通畅。在教学过程中，当学生对学习内容不理解，不清楚它与自己原有知识、经验的联系，旧知识向新知识迁移发生障碍时，教师通过电教媒体进行了启发诱导，借助启发信息，排除迁移障碍。同时如果多种教学媒体相互作用，和谐协同，就可使信息传输畅通，达到突破教学难点，启迪学生思维，提高课堂教学效益的良好效果。

3. 和谐性原则是教学媒体设计的重心

多媒体教学是计算机技术与声像技术相结合的产物，它把多种媒体整合在一起，对信息进行加工、处理、整合，再综合地表示出来，改善了信息及其表达方法，把人的各种感官一起调动起来获得有关信息，从而更吸引人的注意力。在众多的事物中，注意力只选本人当时认为最重要最令其兴奋的少数对象，而且其中看得最清楚的只是视野中很小的中心部分。所以在教学媒体的设计中，应突出要求学生掌握的主要信息，以引起学生的注意。记忆的知识更是如此。因此，对于多媒体教学设计屏幕上的内容应有层次、有序地显示。每次只显示即将讲述的内容，逐行或逐个知识点自上而下、自左而右、模仿黑板板书的效果在屏幕上显示。这样一次呈现的信息量较少，教师根据课堂授课情况控制播放速度，结合多媒体显示信息形象、直观的优点，教学效果会更好。

第三节　提高教学媒体运用效率的策略与方法

由于多媒体本身的特殊性，使得多媒体教学存在着一定的局限性，它在发展过程中存在问题和不足也逐步呈现出来，只有取长补短，根据教学内容和目标科学合理地使用媒体，才能找准教学的最佳结合点，达到事半功倍的效果。

一、应从实际出发，避免追求表面，处处滥用

1. 恰当用好媒体，真正发挥媒体的功能

教师的课堂教学过程，实际上就是教师借助教学媒体，采用适当的教学方法，向学生传播教学内容和接受学生信息反馈，将教与学有效糅合的过程。多媒体所展示的内容更具体、更直接、更有利于知识的传播。所以教师利用媒体要从实际出发，实现因材施教，并及时调整教学内容，使课堂教学有条不紊地进行，所以说要充分运用好媒体，恰当用好媒体，真正发挥媒体的功能，起好辅助教学的作用。

教学媒体在让学生直接形象地去认识一个事物或一种现象的同时，也在一定程度上限制了学生想象的空间，减少了他们对已有知识加工再创造的条件。所以，我们有时会发现，在一堂看似精彩的多媒体课之后，学生对知识的掌握程度，能力的提高幅度等等，远没有我们预料的那么好。这时候，我们就该反思一下，我们对媒体的选择是否真的那么恰当呢？全国著名特级教师、清华附小的窦桂梅老师的示范课《圆明园》，对媒体的选择就显得准确、有效。

师：圆明园有多大呢？

生：347公顷。

师：一公顷相当于多少平方米？

生：10000平方米。

师：你算一下总共有多少平方米？

生：3470000平方米。

师：估算一下我们听课的教室有多大？

生：200多平方米。

师：你说这么大一个圆明园相当于多少个教室？

生：大约10000多个。

师：圆明园大不大？可我们刚才看到的废墟只是几处啊，可是圆明园的冰山一角呀！

在这个教学环节中，窦桂梅老师把教室作为教学媒体，简单而直观。

师：8640个半分钟，我亲爱的同学们，一个半分钟就刚才你们体会的平湖秋月瞬间就化为灰烬，一幅字画不用几秒钟就变为一片灰烬，那么，这8640个这样长的时间里，你想想，烧掉的……所以现在请同学们抬头，让我们静静地去体会，这8640个半分钟里的一个半分钟会烧掉些什么呀？

生看火烧圆明园图像（半分钟）。

师：同学们，轻易地过去半分钟你不觉得什么，当你静静地去体会它的时候，像这样的圆明园被烧掉的时候，我想同学们是怎么样的心情。是这样8640个这样长的时间哪，烧掉的，烧掉的，烧掉的，而且是在我们所说的将近一万多个这样大的面积的地方，火呀，熊熊地烧，烧了8640个这么长的半分钟，所以，我国这一园林艺术的瑰宝，建筑艺术的精华，就这样化为一片灰烬。同学们哪，就这样——，所以，圆明园中没有了金碧辉煌的……①

在这里，窦桂梅老师呈现给学生的一段视频只是半分钟熊熊燃烧的火焰，就其画面而言，实在算不得漂亮，然而，这半分钟的火焰却燃起了学生心中的万般滋味。

一堂好的多媒体课，它应该是现代与传统媒体完美结合的产物，扬长避短，互为补充。在课堂上，学科课程与信息技术的整合应体现"教师为主导，学生为主体"的教学理念。教学媒体的运用是在课堂教学和实践过程中的一个切入点，并以此来创设具有丰富性、挑战性和开放性的教学环境。

2. 合理使用媒体，才能优化课堂教学

多媒体计算机虽然具有多媒体、超媒体的功能。但在教学过程中，它仅仅是一个媒体的作用。可有的教师误认为是一种"全能媒体"。他们没有从媒体的角度来看待多媒体电脑，整堂课不管是课题、例题，还是课文中的字、词、句等等，一切由电脑来完成。一堂课下来，黑板上不留一点痕迹，电脑成了另一本供学生观看的"课本"。我们知道，多媒体功能的发挥是有赖于一定的条件的，并不是说在教学中采用了多媒体就一定能改善教学，更不是说多媒体用得越多越好，还需多考虑，在什么条件下用，如何使用，而不是处处滥用。

3. 合理使用媒体，不追求表面

有这样一位教师，他在上课前，精心设计，从实际出发，依据本课的内容，制定了一个非常实用的语文课件，在课堂上，教师提出了这样一个问题：春天到了，会有什么样的变化？以前学生只能是通过教师的讲解，学生通过抽象的表象

---

① 项立明. 利用多媒体进行教学应注意的问题［J］. 辽宁教育行政学院学报，2008（2）.

去回答问题，这样的学习，学生觉得枯燥无味。如今，教师采用了多媒体课件来进行教学，播放五六幅春天美丽的景色画面，播放几个鲜花绽开、植物破土发芽的景色画面等等，教师以讲解员的形式进行旁白，学生通过欣赏春天美丽的大自然画面，倾听教师的旁白，兴趣顿生，萌发想象，在教师的指导下图文结合的方法学习课文，求知欲受到激发，注意力被画面和动画吸引过来，学生就在愉悦的心境中，进入了学习的佳境，因而，应用媒体进行教学，会使学生乐学、主动地学，当然，以上是一个非常好的一个课件，取得的教学效果也好，若只追求表面，处处滥用，则达不到教学效果。所以教师在用媒体时，一定要从实际出发，不追求形式，不分场合。

4. 为了提高运用教学媒体的效率优化课堂教学，教师应制做合理课件

多媒体课件是为课堂教学服务的，所以课件的好坏应该体现在其使用效果上，所以说用课件时，必须从实际出发，注重实效，那种为了赶时髦，为运用而运用的做法将会造成教学的失误。一位教师在一堂课上，仅用了 5 分钟的多媒体手段，然而，听课的教师几乎都认为那是一节成功的课。可见多媒体使用不在于多而在于精。

二、紧扣教材重点，避免随意呈现，喧宾夺主

运用多媒体时，一定要紧扣教材重点。在课堂教学过程中，多媒体的运用能够把被感知的对象直观地呈现出来，通过音响、色彩、动画等刺激学生的多种感官，不断地激发学生的兴趣，使他们的注意力更为集中、稳定、持久，思维更加积极活跃，从而达到预期的教学目的。但在许多课堂实践中，有些教师却或多或少地偏离了教学目标。有这样一位教师，在一堂数学课上，他让学生计算几道数学题，呈现出一副迷宫内写首算式的画面，然后问："你们能计算这些题吗？"没几个学生回答。原因是大部分学生被那迷宫吸引住了，根本没有看到那几道算式。有些语文课件在介绍与课文有关的背景资料时，大量调用一些音像图片资料。我们说，适当地引用是必要的，但如果引用过多则会冲淡教学主题。在不失时机发挥媒体作用的同时，还需考虑展示媒体的最佳时机，以最佳的方式呈现，从而帮助学生解决问题，一切不可随意呈现，不可喧宾夺主，否则就达不到教学效果。

抓住教材重点，通过多媒体有声有色的内容，能加深学生对所学知识的掌握，拓宽学生的视野。学生的学习不仅有广度，也有深度，既发展形象思维也发展抽象思维，让学生的学习变得更轻松，更有兴趣。所以说正确运用多媒体课件，对教学大有益处。

抓住关键、抓住重点，来选取媒体课件，有助于达到教学目的。合理使用电脑媒体，能有效地弥补传统教学的不足，化抽象为具体，把难以理解的内容或不容易观察到的事物用媒体充分显示出来，调动学生的视觉直观功能，为突破难点，创造出良好氛围。尤其在数学课上，数学知识都比较抽象，往往使学生感到枯燥乏味，因为孩子空间观念较差，这样运用多媒体动态演示过程，学生掌握起来就容易多了，这样使静态化知识变为动态化，而动态的画面与学生的思维活动紧密相联，学生的学习主动性得到发挥，思维能力和空间想象力得到发展，从而优化了课堂教学。

三、教师要精心制作多媒体课件，避免粗制滥造，无的放矢

对于中小学生来说，枯燥的挂图及讲解很难激发起他们的求知欲。机械地听、机械地背，效果不好。多媒体课件的建立，可以让他们感受到学习之美。如《苏州园林》一课，在作者笔下，园林景观活灵活现，优美动人，但毕竟那是文字。如果教师把每一处园林通过屏幕显示出来，图文并茂，学生们通过文字学习如何欣赏园林，又从园林实景图中感受到作者的运笔之美。再如历史上一个个故事，一件件艺术品通过画面生动地演绎出来。这种"历史"再现，仿佛让同学们回到几千年以前。要想达到一定的教学效果，当然要精心制作，避免无的放矢，运用多媒体，就是希望在声、光、色、图的配合下，来营造一种赏心悦目的氛围，激发学生的想象力和创造力，但有的多媒体课件就不尽如人意，反而影响了课堂效果，如有一堂语文课，为了展示春天的美丽景色，竟挑选了一幅国画，其色彩黯淡，模糊不清，影响了教学效果。有的课件，由于制作时未能找到合适的音乐，便凑合着找一段用上，与课文本身的感情基调不相吻合，甚至相互抵触。如果忽视了课文的感情基调，只为"凑点"音响，不仅无助于学生准确地学习到作品的思想情感，反会引起听者反感，所以说在多媒体课件制作中，千万不可粗制滥造，不然的话，教学效果会适得其反。①

课件的制作，既要讲究科学性，还要讲究美感。一位地理教师在讲太阳、地球、月亮之间的关系时，一开始只用这三维做了一个动态图，这时太阳、地球、月亮都动起来了，可是色彩很差，球是光秃秃的，而且画面是一次呈现较难观察，于是他给它们贴上符合太阳、地球、月亮的颜色，改变了呈现方法，又配上了具体神秘色彩的音响，其效果就好多了。这就是说利用多媒体要讲究科学性。

---

① 项立明. 利用多媒体进行教学应注意的问题［J］. 辽宁教育行政学院学报, 2008（2）.

四、合理使用多媒体对课堂教学的优化作用

多媒体中的图像广播、监看、监听等功能，可以让教师有条不紊地将多媒体教学信息传递给学生，并随时监测学生的学习情况，对学生反馈信息做出回答，这样，就可以将全班学生都引导到正确的学习状态中来，有效地组织整个课堂教学，充分发挥教师在教学中的主导作用，从而优化了课堂教学。

正确使用多媒体教学，使实践性强的学科更有亲切感。在课堂教学中，理论性的东西使学生难以理解、难以接受，通过多媒体，可以更加突出和强化该学科的实践性，达到优化教学。

总之，教师为了教学，在制作课件的过程中，既要讲究科学性，还要讲究完美性。实际上，精心而合理地使用多媒体在课下要花很多功夫，目的是增加教学效果，提高学生的注意力，但不要让背景图片喧宾夺主而淡化了主题内容的地位。因为实践已证明，多媒体教学意义之大，让学生的学习变得更轻松，更有趣，正确使用多媒体创设出优美的情境，能营造出一种求知的氛围，从而优化课堂教学。作为一种重要的教学手段，多媒体用于教学，越来越体现出它的优越性。但要运用好多媒体，优化课堂，还须教师更加努力探索、研究。

后 记

本书是和学新教授承担的全国教育科学"十一五"规划 2008 年度教育部重点课题"面向生活的有效教学策略研究"的阶段性成果。在课题的立项和研究过程中，天津市教科院张武升院长给以了大力支持和指导，在此表示深深的感谢。

新一轮基础教育课程改革通过几年的发展，新课程的理念逐步被接受和认同，在教学实践中不同层面都得到了一定的体现和落实。但当我们深入课堂教学一线，进行细致深入的观察与研究时，就会发现，现实的课堂教学与课程改革的目标要求还有较大的差距，师生的教学活动还不够灵活、开放，尤其是课堂教学的效率不尽如人意。因此，如何开展有效教学，提高教学效率，就成为课程改革深入发展的新的要求。为此，结合基础教育课程改革纲要的精神，我们通过认真思考和研究，认为面向师生的现实生活是提高课堂教学效率的有效策略之一。于是我们设计并申请了这一课题，非常有幸得到了批准立项。本书就是这一课题的前期研究成果，旨在为一线教师提供基本的提高课堂教学效率的策略和方法。

全书由和学新策划和拟定提纲，并负责导论的撰写和全书的统稿工作，第一章、第三章、第四章由张军凤撰写，第二章、第五章、第六章由赵丽霞撰写，第七章、第十四章、第十五章由杨彬撰写，第八章、第九章、第十章由翟艳撰写，第十一章、第十二章、第十三章由杨春芳撰写。因能力和水平有限，书中认识难免肤浅甚至有误，还请读者提出宝贵的批评意见。

编 者

2008 年 11 月

郑 重 声 明

为保护广大读者的合法权益，打击盗版，本图书已加入全国质量监督防伪查询系统，采用了数码防伪技术，在每本书的封面均张贴了数码防伪标签，请广大读者刮开防伪标签涂层获取密码，并按以下方式辨别所购图书的真伪：

固话查询：8007072315

网站查询：www. 707315. com

如密码不存在，发现盗版，可直接拨打 13121868875 进行举报，经核实后，给予举报者奖励，并承诺为举报者保密。